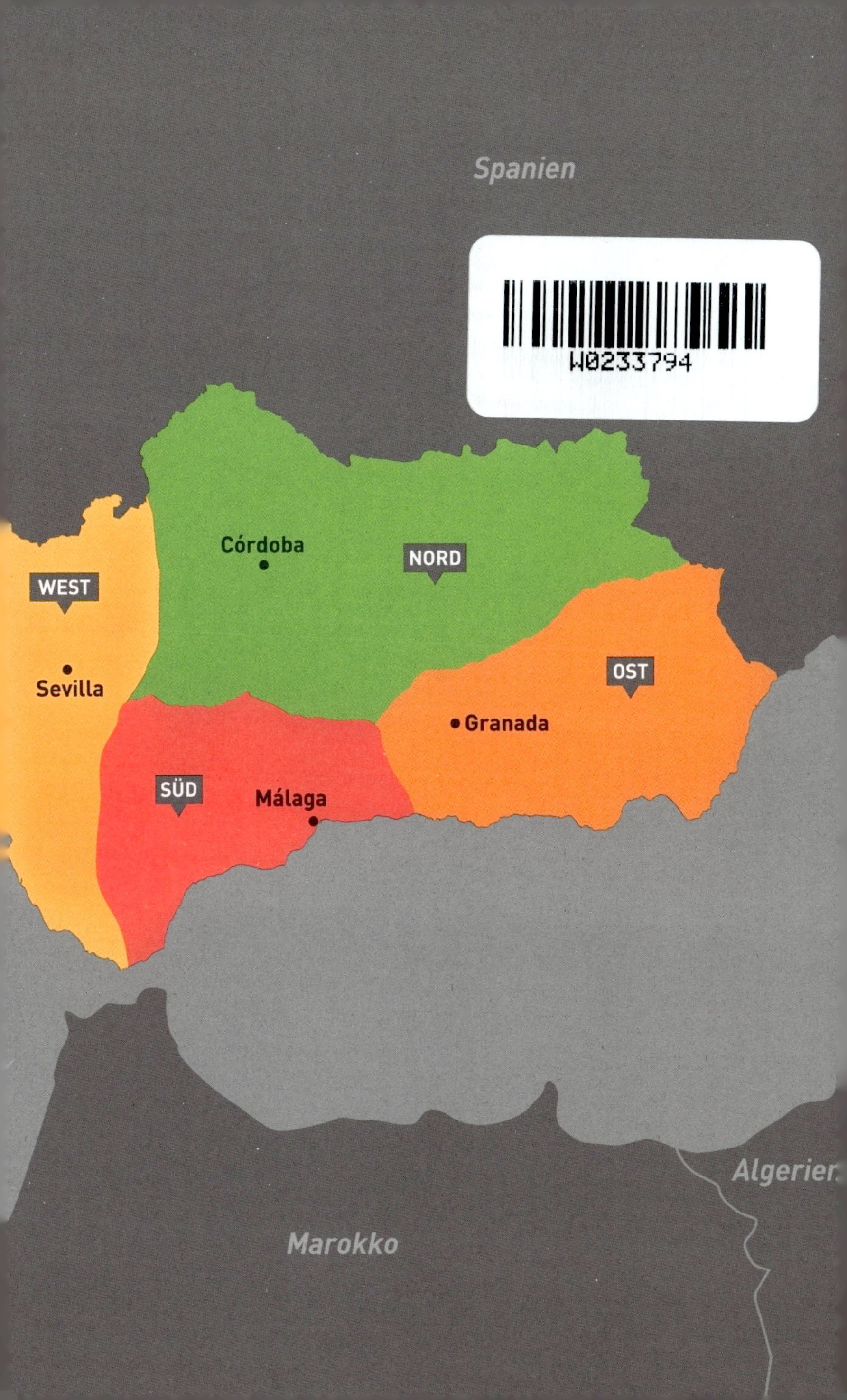

Spanien

W0233794

Córdoba

NORD

WEST

Sevilla

OST

Granada

SÜD

Málaga

Marokko

Algerien

100%
ANDALUSIEN

Ⓜ

INHALT

WIE FUNKTIONIERT DER REISEFÜHRER?

Um diesen Reiseführer übersichtlich zu gestalten, haben wir Andalusien in vier Regionen aufgeteilt: Westen, Süden, Osten und Norden. Die dazugehörige Karte befindet sich auf der ersten Umschlagseite. Den Farben der Regionen begegnen Sie auch am Seitenrand wieder, sodass Sie schnell zu dem gewünschten Ziel blättern können. Das Buch umfasst fünf Kapitel: eines mit allgemeinen Informationen und anschließend die der jeweiligen Regionen. Am Anfang jedes Kapitels finden Sie eine Kurzdarstellung und die wichtigsten Orte. Danach folgt eine Übersicht der Highlights der Region, die in einer fünftägigen Autotour zusammengefasst sind.

Zu jedem Ort geben wir eine ausführliche Beschreibung der wichtigsten Sehenswürdigkeiten. Außerdem verraten wir Ihnen, wo Sie am besten essen, trinken, shoppen, ausgehen und übernachten können und was es sonst noch zu tun gibt. In acht übersichtlichen Top-10-Listen zeigen wir Ihnen zusätzlich, was Sie auf keinen Fall verpassen sollten. Sie finden unsere Empfehlungen im Buch durch folgendes Symbol wieder .

KARTEN UND ÜBERSICHTSPLÄNE

- In der Umschlagklappe befindet sich eine große herausnehmbare Karte Andalusiens, auf der die wichtigsten Straßen und Orte verzeichnet sind. Um Ihnen das Suchen zu erleichtern, finden Sie auf der Rückseite außerdem ein Verzeichnis aller genannten Orte.

- Bei der Autotour am Anfang jedes Kapitels zeigt eine praktische Übersichtskarte, wo Sie sich befinden und welche Orte auf Ihrem Weg liegen.

- Die thematisch geordneten Favoriten (S. 39–47) sind in weiteren Übersichtskarten mit einem gekennzeichnet, damit sie leichter auffindbar sind.

- Für die wichtigsten Orte ist eine Karte des Zentrums enthalten. Die Nummern sowie die Farben der Kreise, die in dieser Karte eingezeichnet sind, verweisen auf die Sehenswürdigkeiten, Restaurants, Geschäfte, Hotels etc. neben der Karte.

- In der hinteren Umschlagklappe befinden sich sechs kleinere herausnehmbare Karten: vier Rundgänge durch die wichtigsten Städte der Region und zwei (Rad-) Wanderungen durch die schönsten Naturgebiete.

100% APP

Mit der App können Sie sich die Tipps und Adressen einfach und kostenlos auf Ihr Smartphone (iPhone oder Android-Phone) herunterladen. So sind Sie immer und überall bestens ausgerüstet, auch wenn Sie das Buch einmal nicht zur Hand haben. Alle Daten sind komplett offline, sodass keine Roaming-Gebühren entstehen.

EINFÜHRUNG

Auf den folgenden Seiten erfahren Sie alles über die Geschichte und die Gegenwart Andalusiens und was diese Region von anderen unterscheidet. Sie erhalten praktische Informationen zum Beispiel über Klima und Wetter, Reisemöglichkeiten, Essgewohnheiten, Feiertage und Events. Am Ende der Einführung ist ein kleiner Sprachführer Spanisch zusammengestellt. Sehr hilfreich, wenn Sie sich mal nach etwas erkundigen möchten.

PREISANGABEN BEI HOTELS UND RESTAURANTS

Um Ihnen eine ungefähre Vorstellung von den Preisen in den Hotels und Restaurants zu geben, finden Sie bei den Anschriften stets auch Preise. Bedenken Sie allerdings, dass diese nicht immer gleich sind, sondern beispielsweise je nach Jahreszeit (Haupt- und Nebensaison) variieren können. Die Angaben für Hotels beziehen sich auf ein Doppelzimmer mit Frühstück pro Nacht, es sei denn, es ist etwas anderes genannt. Bei den Restaurants ist – wenn nichts anderes erwähnt ist – der Durchschnittspreis eines Hauptgerichts inklusive Getränk angegeben, bei Bars und Cafés der Preis für ein Getränk wie eine Tasse Kaffee oder Tee.

HABEN SIE NOCH TIPPS?

Wir haben diesen Reiseführer mit großer Sorgfalt zusammengestellt. Da das Angebot an Geschäften, Restaurants und Bars jedoch regelmäßig wechselt, kann es sein, dass eine Empfehlung nicht mehr existiert. Besuchen Sie in diesem Fall oder wenn Sie andere Anmerkungen oder Fragen zu diesem Guide haben, unsere Webseite *www.100travel.de/andalusien* oder schreiben Sie uns an *info@momedia.com*. Wir freuen uns über Hinweise, neue Tipps und natürlich Fotos. Posten Sie diese gerne auf unserer facebook fanpage: *facebook.com/100travel*.

Last but not least möchten wir noch bemerken, dass keine der vorgestellten Adressen für ihre Erwähnung bezahlt hat, weder für den Text noch für die Fotos. Alle Texte wurden von einer unabhängigen Redaktion geschrieben.

EINLEITUNG

Wer seine Koffer packt, um *al-Andalus* zu besuchen – so nannten die Mauren früher diese Region –, sollte seinen von geschäftiger Eile und Zielstrebigkeit geprägten Lebensstil zu Hause lassen. Nehmen Sie lieber etwas von der Einstellung der Andalusier an: genießen, nicht an den nächsten Tag denken und vor allem nicht auf die Uhr schauen.

Andalusien besteht aus acht Provinzen und ist etwa so groß wie Niedersachsen und Nordrhein-Westfalen zusammen. Die Hauptstadt ist Sevilla. Die Provinzen Málaga, Sevilla, Granada, Córdoba, Cádiz, Jaén, Almería und Huelva haben alle etwas anderes zu bieten. In der einen Provinz kann man ein gutes Gläschen Sherry konsumieren, in der anderen tolle Golfplätze entdecken, durch einen Naturpark wandern oder eine kulturhistorische Sehenswürdigkeit besuchen. In Andalusien ist vieles möglich: Ski fahren, surfen oder in der Sonne faulenzen. Dennoch haben alle Provinzen auch etwas gemein: die Reste der maurischen Kultur. Die Bauwerke und Dörfer erzählen von der reichen Geschichte der Gegend. Córdoba, einst die Hauptstadt von *al-Andalus*, war vor Jahrhunderten so berühmt, dass sie als eine der wichtigsten Städte des Nahen Ostens galt. Ihre einstige Bedeutung ist auch heute noch zu erkennen, zum Beispiel an der Mezquita, der großen Moschee. Besonders auffällig an dieser Moschee ist die Kathedrale, die nach dem Sieg der Christen über die Mauren in die Moschee gebaut wurde.

Essen ist in Spanien überall wichtig. Am Sonntag kommt gern die ganze Familie zu den Mahlzeiten zusammen, denn die Familie ist den Andalusiern heilig. Die Religion spielt ebenfalls immer noch eine große Rolle. Obwohl auch hier die vielen Kirchen immer weniger gut besucht werden, erfreuen sich die katholischen Bräuche und Rituale noch einiger Beliebtheit. Die Erstkommunion wird heute eher als großes Kinderfest gefeiert, und die Aufnahme in die kirchliche Gemeinschaft hat viel von ihrer Bedeutung verloren. Etliche Feste und Feiertage in Andalusien sind katholisch geprägt, so etwa die *Semana Santa* (die Karwoche vor Ostern) mit zahlreichen Prozessionen.

Die Landschaft ist sehr abwechslungsreich und beeindruckend. Die wilde Natur der Alpujarras, des Hochgebirges der Sierra Nevada mit dem südlichsten Skigebiet Europas, die Straßen durch die Olivenhaine in Jaén, die beeindruckenden Felsengebilde in Almería, die bis ans Meer reichen, und die verlassenen Strände von Cádiz begeistern die Besucher immer wieder. In Andalusien gibt es auch eine der wenigen Wüsten Europas.

ANDALUSIEN FRÜHER

Andalusien wurde lange Zeit von verschiedenen Völkern beherrscht wie Römer, Westgoten oder Mauren. Am prägendsten war der Einfluss der Mauren, die immerhin sieben Jahrhunderte Zeit dafür hatten. In der Architektur Südspaniens finden sich immer noch zahlreiche Beispiele dafür.

SCHMELZTIEGEL DER VÖLKER

Die ersten Bewohner Andalusiens waren die Neandertaler, sie waren Jäger und Sammler. Diese prähistorischen Urmenschen haben unter anderem in den Höhlen von Nerja Spuren hinterlassen. Dort befinden sich – leider nicht für Besucher zugängliche – Höhlenmalereien, auf denen auch Pferde, die berühmten Andalusier, mit Holzkohle verewigt wurden. Später ließen sich die Phönizier in Südspanien nieder. Dieses Volk stammte aus der Gegend des heutigen Libanon und Syriens und lebte hauptsächlich vom Seehandel. Um 1250 v. Chr. gründeten die Phönizier die älteste Stadt Europas, das heutige Cádiz. Die phönizische Besiedlung gilt allgemein als Beginn der Zivilisation in Andalusien, auch wenn das eigentlich nicht ganz stimmt. Denn als die Phönizier das Land einnahmen, lebten hier schon die sogenannten Iberer, eine Mischung aus Neandertalern und nordafrikanischen Immigranten. Schon bald nach den Phöniziern kamen die Griechen über die gleichen Seewege nach Südspanien, sie hatten jedoch wenig Einfluss auf die dortige Kultur.

KÖNIGREICH TARTESSOS

Das Königreich Tartessos gilt als Beginn der spanischen Kultur in Andalusien. Doch sind sich die Historiker nicht einig, wann dieses Reich genau bestanden hat. War es um 3000 v. Chr. oder doch im 13. Jahrhundert v. Chr.? Mehrheitlich gehen die Forscher jedoch davon aus, dass das Königreich bereits einige Jahrhunderte vor Christi Geburt bestanden hat und dass es an der Mündung des Guadalquivir gelegen haben muss, wo sich damals eine Insel befand. Inzwischen ist die Insel schon lange mit dem Festland zusammengewachsen, heute ist dort der Parque Nacional Coto de Doñana. Es gibt jedoch auch Mutmaßungen darüber, dass Tartessos das in den Fluten untergegangene Atlantis gewesen sein könnte. Denn um die Zeit, als Tartessos vom Erdboden verschwand, etwa 500 v. Chr., wurde die Region von einer riesigen Flutwelle erfasst. Die Blütezeit des Königreichs – so viel steht fest – war zwischen 900 und 700 v. Chr. Da Andalusien reich an Eisen, Kupfer, Zinn und Bronze war – und nach wie vor ist – wundert es nicht, dass seine Einwohner große Fertigkeiten in der Metallbearbeitung entwickelten. Im archäologischen Museum von Sevilla werden Schätze aus der Tartessos-Ära gezeigt.

DIE RÖMER

Nach dem Zweiten Punischen Krieg im 3. Jahrhundert v. Chr. kamen die Römer nach Hispanien. In diesem Krieg kämpften römische Legionen gegen das Heer des Königreiches Karthago, das in der Nähe des heutigen Tunesiens lag. Die Karthager hatten spanisches Territorium besetzt. Die entscheidende Schlacht fand 206 v. Chr. bei Sevilla statt. Da die Römer siegten, wurde Spanien dem Römischen Reich als Provinz einverleibt. Andalusien erhielt den Namen Baetica. Es ist den Römern zu verdanken, dass Teile Andalusiens auch später noch von der Landwirtschaft leben konnten. Denn sie bauten Bewässerungssysteme, um die Äcker in den trockenen Gebieten mit Wasser versorgen zu können, und legten die Olivenhaine an, die heute noch Früchte tragen und der Provinz Jaén einen großen Teil ihrer Einkünfte bescheren. Die Römer führten in Spanien auch neue Verwaltungsstrukturen ein. Die Sprache (Spanisch ist eine romanische, also vom Lateinischen abstammende Sprache) und auch die erste Währung ist auf die Römer zurückzuführen. Mit ihren Kenntnissen im Bereich der Bautechnik trugen die Römer viel zur Entwicklung der Infrastruktur in diesem Gebiet bei. Sie bauten Brücken, Badehäuser und Amphitheater und legten ein Straßennetz an. Ohne ihren Einfluss hätte Andalusien sich wahrscheinlich erst um einiges später so entwickelt.

VANDALEN UND WESTGOTEN

Als das Römische Reich langsam zerfiel, vertrieben die Vandalen die Römer im Jahr 416 aus Andalusien. Sie wurden ihrerseits nur 13 Jahre später von den Westgoten vertrieben, die ihr Reich von Frankreich aus weiter nach Süden ausbreiteten. Die Westgoten hingen einer frühen Form des Christentums an. Als sich ihr König Rekkared I. zum Katholizismus bekannte, wurde auch Spanien katholisch.

DIE MAUREN

Die Mauren spielen in der Geschichte Andalusiens eine große Rolle. Sie hatten gut sieben Jahrhunderte Zeit, der Gegend ihren Stempel aufzudrücken. Spuren dieses Einflusses sind in der Architektur immer noch sichtbar.

Die Bezeichnung "Mauren" ist ein Sammelbegriff für eine Mischung aus Arabern, Syrern, Berbern und Ägyptern. Im Jahr 711 erreichten die islamischen Eroberer unter Führung von Abd ar-Rahman, einem Mitglied der Omaijaden-Dynastie, zum ersten Mal die andalusische Küste. Die Mauren gaben der Gegend den Namen al-Andalus (abgeleitet von vandalicia, Land der Vandalen). Sie vertrieben die westgotische Führungsschicht, ernannten Córdoba zur Regionshauptstadt und erbauten die Mezquita-Moschee, um ihre Präsenz deutlich sichtbar zu machen. Die Eroberer waren zwar Anhänger des Islams, doch sie tolerierten die Andersgläubigen und zwangen sie nicht dazu, ihren Glauben aufzugeben. Andalusien war für die Mauren ein wahres Paradies. Die von den Römern angelegten Bewässerungsanlagen wurden von ihnen weiterentwickelt und zu ausgeklügelten Systemen ausgebaut, mit denen in Europa erstmalig der Anbau von Orangen und Zitronen möglich wurde.

Drei Jahrhunderte später, bald nach der Glanzzeit des Maurischen Reiches, leiteten die Christen die Rückeroberung des Gebietes ein, und am Ende des 15. Jahrhunderts war das Zeitalter der Mauren in Spanien beendet. Die Muslime (und auch die Juden), die im Land blieben, mussten zum katholischen Glauben übertreten oder wurden vertrieben. Die Glanzzeit der Mauren lebt heute noch fort in den beeindruckenden Bauwerken, die sie hinterließen, und den vielen spanischen Wörtern arabischer Herkunft.

Einzigartiger Baustil
Der Mudéjarstil ist ein typisch andalusischer Baustil aus der christlichen Zeit, der jedoch stark von maurischen Einflüssen geprägt wurde. Die eindeutig maurischen Elemente wie Rundbögen, Stuckverzierungen und Kassettendecken sind im Real Alcázar in Sevilla noch gut zu erkennen.

DIE RECONQUISTA

Die Reconquista (Rückeroberung), der Kreuzzug der christlichen Könige gegen die islamischen Herrscher in Andalusien, begann im 11. Jahrhundert im Norden Spaniens. Hier sammelten sich die Heere, darunter das des Königs Alfonso VI., und zogen langsam nach Andalusien, wo die Mauren sich niedergelassen hatten. Die christlichen Truppen gewannen schnell an Boden und waren in mehreren Feldschlachten erfolgreich. Die wichtigste Schlacht fand bei Las Navas de Tolosa statt, hier wurde das größte Heer der Mauren besiegt. Danach folgte 1236 die Eroberung Córdobas. Auch die Eroberung Sevillas ließ nicht lange auf sich warten: Im Jahr 1246 war die Stadt wieder in der Hand der Katholiken. Damit war die Ära der Mauren jedoch noch nicht vorüber. Begünstigt durch seine Lage im Schutz der Berge hielten die maurischen Besatzer Granada beispielsweise sowie den Südosten Andalusiens noch 250 Jahre lang in ihrer Gewalt.

Im Jahr 1492 (ein bedeutsames Jahr in der spanischen Geschichte, weil Kolumbus im gleichen Jahr Amerika entdeckte) war es mit der Herrschaft der Mauren dann endgültig vorbei. Es gelang den katholischen Königen Ferdinand und Isabella, die Reconquista zu vollenden und die letzten maurischen Herrscher zu vertreiben. Als der abziehende König Baobdil sich bei seinem Rückzug noch ein letztes Mal umdrehte und eine Träne vergoss, soll seine Mutter zu ihm gesagt haben: "Weine nicht wie ein Kind um etwas, das du als Mann nicht behalten konntest."

DIE INQUISITION

Während der maurischen Herrschaft, vom 8. bis zum 15. Jahrhundert, lebten Juden, Muslime und Christen relativ friedlich nebeneinander. Aber im Zuge der Reconquista, als große Teile Spaniens von den christlichen Königen rückerobert wurden, kam es unter Führung der Inquisition zu einer Welle des Antisemitismus. So wurde am Ende des 14. Jahrhunderts eine große Zahl von Juden aus der Region um Sevilla vertrieben. Sie flohen nach Portugal und Marokko. Wer sich zum katholischen Glauben bekehrte, durfte bleiben. Manche Konvertiten stiegen sogar in wichtige gesellschaftliche Positionen auf. Nach der Judenverfolgung richtete die Inquisition sich gegen Lutheraner und andere Protestanten. Die Inquisition wurde erst 1834 von Königin Isabella II. abgeschafft.

GOLDENE ZEITEN

Die Entdeckung der Neuen Welt durch Christoph Kolumbus im Jahr 1492 definierte die Rolle Spaniens in Europa und der Welt neu. Die katholischen Könige Ferdinand und Isabella hatten Kolumbus bei einem Treffen in Granada den Auftrag erteilt, neue Welten zu entdecken. Ein weiser Entschluss, denn mit einem Schlag wurde Spanien so zu einem wichtigen Handelsland. Schiffsladungen voll mit Kostbarkeiten trafen im Hafen von Sevilla ein, sodass die Stadt schon bald sehr wohlhabend wurde. Als Hauptstadt des Weltreiches Spanien wurde Sevilla zum strahlenden Mittelpunkt. Die Stadt war auch der Heimathafen der berühmten Silberflotte. Da sich immer mehr Händler, aber auch Entdeckungsreisende hier niederließen, wuchs die Einwohnerzahl Sevillas daher rapide.

Sevilla profilierte sich auch im Bereich der Künste. Architektur, Bildhauerei, Malerei und Literatur spielten eine wichtige Rolle. Das 16. Jahrhundert gilt mit Recht als das Goldene Zeitalter Spaniens. Am Anfang des 17. Jahrhunderts begann der Glanz jedoch zu verblassen. Der Einfluss der spanischen Krone nahm ab und Sevillas besondere Stellung endete, als König Philipp II. sich entschied, nach Madrid umzuziehen. Da der Fluss zur Stadt versandet war, hatte Cádiz bereits die Rolle als wichtigste Hafenstadt übernommen. Die Probleme in der Region nahmen in der Folge zu, es gab eine Hungersnot, und Spanien war in verschiedene kriegerische Konflikte verwickelt.

KRIEGE

Nach dem Goldenen Zeitalter kam es in Spanien zu diversen Auseinandersetzungen, unter anderem als Folge der Französischen Revolution auch zwischen Revolutionären und dem spanischen Königshaus. Bei Gibraltar fand die berühmte Seeschlacht mit den Engländern statt, bei der Admiral Nelson die spanische Flotte vernichtend schlug. Seitdem gehört Gibraltar zu England. Doch das war nicht die einzige Niederlage, die die Spanier einstecken mussten. 1898 verlor Spanien den Krieg gegen die Vereinigten Staaten um die Kolonien in Südamerika, sodass Spanien zu Beginn des 20. Jahrhunderts seine Stellung als Weltmacht eingebüßt hatte.

Ein für die zukünftige Entwicklung des Landes äußerst bedeutsamer Krieg war der Spanische Bürgerkrieg. Denn in seiner Folge verwandelte sich Spanien aus einer Republik in eine Diktatur unter Führung von Francisco Franco. Im Jahr 1931 brachen im Anschluss an eine Wahl Streitigkeiten zwischen linken und rechten Parteien aus. Der König floh daraufhin aus dem Land und Spanien wurde eine Republik. Es folgte eine politisch instabile Zeit, in der sich die Machtverhältnisse mehrfach von extrem links nach extrem rechts verschoben. Eine stabile Regierung war in einem so gespaltenen Land kaum noch möglich: Ständig wurden Gesetze rückgängig gemacht und Entscheidungen aufgehoben. Außerdem gab es diverse Gruppierungen, die auch nicht vor Gewalt zurückschreckten.

Nach dem Mord an einem Politiker unternahm eine Gruppe Offiziere im Jahr 1936 einen Putschversuch. Drei Jahre lang wurde nun um verschiedene Großstädte und Gebiete in Andalusien gekämpft. Dabei erhielt Franco Unterstützung von einer Fremdenlegion aus marokkanischen Soldaten, Geld und Material kamen unter anderem aus Deutschland und Italien. Sevilla und Cádiz schlossen sich dem Militärregime an. Bei der Schlacht um Málaga führten die Bombardements vor allem zu Opfern unter der Zivilbevölkerung, die in Richtung Meer flüchtete. Am 1. April 1939 hatte General Franco die Fäden fest in der Hand und erklärte das Ende des Bürgerkriegs. Viele Republikaner flüchteten daraufhin ins Ausland. Wer zurückblieb, wurde verfolgt und ermordet. Die acht Jahre der Unruhen und die Nachwehen des Putsches kosteten schätzungsweise 500.000 Menschen das Leben.

FRANCO UND DIE ZEIT DANACH

Die Militärdiktatur hielt sich bis zum Tod des Generals Franco im Jahr 1975. Als mächtiger Diktator duldete Franco keine politischen Gegner im Land, daher kehrten in seiner Regierungszeit Ruhe und Stabilität in Spanien ein. Auch wirtschaftlich entwickelte sich das Land immer besser. Die entstandene wohlhabende Mittelschicht wurde jedoch zunehmend kritischer gegenüber dem Führer und wollte wie im Rest Europas politische Freiheit.

Bereits einige Jahre vor seinem Tod erklärte Franco den Enkel des letzten spanischen Königs, Juan Carlos de Borbón, zu seinem Nachfolger. Da Juan Carlos ein enges Verhältnis zu Franco hatte, wurde davon ausgegangen, dass er dessen Politik fortsetzen würde. Doch zur allgemeinen Überraschung stellte sich heraus, dass Juan Carlos die Demokratie einführen wollte. Drei Jahre nach seinem Amtsantritt, am 6. Dezember 1978, wurde eine neue Verfassung proklamiert, die die Demokratie im modernen Spanien begründete. Diese Reform fand jedoch nicht nur Unterstützer. Im Jahr 1981 fand ein Putschversuch unter Leitung von Oberstleutnant Antonio Tejero Molina statt. In einer Fernsehrede verurteilte Juan Carlos diese Aktion und erklärte, dass die Reformen weitergehen müssten. Dieser Auftritt grub sich fest in das Gedächtnis der Spanier ein und machte Juan Carlos bei seinem Volk sehr beliebt. Auch im Rest Europas und der Welt bekam er dafür viel Anerkennung.

Heute ist Spanien eine moderne Demokratie. Es hatte in den letzten Jahren eine links orientierte Regierung mit mehr weiblichen als männlichen Ministern. Ende 2011 kam jedoch, unter anderem als Folge der Wirtschaftskrise, die rechtskonservative PP an die Macht, und auch das ursprünglich links gerichtete Andalusien hat einen Schwenk nach rechts vollzogen.

ANDALUSIEN HEUTE

Andalusien hat viel mehr zu bieten als nur die Costa del Sol, und das haben auch die Touristen inzwischen entdeckt. Andere Küstengebiete wie die Costa de la Luz erfreuen sich daher einer stetig steigenden Beliebtheit, ebenso wie der *turismo rural* (Tourismus im ländlichen Raum). Die geschichtsträchtigen Städte mit den Spuren des maurischen Einflusses locken zudem zahlreiche Besucher an. Die Alhambra in Granada ist die meistbesuchte touristische Sehenswürdigkeit Spaniens.

Andalusien ist etwa so groß wie Nordrhein-Westfalen und Niedersachsen zusammen und hat fast 8,2 Millionen Einwohner. Die wichtigste Einkommensquelle ist der Tourismus. Jährlich kommen um die 26 Millionen Touristen hierher, darunter etwa elf Millionen Nichtspanier. Die Costa del Sol entwickelte sich seit den 1960er-Jahren zu Spaniens beliebtestem Urlaubsparadies. Heute wird das Gebiet wegen der vielen Golfplätze auch oft als Costa del Golf bezeichnet. Außer ausländischen Touristen kommen auch die Spanier, vor allem die Madrilenen, selbst gern nach Andalusien. Neben dem Tourismus war auch der Bausektor jahrelang ein Wirtschaftsmotor. In den 1990er-Jahren wurde sehr viel gebaut, die Bankenkrise im Jahr 2008 bereitete dem Boom jedoch ein abruptes Ende. Als Folge der Krise hat die Zahl der Arbeitslosen in Spanien und vor allem in Andalusien stark zugenommen, in manchen Gegenden liegt die Quote bei 30 Prozent.

Die Andalusier sind voller Leidenschaft, und das zeigt sich in allen Bereichen des Lebens. Zum Beispiel beim Sprechen: Der Andalusier spricht laut und vollführt dabei große Gesten, um seiner Erzählung Nachdruck zu verleihen. Und das tut er am liebsten in der Bar, die in Andalusien fast so etwas wie das eigene Wohnzimmer ist. Allerdings bleiben die Andalusier dort nicht stundenlang, sondern kommen zum Frühstücken, auf einen Kaffee oder um Tapas zu essen. Granada ist die Stadt mit den meisten Bars pro Einwohner in Spanien. Bei aller Leidenschaft und Inbrunst legt der normale Andalusier ein geringeres Arbeitstempo an den Tag, als wir es gewohnt sind. Auch wenn der Arbeitstag lang ist, muss er daher nicht immer effizient sein. Aber was heute nicht fertig wird, kann ja auch bis *mañana* (morgen) warten. Nutzlos, sich darüber aufzuregen, und vielleicht sind ja auch wir es, die sich einfach zu viel Stress aufhalsen.

Dafür sind die Beziehungen zur Familie, zu Freunden und dem eigenen Dorf sehr wichtig. Das kann sich bis in die Bereiche Arbeit und Karriere auswirken. So werden Stellen eher an einen engen Verwandten oder einen Bekannten vergeben als an einen noch so qualifizierten Außenstehenden. Wenn man Spanisch spricht oder es zumindest versucht, schätzen die Andalusier das sehr und sind dann auch gern zu einem Schwätzchen bereit. Sie reagieren auch positiv darauf, wenn sich jemand für sie oder ihr Dorf interessiert. Doch auch wer Spanisch gut beherrscht, wird schnell merken, dass das nuschelig gesprochene *andalus* manchmal schwer zu verstehen ist. Leider spricht hier kaum jemand gut Englisch, nicht einmal die Jugend.

TYPISCH ANDALUSIEN

LA CORRIDA

Der erste Stierkampf (Corrida) fand in Andalusien vermutlich in der Stadt Ronda nördlich von Marbella statt. Und es waren wohl die Römer, die den Stierkampf eingeführt haben. Bis heute haben die Kämpfe in Andalusien große Bedeutung. Immerhin gibt es 70 Arenen, in denen dieses typisch spanische Spektakel veranstaltet wird. Die Kämpfe beginnen meistens gegen 18 Uhr, ein Kampf dauert etwa 20 Minuten. Normalerweise finden sechs Kämpfe statt, wobei drei Toreros jeweils zwei Kämpfe bestreiten. Je eleganter die Bewegungen des Toreros sind, mit denen er den Stier aus der Reserve lockt, desto größer ist die Bewunderung der Zuschauer. Der Kampf hat nur ein Ziel: die *estocada*, den Todesstoß, bei dem der Degen tief in den Hals des Stieres gebohrt wird. Dieser Hieb ist dem Matador vorbehalten, was so viel wie "Töter" bedeutet.

Auch in Spanien gibt es inzwischen viele Stierkampfgegner, in Barcelona sind Stierkämpfe seit 2004 sogar offiziell verboten. Die Befürworter der Kämpfe behaupten, dass es für einen Stier keine größere Ehre gibt, als in der Arena zu sterben. Und falls das Tier überleben sollte (was ganz selten vorkommt), ist es bis zu seinem Lebensende gut versorgt. Außerdem haben die Stiere, die für den Kampf gezüchtet werden, oft ein besseres Leben als ihre Artgenossen in der Viehzucht. Auch wenn der Stierkampf heute umstritten ist, sind viele Andalusier stolz auf die Tradition der Corrida. Während der Saison – von Ostersonntag bis Mitte Oktober – berichten die Zeitungen täglich über die Kämpfe. Die Toreros werden wie Popstars verehrt, und die Boulevardpresse breitet begeistert ihre Affären und ihr Liebesleben aus. Stierkämpfe gibt es auch oft im Zusammenhang mit den jährlichen Dorf- oder Stadtfesten (*la feria*). Bei bestimmten Veranstaltungen können sich alle Bewohner an einer Treibjagd auf die Stiere (oder seitens der Stiere auch auf die Zuschauer) beteiligen. Wenn ein Dorf keine eigene Arena besitzt, wird eigens eine mobile Arena aufgebaut.

FLAMENCO

Flamenco ist ein Sammelbegriff für ein typisch südspanisches Zusammenspiel von Musik und Tanz. Es herrscht keine Einigkeit darüber, wie und wann dieser Musikstil in Andalusien entstanden ist. Fest steht aber, dass es eine Mischung aus jüdischer, arabischer und Zigeunermusik ist. Die Zigeuner, die sich um 1400 in Andalusien niederließen, wurden, ebenso wie die Juden und Mauren, von der spanischen Inquisition unterdrückt. Gemeinsam suchten sie Trost im *cante jonde*, einem melancholischen Gesang mit Einflüssen aus allen drei Kulturen. So wie der Blues den tragischen Seiten des Lebens gewidmet ist, drückt auch der Flamenco urspünglich Schmerz und Trauer aus.

Erst später änderte sich der Tanz unter dem Einfluss der fröhlichen Musik der Region und den mitreißenden Melodien afrikanischer Sklaven. Heute hat der Flamenco 50 verschiedene Stilrichtungen, die man *palos* nennt. Jeder *palo* hat einen anderen Rhythmus und eine eigene Form der Bewegung, sodass eine bestimmte Emotion ausgedrückt wird. So stellen *alegrias* Freude und *soleares* Einsamkeit und Trauer dar. Flamenco ist immer voller Leidenschaft. Das Klatschen mit den Händen, das Stampfen mit den Füßen und der passende Gesichtsausdruck sind alle gleichermaßen wichtig. Zu einer klassischen Flamencodarbietung gehört ein Quartett aus einem Sänger, einem Gitarristen, einem Tänzer und einem *palmero*, der rhythmisch in die Hände klatscht. Inzwischen ist der Flamenco weltweit bekannt, Flamencoschulen oder -kurse gibt es in jeder Stadt.

SHERRY

Auch wenn in Andalusien überall Sherry hergestellt wird, ist das Dreieck zwischen Jerez de la Frontera, Sanlúcar de Barrameda und Puerto de Santa María, das sogenannte Sherry-Dreieck, das Kerngebiet der Sherry-Produktion. Weshalb dieses Getränk bei uns Sherry heißt und nicht *jerez*, ist nicht ganz klar. Entweder haben die

Engländer (die das Getränk exportiert haben) *jerez* zu Sherry entstellt, oder es wurde nach *scherisch* benannt, dem maurischen Namen für Jerez. Auf jeden Fall sollte man sich nicht wundern, wenn der Kellner hier unaufgefordert eine Flasche Sherry auf den Tisch stellt. Er kann sich einfach nicht vorstellen, dass man etwas anderes trinken möchte. Die Grundlage der meisten Sherry-Sorten ist eine besondere Traube, die *palomino*. Diese Traubenart verträgt trockene und heiße Witterungsbedingungen und gedeiht gut auf dem weißen, kalkreichen Boden bei Jerez de la Frontera. Die Traube wird im September geerntet. Von all dem Sherry, der in Spanien getrunken wird, laufen 65 Prozent durch die Kehlen der Andalusier. Besonders beliebt sind bei den Spaniern der *fino* (ein sehr trockener, aber milder Sherry) und der noch trockenere Manzanilla. Die süßeren Sherry-Sorten exportieren die Spanier lieber ins Ausland.

TAPAS

Tapas, die kleinen kalten oder warmen Häppchen, die ursprünglich zu einem Gläschen Sherry oder Bier serviert wurden, gibt es schon lange nicht mehr nur in Spanien. Die Tradition der Tapas nahm jedoch in Andalusien mit König Alfonso III. ihren Anfang – so erzählt es zumindest die Legende. Der König bestellte sich in einer Bar in Cádiz, wo immer eine Brise vom Atlantik her weht, ein Gläschen Sherry. Da der Ober verhindern wollte, dass Sand in das königliche Glas weht, bedeckte er es mit einem kleinen Teller, auf den er etwas Schinken legte. Das gefiel dem König sehr und so entstand der Ausdruck Tapa, was so viel heißt wie "Deckel". Bekannte einfache Tapas wie Serrano-Schinken, Oliven und Hackfleischbällchen in Tomatensoße bekommen Sie fast in jeder Bodega. Die Spanier konsumieren diese Häppchen zu jeder Tageszeit. Verglichen mit Deutschland wird in Spanien relativ spät zu Mittag und zu Abend gegessen. Meistens gibt es das (warme) Mittagessen erst ab 14 Uhr und die Abendmahlzeit nach 22 Uhr. Wenn man den Hunger zwischendurch stillen möchte, bestellt man sich ein Getränk und dazu Tapas. Früher gab es zu jedem Getränk eine kostenlose Tapa. Dieser schöne Brauch wird an verschiedenen Orten – vor allem in Granada und Umgebung – immer noch in Ehren gehalten, aber leider nicht mehr überall.

FERIA UND ROMERÍA

Jeder Ort hat seine eigene *feria*, das jährliche Dorf- oder Stadtfest. Diese Feste waren früher an den Pferdemarkt gekoppelt, entwickelten sich jedoch im Lauf der Zeit zu einer Festwoche mit Märkten, Vorführungen, Festzelten, Fahrgeschäften und Stierkämpfen. Die *feria* dauert etwa fünf Tage, zum Abschluss gibt es oft ein großes Feuerwerk. Die Saison läuft von April bis Mitte Oktober, sie beginnt in Sevilla und endet in San Pedro de Alcantara. Die erste *feria* fand 1847 in Sevilla statt. Auch wenn diese *feria* immer noch die berühmteste des Landes ist, ist sie für normale Besucher nicht unbedingt besonders interessant, da sie vor allem für geladene Gäste ist. Natürlich herrscht dann eine besondere Atmosphäre in der Stadt, und man kann die Pferde bewundern und sich vom Flamenco verzaubern lassen. Viele Veranstaltungen sind jedoch nicht für die Öffentlichkeit bestimmt, und die Preise sind gesalzen. Bei den *ferias* von Jerez de la Frontera oder Málaga sind Sie besser aufgehoben. Unter *www.andalunet.com* (unter *calendario de fiestas*) finden Sie die Daten der *Feria de Abril* in Sevilla und der *Semana Santa* (der Karwoche).

Ein anderes wichtiges Ereignis ist die *romería*: eine Wallfahrt mit von Pferden gezogenen Planwagen und Dorfbewohnern in ihren traditionellen Trachten. Die Statue des Schutzheiligen wird durch den Ort getragen und zu einer bestimmten Stelle gebracht, an der anschließend gegessen, getrunken und getanzt wird.

PROZESSIONEN

Prozessionen sind in Andalusien sehr wichtig. In jedem Dorf und jeder Stadt finden sie im Laufe eines Jahres mehrfach statt, zum Beispiel zu Ehren des Ortsheiligen oder einer religiösen Bruderschaft. Diese Prozessionen nahmen am Ende der islamischen Herrschaft ihren Anfang und unterliegen festgelegten zeremoniellen Regeln. Zu Tausenden gehen die Menschen bei solchen Anlässen auf die Straße und verfolgen, wie die Schätze der katholischen Gemeinde – oft Christusfiguren – von Dutzenden, manchmal Hunderten Mitgliedern einer Bruderschaft durch die Straßen getragen werden. Am Anfang der Prozession befindet sich immer eine Christus-Darstellung. Dann folgen Kerzenträger und Musiker, die die Prozession rhythmisch begleiten. Am Ende der Prozession wird eine Figur der heiligen Jungfrau Maria getragen. In den spanischen Großstädten gibt es Dutzende von Bruderschaften, die alle ihre eigene Prozession veranstalten. In Andalusien wird die *Semana Santa* besonders ausgiebig gefeiert. Vom Palmsonntag (*Domingo de Ramos*) bis zum Ostersonntag (*Domingo de Resureccíon*) finden immer wieder Prozessionen statt. Die *Semana Santa* ist auch dazu bestimmt, Buße zu tun. So gehen manche Prozessionsteilnehmer zum Beispiel barfuß oder mit verbundenen Augen. Viele kommen regelmäßig an ihren Heimatort zurück, um bei den Prozessionen mitzugehen und so die alten Traditionen in Ehren zu halten.

....

Bei den Prozessionen werden capotes getragen, *Kapuzen wie zur Zeit der Inquisition. Neben ihrer zeremoniellen Funktion sollten sie ihre Träger auch unkenntlich machen. Aus diesem Grund hat der Ku-Klux-Klan sie übernommen.*

....

OLIVENANBAU

In Andalusien gibt es schon zum Frühstück Olivenöl. Zum Kaffee verzehrt man eine Scheibe geröstetes Brot mit etwas Olivenöl. Die Auswahl ist groß, denn in Andalusien gibt

es über 200 verschiedene Sorten Olivenöl, die aus der Ernte von etwa 60 Millionen Oliven-bäumen produziert werden. Etwa 20 Prozent des weltweit erzeugten Olivenöls stammen aus der Region Jaén. Es gibt sogar eine touristische Route, die *ruta del olivo*. Dabei kann man selbst in kleinen Olivenhainen Oliven ernten und in Kochkursen etwas über die Ver-wendung von Olivenöl lernen. Ein Olivenhain fordert dem Eigentümer schon einiges ab, denn erst nach sieben Jahren trägt ein Baum zum ersten Mal Früchte. Danach kann er allerdings jahrhundertelang seinen Dienst tun. Geerntet werden die Oliven im Dezember, indem mit Stöcken gegen den Baum geschlagen wird. Heutzutage setzt man auch Rüttelmaschinen ein. Früher wurden die Oliven zwischen Mühlsteinen zerquetscht, heute erfolgt das mechanisch. Für einen Liter Olivenöl braucht man vier bis fünf Kilo-gramm Oliven. Übrigens kommen grüne und schwarze Oliven vom gleichen Baum. Die grünen werden lediglich früher geerntet, nämlich im Oktober.

DIE ANDALUSIER

Pferde sind ein wichtiger Bestandteil der Geschichte Andalusiens. Die Andalusier sollen angeblich die älteste Pferderasse der Welt sein. Abbildungen von Pferden sind bereits auf Höhlenmalereien aus der Zeit um 30.000 v. Chr. zu sehen, von Menschen auf Pferden aus der Zeit um 7000 v. Chr. Die besonderen Eigenschaften dieser Pferderasse wurden erstmalig in römischen Schriften beschrieben: Die Tiere sind schnell, kräftig, wendig und temperamentvoll. Daher waren sie perfekte Kriegspferde. Sowohl Karl der Große als auch Napoleon sollen bei ihren Kriegen einen Andalusier geritten haben. Im 15. Jahr-hundert hielten Mönche diese Pferde bei Sevilla und Jerez de la Frontera und stellten sicher, dass die Rasse rein blieb. Diese edlen Tiere, die auch an der Spanischen Hofreit-schule zur Erhaltung der klassischen Reitkunst beitragen, werden also schon seit Jahr-hunderten gezüchtet. Den Bewohnern Andalusiens steckt das Reiten im Blut, daher spielen Pferde auch heute noch eine wichtige Rolle. Auf jeder *feria* kann man Pferde bewundern und die Königlich-Andalusische Reitschule ist in der internationalen Pferde-welt ein Begriff (siehe Seite 98).

SIESTA

In Spanien gibt es immer mehr Leute, die die Siesta abschaffen möchten, sodass die Öffnungszeiten der Firmen zum Beispiel in Madrid und Barcelona besser zu denen in anderen europäischen Ländern passen. In Andalusien ist aber vorläufig noch keine Rede davon. Viele Dörfer im Landesinneren scheinen gegen 16 Uhr völlig ausgestorben zu sein: Alle Fensterläden, Geschäfte und Restaurants sind geschlossen, und man sieht keinen Menschen auf der Straße. Das ist natürlich lästig, wenn man genau dann in einem Straßencafé ein kühles Bier genießen möchte. Daher passt man sich am besten dem Rhythmus der Bevölkerung an. Schließlich gibt es die Siesta ja nicht ohne Grund. Im Sommer ist es zwischen 14 und 16 Uhr sowieso viel zu heiß, um etwas zu unternehmen.

PRAKTISCHE INFOS

Die Durchschnittstemperatur in Andalusien kann je nach Gegend unterschiedlich sein. In den Bergen der Sierra Nevada ist es viel kühler als an der Küste. Die Sommer sind im Allgemeinen heiß und trocken, die Winter mild mit nur wenig Niederschlag. Im Juli liegt die Temperatur des Meerwassers bei 22 Grad Celsius.

Man kann Andalusien das ganze Jahr über besuchen, solange man sein Programm und den Tagesablauf an die Jahreszeit anpasst. Im Juli und August kann es zu heiß sein, um in der Mittagszeit größere Aktivitäten zu planen. Am besten unternimmt man dann entweder am frühen Vormittag etwas oder erst am Nachmittag. Oder man sucht sich ein Hotel oder B&B mit einem schönen Pool nahe am Meer, wo man den Rest des Tages verbringen kann. Frühling und Herbst sind natürlich ideal für eine Entdeckungstour Andalusiens, aber auch der Winter bietet reichlich Möglichkeiten. Erwarten Sie dann keine Temperaturen für einen Strandbesuch (obwohl es auch das mitten im Winter gibt), aber eine Durchschnittstemperatur von 17 Grad passt gut für einen Stadtbummel oder eine Wanderung durch die schöne Landschaft. In der Sierra Nevada kann man oft bis in den Mai hinein Ski fahren.

UNTERWEGS NACH ANDALUSIEN

> FLUGZEUG Málaga ist der größte Flughafen Andalusiens mit Direktflügen von und nach Deutschland. Transavia fliegt täglich ab Weeze nach Málaga. Ryanair startet von zehn deutschen Städten nach Málaga. Es gibt auch Flüge der Lufthansa und der Vueling Airlines. Wenn Sie vor allem den westlichen Teil Andalusiens entdecken und das mit einem Aufenthalt an der Costa de la Luz verbinden möchten, können Sie auch nach Jerez de la Frontera oder Sevilla fliegen, wobei das Angebot an Flügen zu diesen Flughäfen nicht so groß ist. Vueling fliegt direkt von Deutschland nach Málaga und Sevilla. Auch Almería und Granada haben einen Flughafen, aber zu diesen Städten gibt es ebenfalls nicht so viele Verbindungen. Übrigens sind Mietwagen in Málaga günstiger als in anderen Städten, da die Konkurrenz größer ist.

> EIN AUTO MIETEN Am besten buchen Sie vor Reiseantritt online bei einer Mietwagengesellschaft. Natürlich können Sie dies auch vor Ort bei Ankunft am Flughafen tun, aber in der Hochsaison besteht durchaus das Risiko, dass keine Autos mehr verfügbar sind. Oft kann man über die Fluggesellschaft einen Wagen mieten. Man sollte dabei jedoch berücksichtigen, dass die anderen Passagiere das wahrscheinlich auch tun und die Wartezeit dann womöglich lang ist. In der Nebensaison bekommt man in Málaga schon für zehn Euro pro Tag einen Wagen der A-Klasse. Bei den meisten Autovermietern ist eine Selbstbeteiligung ausgeschlossen, ausgenommen sind nur die Reifen, die Wagenunterseite und das Autodach.

Lokale Autovermieter wie *www.malagacar.com* sind oft etwas preisgünstiger als nicht-spanische Mietwagengesellschaften wie zum Beispiel *www.europcar.com*, *www.sixt.de* und *www.avis.com*. Übrigens bieten manche Vermieter die Möglichkeit, ein Auto an einem Flughafen zu mieten und an einem anderen wieder abzugeben, so etwa *www.atesa.com* und die meisten internationalen Vermieter.

> MIT DEM EIGENEN AUTO Natürlich kann man auch mit dem Auto von Deutschland nach Spanien fahren. Dabei sollte man jedoch die kostspieligen Mautstraßen, insbesondere in Frankreich, mit einrechnen. Fliegen ist da oft billiger. Die beliebteste Strecke ist die *routa del sol* über Lyon, Barcelona, Valencia und Alicante, die etwa 2500 Kilometer lang ist. Eine andere viel befahrene Strecke führt über Paris, Bordeaux, Bilbao und Madrid.

> BAHN Es gibt keine direkte Zugverbindung von Deutschland nach Andalusien. Bahnreisende fahren über Paris nach Madrid, dort steigen sie in den spanischen Hochgeschwindigkeitszug AVE nach Córdoba, Sevilla oder Málaga um. Die Fahrt von Madrid nach Málaga dauert nur zweieinhalb Stunden.

> BUS Über zum Beispiel *www.eurolines.de* kann man Busfahrkarten zu verschiedenen Reisezielen in Andalusien buchen, etwa zu den touristischen Orten an der Costa del Sol oder nach Sevilla, Málaga, Córdoba und Granada. Rechnen Sie mit einer Reisezeit von anderthalb Tagen. Weitere Busreisen können auch über *www.reisebus24.de* und *www.solegro.de* gebucht werden.

UNTERWEGS IN ANDALUSIEN

> STRASSEN Das Straßennetz Andalusiens ist im Allgemeinen ausgezeichnet, auch dank der vielen EU-Fördergelder. Es gibt nur drei gebührenpflichtige Straßen: von Málaga nach Granada und Córdoba (neue Autobahn), von Marbella nach Algeciras (ein Tipp, wenn Sie auf der Durchreise sind) und von Sevilla nach Cádiz. Bei den Schaltern ist deutlich angegeben, wie viel Sie zahlen müssen. Am einfachsten ist es mit Kreditkarte, aber bar geht auch.

> PARKEN In den Großstädten empfiehlt es sich meist, in einem Parkhaus zu parken. Wer sein Auto auf der Straße parkt, sollte gut aufpassen. In einer "blauen Zone" ist das Parken gebührenpflichtig, und wenn der Platz mit gelben Streifen markiert ist, ist Parken verboten und Ihr Wagen wird womöglich abgeschleppt. Bei Parkplätzen an der Straße, auf leer stehendem Gelände und an manchen Stränden steht oft ein Wächter, der Ihnen einen Platz anweist. Das kostet meistens einen Euro. Achten Sie darauf, dass er eine orangefarbene Weste trägt und Ihnen einen Beleg gibt und nicht etwa ein Bettler oder Drogensüchtiger ist, der Ihnen einen Platz anweist, auf dem Sie vielleicht gar nicht parken dürfen.

> **BAHN** Die spanische Bahngesellschaft heißt Renfe. Wegen der bergigen Landschaft ist das Streckennetz beschränkt. In Spanien wird eifrig an der Erweiterung des Hochgeschwindigkeitsnetzes gearbeitet. In Andalusien verkehren mittlerweile Hochgeschwindigkeitszüge zwischen Málaga, Córdoba und Sevilla. Wenn Sie mehr als einen Monat vorher reservieren, können Sie viel Geld sparen. Weitere Informationen zu den Zügen finden Sie unter *www.renfe.es*.

> **BUS** Andalusien lässt sich gut mit dem Bus bereisen. Es gibt ausgezeichnete Verbindungen zwischen den meisten Dörfern und Städten. Man sollte jedoch vor der Fahrt überprüfen, wann die Busse fahren. Denn manchmal wird ein Ort nur zwei Mal täglich bedient. Die Busreisen werden von verschiedenen Busunternehmen angeboten. Die meisten Busse starten in den Großstädten an den Zentralen Omnibusbahnhöfen, manche Unternehmen haben jedoch ihren eigenen Busbahnhof. Fahrkarten kann man vor der Abreise am Schalter des betreffenden Unternehmens kaufen. In einigen lokalen Bussen kann man die Fahrkarte auch im Bus erwerben, das gilt jedoch nur für Kurzstrecken. Auch wenn man statt am Bahnhof an einer Haltestelle zusteigt, kann man die Fahrt direkt beim Busfahrer bezahlen. Detaillierte regionale, nationale und internationale Fahrpläne und Preise finden Sie auf *www.alsa.es*.

> **TAXI** Taxis sind in Andalusien nicht besonders teuer. Viele Fahrer benutzen keinen Taxameter, sondern haben eine offizielle Liste, auf der die Fahrpreise stehen. Wenn ein Taxi frei ist, leuchtet ein grünes Licht, man kann das Taxi dann auf der Straße anhalten. Es gibt keine allgemeine Rufnummer für die Taxizentrale, sondern nur regionale Nummern. Die Rezeption Ihres Hotels kann Ihnen die betreffende Nummer geben.

ESSEN & TRINKEN

> **ESSEN GEHEN** In den Bars ist schon vormittags viel los, da die Spanier gern außer Haus frühstücken. An der Bar steht eine Reihe leerer Tassen bereit, um mit duftendem Kaffee und warmer Milch gefüllt zu werden. Köstlich dazu: frische *bocadillos* (Brötchen) aus dem Ofen.

Das Mittagessen (gegen 14 Uhr) ist die wichtigste Mahlzeit des Tages. Wenn man außer Haus speist, empfiehlt sich das *menu del día* (Tagesmenü), ein preisgünstiges Drei-Gänge-Menü inklusive Getränk. Entlang der Straßen gibt es auch außerhalb der Ortschaften immer wieder *ventas* (ländliche Restaurants), die ebenfalls Tagesmenüs anbieten. Oft verweisen Schilder auf *comida casera*, also auf Hausmannskost hin.

Ein typisch spanisches Restaurant ist nicht besonders stimmungsvoll eingerichtet: Es geht da wirklich nur ums Essen. Die Tische sind mit weißen Papiertischdecken bedeckt. Die eilig herumlaufenden, laut rufenden Kellner, die geringe Wartezeit auf das Essen, die Servietten, die einfach auf den Boden geworfen werden, und die

Getränkedosen, die zum Essen gereicht werden: Das alles hat einen ganz eigenen Charme. Oft stimmt auch die Regel: je greller das Licht, desto besser das Essen.

Obwohl das Mittagessen die Hauptmahlzeit ist, wird oft auch abends noch warm gegessen. Die meisten Restaurants sind abends erst ab 20 Uhr geöffnet und selbst dann kommen noch keine Spanier. Denn die speisen erst ab 21 oder 22 Uhr, am Wochenende und an Feiertagen kommen sogar um 23 Uhr noch Gäste. An Wochenenden tafelt oft die ganze Familie ausgiebig im Restaurant. Die siebzigjährige Großmutter sitzt dann am Samstagabend ebenso munter bis zwei Uhr morgens im Restaurant wie ihre Enkel. Es ist in Gaststätten durchaus üblich, sich Gerichte zu teilen. Der Salat kommt dann beispielsweise in einer großen Schüssel, die für mehrere Personen gedacht ist. Das gilt natürlich nicht, wenn man schick essen geht mit Vorspeisen und Hauptgang.

> **TRINKGELD** Auch wenn Trinkgeld gern genommen wird, geben die Spanier selbst selten etwas. In Restaurants wird normalerweise unaufgefordert Brot gereicht, für das man bezahlen muss. Dieses "Brotgeld" ist Teil des Trinkgeldes. Gleiches gilt für die Gedeckkosten, die auf der Rechnung stehen. Wenn jemand dennoch Trinkgeld geben möchte, gilt für die Höhe: etwa fünf bis zehn Prozent des Rechnungsbetrages.

> **GETRÄNKE** Ein *tinto de verano* ist eine erfrischende Schorle aus rotem Hauswein und *casera*, einer Art Limonade, aber nicht ganz so süß. Sherry wird vor allem in Jerez und Umgebung getrunken, und wer sich in der Nähe von Málaga aufhält, sollte ein Gläschen Málagawein probieren (ein meist süßer Weißwein). Natürlich gibt es auch fast überall Sangria, Rotwein mit Früchten, Weinbrand und Sprudel. Ein *café solo* ist ein Espresso, *café cortado* ist ein Espresso mit etwas Milch und *café con leche* ist ein Milchkaffee. Ein *carajillo* ist ein Kaffee mit Brandy. Für Bierliebhaber: Bier vom Fass (*caña*) ist billiger als spanisches Flaschenbier wie Mahou, San Miguel oder Cruzcampo.

ÜBERNACHTEN

Andalusien ist eine viel besuchte touristische Region und bietet daher ein großes Angebot an Hotels, B&Bs und Ferienhäusern. Neben den Adressen an anderer Stelle in diesem Guide finden Sie hier noch einige Tipps für Ihre Urlaubsplanung.

www.parador.es Paradores sind Stadthotels, die es in ganz Spanien gibt. Oft befinden sie sich in historischen Gebäuden wie Schlössern, Palästen oder Klöstern. Andalusien hat

16 *paradores.* Im Allgemeinen recht teuer; es gibt jedoch Ermäßigungen für Besucher unter 35 und über 55 Jahren.

www.lasperlasandalucia.com Stellen Sie sich Ihre Rundreise selbst zusammen und wohnen Sie in zauberhaften Hotels.

www.andalucia.org/de Die Website der andalusischen Touristeninformation mit Informationen über Andalusien, Unterkünfte, Restaurants und Sehenswürdigkeiten.

www.geotoura.com Spezialist für Rundreisen durch Andalusien.

ÖFFNUNGSZEITEN

Während der Siesta sind Geschäfte und Apotheken geschlossen. Meistens sind die Geschäfte an Wochentagen von 9 bis 13.30 oder 14 Uhr und danach wieder von 16.30 bis 20 oder 21 Uhr geöffnet. Vor allem im Sommer schließen die Läden vielerorts auch am Samstagnachmittag. Die großen Warenhäuser, wie El Corte Inglés oder Zara, und die Einkaufszentren sind von 10 bis 22 Uhr geöffnet und die großen Supermarktketten, wie Mercadona und Carrefour, von 9.15 bis 21.15 Uhr. Postämter und Banken schließen oft schon um 14 Uhr. Museen haben im Winter andere Öffnungszeiten als im Sommer, man sollte sich vorab informieren. Viele Museen haben montags zu.

Die Öffnungszeiten können sich öfter mal ändern, und manchmal geht es auch nicht so genau. Restaurants und Bars haben keine Sperrstunde, sie sperren zu, wenn der letzte Kunde das Lokal verlassen hat.

FEIERTAGE

1. Januar	Neujahrstag (Año Nuevo)
6. Januar	Heilige Drei Könige (Reyes Magos of Epifanía)
28. Februar	Andalusien-Tag (Día de Andalucía)
März/April	Heilige Woche (Karwoche) vor Ostern mit erstem Ostertag (Semana Santa)
1. Mai	Tag der Arbeit (Dia del Trabajo)
15. August	Mariä Himmelfahrt (Asunción de la Virgen)
12. Oktober	Nationalfeiertag (Fiesta nacional de España oder Día de Hispanidad), gefeiert wird die Entdeckung Amerikas, der Tag der Spanischen Einheit und der Día de Nuestra Señora del Pilar
1. November	Allerheiligen (Todos los Santos)
6. Dezember	Tag der Verfassung (Día de la Constitución)
8. Dezember	Mariä Empfängnis (Inmaculada Concepción)
25. Dezember	Weihnachten (Navidad)
31. Dezember	Silvester (Noche Vieja)

VERANSTALTUNGEN

> FEBRUAR In den Tagen vor der Fastenzeit wird vielerorts Karneval gefeiert. In den meisten Orten gibt es dabei Umzüge. Das größte Fest findet in Cádíz statt.

> MÄRZ/APRIL Während der Karwoche, der *Semana Santa*, werden überall religiöse Prozessionen abgehalten.

> APRIL Anlässlich der berühmten *Feria de Abril* wird in Sevilla eine Woche lang gefeiert.

> MAI *Feria del Caballo* Nach der *feria* in Sevilla kann man an einem der schönsten Feste Andalusiens in Jerez de la Frontera teilnehmen.

Romería del Rocío In dem sonst unbedeutenden Dorf El Rocío endet zu Pfingsten Spaniens größtes religiöses Fest und die Wallfahrt *Romería del Rocío*.

> JUNI *Internationales Gitarrenfestival* Zwei Wochen in Córdoba.

Fiestas patronales de San Antonio Dabei werden die Kämpfe zwischen Mauren und Christen nachgespielt.

San Juan In der Nacht vom 23. auf den 24. Juni essen, feiern und schlafen alle am Strand. Mit zahlreichen Freudenfeuern und Feuerwerken.

> JULI *Virgen del Mar* Sommerfestival in Almería in der letzten Juliwoche.

> AUGUST *Feria de Málaga* Ein ausgelassenes Festival, bei dem bis in die frühen Morgenstunden gefeiert wird.

Feria de Grazalema Fest, bei dem Stiere an langen Seilen durch die Gassen des Dorfes Grazalema gezogen werden.

> SEPTEMBER *Fiesta de la Vendimia* Weinfest in der Sherry-Stadt Jerez de la Frontera (Anfang September).

Feria y Fiestas de Pedro Romero Traditionelles andalusisches Fest in Ronda mit Stierkämpfen und Flamenco.

> OKTOBER *Feria de San Lucas* Das größte Fest in Jaén.

Aktuelle Informationen zu Veranstaltungen und Festen finden Sie auf folgenden Websites: *www.andalucia.org* oder *fiestas.net*

PRAKTISCHE ADRESSEN UND TELEFONNUMMERN

> LÄNDERVORWAHL
Deutschland 0049, Österreich 0043, Schweiz 0041, Spanien 0034

> NOTRUFNUMMERN
112 Notruf, 091 landesweiter Polizeinotruf, 092 regionaler Polizeinotruf, 061 Notarzt

> BOTSCHAFTEN UND KONSULATE

Deutsches Generalkonsulat in Málaga
c/ Mauricio Moro Pareto, Tel.: 952 363591, Öffnungszeiten: Mo–Fr 8.30–10.00, Mo–Do 15.00–16.30

Schweizer Konsulat in Málaga
Apartado de correos 7, 64 5010303 (Handynummer), Öffnungszeiten: Mo–Fr 9.00–13.00

Österreichisches Honorarkonsulat in Sevilla
Calle Cardenal Ilundáin 18, Edificio 1–5 ° F, Tel.: 954 987476, Öffnungszeiten: Mo–Fr 10.00–12.00

POST

Die Post (*correo*) ist am gelben Logo mit dem blauen Posthorn zu erkennen. In manchen Tabakläden steht ein Briefkasten, und man kann dort Briefmarken kaufen.

GELDANGELEGENHEITEN

Geldautomaten (*cajeros*) und Banken gibt es in Andalusien zur Genüge, selbst in kleineren Dörfern. In den großen Geschäften und Hotels kann man oft auch geringere Beträge mit Kreditkarte bezahlen, viele kleinere Bars und Restaurants akzeptieren sie jedoch nicht. Wenn man in einem Geschäft mit EC-Karte zahlen möchte, kann es vorkommen, dass ein Ausweis verlangt wird. Auch für Zahlungen per Kreditkarte mit Sicherheitscode braucht man manchmal einen Ausweis.

GESUNDHEIT

Wer eine Versicherungskarte einer europäischen Krankenversicherung hat, sollte für einen Arztbesuch nicht zahlen müssen. Dennoch wird man oft gebeten, die Rechung direkt zu begleichen. Falls das passieren sollte, kann man in Deutschland das Geld wieder zurückfordern. An der Costa del Sol haben sich einige deutsche Ärzte niedergelassen. Die deutsche Botschaft kann Ihnen Adressen und Telefonnummern nennen.

SPRACHFÜHRER

Wer überzeugt ist, mehr als nur ein paar Brocken Spanisch zu sprechen, wird in Andalusien dennoch oft nur Bahnhof verstehen. Der Grund: Andalusier verschlucken die meisten Konsonanten am Wortende und S-Laute werden durch andere Konsonanten ersetzt. In manchen Dörfern im Binnenland finden sich im andalusischen Dialekt sogar einige arabische Wörter wieder.

Allgemein wird im Spanischen das J als CH ausgesprochen: Man schreibt also Nerja, sagt aber Nercha. Außerdem wird das V wie ein sanftes B gesprochen: Viernes wird zum Beispiel zu Biernes. Die Vokale werden dabei einzeln ausgesprochen.

BEGRÜSSUNG

hallo	**hola**	Auf Wiedersehen	**adiós**
guten Morgen/Tag	**buenos días**	Wie geht es?	**¿qué tal?**
guten Tag	**buenas tardes**	danke, gut	**bien, gracias**
gute Nacht	**buenas noches**		

NOTFÄLLE

Hilfe!	**¡secorro!**
Vorsicht!	**ten cuidado**
Feuer!	**¡incendio!**
Ich brauche einen Arzt.	**necesito un médico.**
Rufen Sie einen Krankenwagen!	**¡llame a una ambulancia!**
Polizei	**policía**
Doktor	**médico**
Könnten Sie mir bitte helfen?	**¿podría ayudarme, por favor?**
Sie haben mich bestohlen.	**me han robado.**

BASICS

ja	**sí**	wann	**cuando**
nein	**no**	warum	**porqué**
Ich hätte gern ...	**me gustaría ...**	wo ist ...	**¿dónde hay ...?**
bitte	**por favor**	was?	**¿qué?**
danke	**gracias**	keine Ahnung	**no lo se**
gern (geschehen)	**de nada**	Sprichst du Englisch?	**¿hablas inglés?**
Es tut mir leid.	**lo siento**		
Verzeihung	**perdón**		

Ich bin Deutscher/ Schweizer/Öster-reicher	soy alemán, soy suizo, soy austriaco	Mittwoch	miércoles
Ich verstehe nicht.	no entiendo	Donnerstag	jueves
morgen	mañana	Freitag	viernes
spät	tarde	Samstag	sábado
Nacht	noche	Sonntag	domingo
heute	hoy	eine Woche	una semana
heute Abend	este tarde	ein Monat	un mes
Montag	lunes	offen	abierto
Dienstag	martes	geschlossen	cerrado
		Eingang	entrada
		Ausgang	salida

ZAHLEN

ein	uno	dreißig	treinta
zwei	dos	vierzig	cuarenta
drei	tres	fünfzig	cincuenta
vier	cuatro	sechzig	sesenta
fünf	cinco	siebzig	setenta
sechs	seis	achtzig	ochenta
sieben	siete	neunzig	noventa
acht	ocho	hundert	cien
neun	nueve	zweihundert	doscientos
zehn	diez	tausend	mil
zwanzig	veinte	zweitausend	dos mil
einundzwanzig	veintiuno		

TELEFONIEREN

Hallo (beim Abheben)	hola, dígame
Mein Name ist ...	soy ...
Kann ich mit ... sprechen?	¿quería hablar con ...?
Ich verstehe Sie nicht.	no le entiendo

ÜBERNACHTEN

Ich hätte gern ein ... Zimmer.	quisiera una habitación ...
Einzelzimmer	individual
Doppelzimmer	doble
... mit einem Doppelbett	... con cama matrimonio
... mit Einzelbetten	... con dos camas
... mit Dusche/Bad/Klimaanlage	... con ducha/baño/aire
für eine Nacht/zwei Nächte	para uno/dos noches

Wie teuer?	¿cuánto cuesta?
Ist das Frühstück inklusive?	¿incluye el desayuno?
Können Sie mich um ... Uhr wecken?	¿puede despertarme a las ...?
Schlüssel	llave
Können Sie mir ein Taxi bestellen?	¿me puede llamar un taxi?

UNTERWEGS

der Bus	el autobús
der Zug	el tren
das Taxi	taxi
das Flugzeug	el avión
der Bahnhof	la estación
die Bushaltestelle	la parada de autobuses
einfache Fahrt	un billete de ida
hin und zurück	un billete de ida y vuelto
Fahrplan	los horarios
Verspätung	retraso
Wo kann ich eine Fahrkarte kaufen?	¿donde puedo comprar un billete?
Wann fährt der Bus/der Zug?	¿a que hora sale el tren/autobus?
Muss ich umsteigen?	¿tengo que hacer un transbordo?

RESTAURANT

die Rechnung	la cuenta
die Speisekarte	la carta
die Weinkarte	carta de vinos
der Kellner	camarero
die Kellnerin	camarera
das Frühstück	desayuno
der Mittagtisch	almuerzo
das Abendessen	cena
der Tisch	una mesa
Haben Sie einen Zweiertisch?	¿tiene usted una mesa para dos?
Kann ich einen Tisch reservieren?	¿puedo reservar una mesa?
Ich habe einen Tisch reserviert.	he reservado una mesa
Haben Sie schon gewählt?	¿usted quiere pedir?
Was möchten Sie trinken?	¿que le pongo para beber?
Wasser	agua
mit/ohne Kohlensäure	con gas/sin gas (natural)
Bier	cerveza
Weiß-/Rotwein	vino blanco/vino tinto
ein Glas	una copa

Flasche	botella
ein (halber) Liter	(medio) litro
Cola	coca cola
Orangensaft	zumo de naranja
Kaffee	café
Tee	té
Was können Sie empfehlen?	¿tiene una sugerencia?
Haben Sie auch vegetarische Gerichte?	¿tiene platos vegetarianos?
Wo sind die Toiletten?	¿donde están los servicios?
Besteck	cubiertos
Messer	cuchillo
Gabel	tenedor
Löffel	cuchara
Öl	aceite
Essig	vinagre
Salz	sal
Pfeffer	pimienta
Brot	pan

SPEISEKARTE

bebidas	Getränke	ensalada	Salat
entradas/	Vorspeisen	queso	Käse
entrantes		postres	Nachspeisen
sopa	Suppe	helado	Eis
segundo plato	Hauptspeise	fruta	Obst
carne	Fleisch	tostado	geröstet
pescado	Fisch	al horno	aus dem Ofen
guarnición	Beilage	asado	gegrillt
verduras	Gemüse	a la plancha	vom Grill

TAPAS

aceitunas	Oliven
albóndigas	Hackbällchen
salsa de almendras	Mandelsoße
ensalada rusa	Oliviersalat
croquetas	(Kartoffel)Kroketten
gambas pil pil	Gambas in heißem Knoblauchöl
jamón	Schinken
manchego	spanischer Käse (oft Ziegenkäse)
patatas bravas	frittierte Kartoffeln mit pikanter Soße
pinchos	Fleisch- oder Fischspießchen

pulpo	Krake
calamares	Tintenfischringe
salpicón (con gambas)	Meeresfrüchtesalat (mit Gambas)
tortilla	Tortilla (Kartoffelomelett)

VORSPEISEN

ensalada	Salat
gazpacho	kalte Tomatensuppe
revuelto	Rührei, oft mit Gemüse oder Garnelen
sopa del día	Tagessuppe

HAUPTSPEISEN

boquerones	gegrillte Sardellen
brocheta	Bratspieß
cerdo	Schweinefleisch
cordero	Lammfleisch
estofado	Schmorbraten
mariscos	Meeresfrüchte
mejillones	Miesmuscheln
solomillo	Rinder-, Schweine- oder Lammfilet
ternera	

TOP 10

HIGHLIGHTS

Die **Alhambra** in Granada ist die bedeutendste Sehenswürdigkeit Andalusiens **>** S. 199

1

In Sevilla im alten jüdischen Viertel **Santa Cruz** die **Paläste im Mudéjarstil** bewundern **>** S. 54

2

Die faszinierende **Mezquita-Catedral**, eine Kathedrale in einer Moschee, besuchen **>** S. 268

3

An den Stränden der Costa de la Luz relaxen oder **in Tarifa surfen >** S. 113

4

Im Nationalpark **Coto de Doñana** die Ruhe genießen und Vögel beobachten **>** S. 85

5

Die Klippen, Buchten und Strände des **Naturparks Cabo de Gata** erkunden **>** S. 247

6

Ob Berge, Wanderwege oder Bilderbuchdörfer, **Las Alpujarras** bietet alles **>** S. 223

7

In **Ronda** am Rand der tiefen Schlucht stehen, die die Stadt in zwei Hälften teilt **>** S. 179

8

Die **Altstadt Málagas** entdecken und die Schönheit und Ruhe genießen **>** S. 127

9

Eine Wanderung durch die bizarre Karstlandschaft von **El Torcal** unternehmen **>** S. 157

10

TOP
10

KUNST

TOP 10

RELAXEN

TOP 10

NATUR

1 Den bedeutendsten Naturpark **Coto de Doñana** mit einem Boot erkunden **>** S. 85

2 Die bizarren Felsformationen von **El Torcal** bestaunen **>** S. 157

3 **Grazalema**, das Eldorado für Wanderer, besuchen **>** S. 186

4 Mit dem Auto die großartige **Sierra de las Nieves** erforschen **>** S. 161

5 Die wunderschöne **Steinküste und die Strände** von **Faro de Cabo de Gata** entdecken **>** S. 247

6 Bei **Tabernas** eine echte **Wüste** erleben **>** S. 258

7 Sich von den **Bergen der Alpujarras** begeistern lassen **>** S. 223

8 Einen Ausritt am **Strand von Tarifa** machen **>** S. 114

9 In **El Nacimiento del Rincón** bei Mojácar übernachten **>** S. 256

10 In der **Sierra Nevada** zu Fuß oder auf Skiern unterwegs sein **>** S. 216

TOP 10

RESTAURANTS

SHOPPEN

1 **La Cañada** ist die Einkaufsmeile Andalusiens **>** S. 166

2 Im **Puerto Banús** sind alle großen Modedesigner vertreten **>** S. 163

3 Der einzige Shop von **El Ganso** in Andalusien befindet sich in Sevilla **>** S. 68

4 In der **Calle Marqués de Larios**, der größten Einkaufsmeile Málagas, shoppen gehen **>** S. 142

5 In Málagas neue **Shoppingmall im Hafen** eintauchen **>** S. 142

6 Bei **Drop** in Almería einkaufen oder im **Webshop** stöbern **>** S. 243

7 Sevillas Adresse für eine **stilvolle Garderobe** und Stoffe: **Calle Cuna** **>** S. 69

8 Sich in Granada wie in einem **nordafrikanischen Souk** fühlen **>** S. 207

9 Samstag ist **Flohmarkttag**: Den besten der Costa del Sol gibt es in Fuengirola **>** S. 170

10 Den größten Markt Andalusiens, den **Mercadillo Charco la Pava** in Sevilla, besuchen **>** S. 70

TOP 10
MIT KIDS

1 Das **Hotel Viento 10** in Córdoba: angenehm und persönlich **>** S. 282

2 Ein B&B mit lockerer Atmosphäre und tollem Pool: **Casa de Orange** **>** S. 158

3 Eines der attraktivsten Stadthotels gibt es in Almería: **Plaza Vieja Hotel & Lounge** **>** S. 244

4 Sich in der **Villa Lorena** in Málaga einquartieren und wie Audrey Hepburn fühlen **>** S. 149

5 Das **Hostal Alcoba** in Sanlúcar de Barrameda: eher Sternehotel als Hostal **>** S. 108

6 **Los Pastores**, eine Finca unweit vom wunderschönen Ronda entfernt **>** S. 185

7 Granadas Geheimtipp in Guadix: **Cortijo del Marqués** **>** S. 220

8 Übernachten in Granadas modernem Hotel **Portago Urban** **>** S. 215

9 Am schönsten Platz von Santa Cruz bei Sevilla gelegen: **Hotel Elvira Plaza** **>** S. 75

10 **La Almunia del Valle**: ein sehr gepflegtes Hotel mit toller Aussicht **>** S. 219

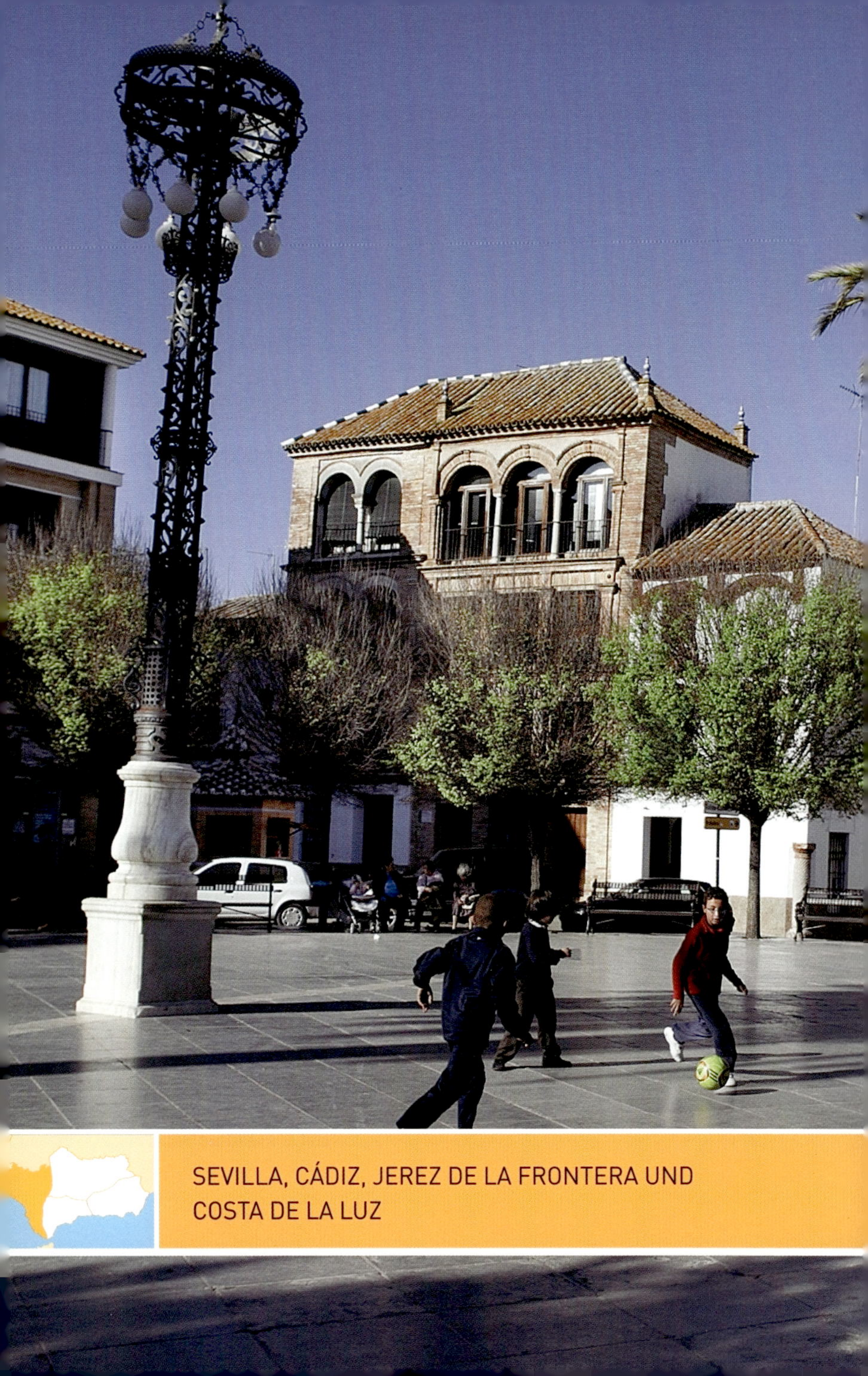

SEVILLA, CÁDIZ, JEREZ DE LA FRONTERA UND COSTA DE LA LUZ

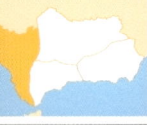

WEST-ANDALUSIEN

AUTOTOUR WEST-ANDALUSIEN

ROMANTIK, MAURISCHER GLANZ UND FLAMENCO

Sevillas Straßen verströmen eine romantische Atmosphäre, der sich wohl niemand bei einem Bummel durch die Stadt entziehen kann. Am besten planen Sie für Sevilla nicht nur einen Tag ein, sondern verbringen hier möglichst auch den Abend. Im Sommer kühlt es sich abends etwas ab, sodass Sie in einem der zahlreichen Straßencafés den schönen Sommerabend genießen können.

Wenn man über eine der breiten *avenidas* rings um das Zentrum nach Sevilla herein-kommt, springt einem der Reichtum der Stadt sofort ins Auge. Hier stehen bildschöne historische Villen und Paläste aus den verschiedenen Glanzzeiten. Die erste Blütezeit fand noch unter den Mauren statt. Viele Sehenswürdigkeiten in Sevilla sind vom mau-rischen Stil geprägt. Auch wenn etliche maurische Bauwerke während der Recon-quista zerstört wurden, waren die christlichen Herrscher doch so beeindruckt von dieser Baukunst, dass sie Stilelemente für ihre neuen Bauten übernahmen. So bildete sich der Mudéjarstil heraus, ein einzigartiger Baustil, der nur in Andalusien zu finden ist. In Sevilla sind der Alcázar und die Casa de Pilatos zwei wunderbare Beispiele dafür. Seine zweite Blütezeit verdankt Sevilla den Entdeckungen von Kolumbus im Jahr 1492. Denn im Hafen von Sevilla lief Kolumbus seinerzeit aus, und so wurde die Stadt schon bald zum wichtigsten Handelsplatz Andalusiens und entwickelte sich in der Folge zur reichsten und größten Stadt Spaniens. Viele Paläste und Gebäude stammen aus dieser Zeit. Als der Guadalquivir, der durch Sevilla fließt, verschlammte, verlor die Stadt jedoch ihre Bedeutung als wichtigste Hafenstadt – die Blütezeit war zu Ende.

Heute wird Sevilla gern und viel von Touristen besucht, was insbesondere der Expo 1992 zu verdanken ist, für die die Stadt umfassend modernisiert wurde. Diese Ausstellung wurde damals auf der Plaza de España eröffnet, die einst für die Weltausstellung 1929 angelegt worden war. Dabei trat der Tänzer Joaquin Cortés, begleitet von einer Gruppe von Frauen, auf, die die Sevillana tanzten. Cortés wurde später mit diesem Stil – einer Mischung aus modernem Tanz und traditionellem Flamenco – in der ganzen Welt berühmt. Für das futuristische Expo-Gelände von 1992 hat man bisher noch keine neue Bestimmung gefunden, heute stehen hier vor allem Bürogebäude. Wer mit Kindern unterwegs ist, kann die Stadtbesichtigung unterbrechen und den Vergnügungspark Isla Mágica auf dem Expo-Gelände besuchen. Es gibt hier auch ein Kloster, das heute ein Zentrum für Moderne Kunst ist. Ein Besuch lohnt sich.

Das wichtigste und bekannteste Volksfest in Sevilla ist jedes Jahr die Feria de Abril, die ursprünglich als Viehmarkt entstanden ist.

SEVILLAS STADTTEILE

Wer Sevilla ausgiebig erforschen will, braucht schon ein bisschen Kondition, denn es gibt viel zu sehen. Manchmal auf engstem Raum, wie im Viertel Santa Cruz, und manchmal muss man längere Strecken bewältigen. Glücklicherweise gibt es die Doppeldecker, mit denen Sie eine Rundfahrt machen und in kurzer Zeit viel von der Stadt sehen können. Noch mehr Spaß macht es, einige Teile der Stadt mit dem Fahrrad zu erkunden. Im Zentrum gibt es mehrere autofreie Straßen, ideal für Radfahrer. Auf Seite 71 finden Sie die Adresse von einem Fahrradverleih.

CENTRO UND SANTA CRUZ Als *centro* gilt das Gebiet rund um die wichtigsten Einkaufsstraßen Sevillas, die Calle Sierpes und die Calle Velázquez. Die schönsten Plätze sind die Plaza del Salvador und die Plaza Nueva. Mit seinem Gassengewirr ist Santa Cruz, das alte jüdische Viertel, eine der wichtigsten touristischen Sehenswürdigkeiten Sevillas. Auch wer eine gute Orientierung hat, wird sich in den verwinkelten Gassen schnell verlieren. Am besten schlendert man einfach gemächlich herum, um die vielen schönen Stellen und Straßencafés zu entdecken. Irgendwann gelangt man bestimmt wieder an einen bekannten Ort. Auch wenn dieser Stadtteil ziemlich touristisch ist, sollten Sie sich davon nicht abschrecken lassen – man muss ihn einfach gesehen haben.

EL ARENAL Das weniger touristische El Arenal ist ein Wohnviertel mit ein paar schönen Straßen, das vom Paseo de Cristóbal Colón und dem Boulevard am Fluss begrenzt wird. Die wichtigsten Gebäude sind die Arena, in der Stierkämpfe stattfinden, und das Theater, die beide am Paseo de Colón liegen. Da hier abends nicht so viele Touristen herkommen wie nach Santa Cruz, kann man in Ruhe zu Abend zu essen. Trotz der Nähe zum Zentrum speist man in typischen, einfachen Restaurants zwischen den Einheimischen. Das Viertel ist auch empfehlenswert zum Übernachten: nah an den Sehenswürdigkeiten, aber außerhalb des Trubels.

TRIANA In diesem ehemaligen Matrosen- und Zigeunerviertel mit seinen schmalen Gassen herrscht eine ganz besondere Atmosphäre. Früher wurde in den Bars nächtelang Flamenco getanzt. Heute findet man nur noch selten eine Bar, in der spontan Flamencotänzer auftreten. Die Calle Betis, der Boulevard am Wasser, ist der Lieblingsort vieler Sevillaner. Und das zu Recht, denn man hat eine wunderschöne Aussicht auf das historische Zentrum, und vor allem am Abend ist es hier sehr romantisch. Triana ist auch der Stadtteil der *corrales* (Innenhöfe), die es an manchen Stellen noch gibt. Früher war der *corral* das Zentrum einer Lebensgemeinschaft. Hier stand der Brunnen, alle Haustüren gingen auf den Innenhof – und man traf sich dort. Wie viele andere Arbeiterviertel ist auch Triana bekannt für seine Prozessionen. Eine der berühmtesten ist die der *Virgen Nuestra Señora Esperanza de Triana*, also die Prozession zu Ehren der Jungfrau Maria. Um wirklich verstehen zu können, wie viel die Jungfrau Maria den Leuten bedeutet, müsste man eigentlich die *Semana Santa* miterleben. Aber man

bekommt auch einen Eindruck davon, wenn man durch diesen Stadtteil schlendert und die Gläubigen dabei beobachtet, wie sie in die Kapelle Capillo de Los Marineros huschen, um die Jungfrau zu ehren. Triana ist in ganz Spanien auch wegen der Fliesen bekannt, die in verschiedenen Werkstätten hergestellt und verkauft werden.

LA MACARENA Dieses Arbeiterviertel ist vom Tourismus bisher kaum entdeckt und ein gutes Ziel, wenn man den Alltag der "normalen" Leute beobachten möchte. Es gibt hier ein paar schöne Kirchen und hübsche Plätze. An der Alameda de Hércules, einem lang gezogenen Platz mit einigen Bars, Restaurants und Straßencafés, lässt sich ein gemütlicher Abend verbingen. Vor einigen Jahren war die Alameda de Hércules von Drogensüchtigen bevölkert, aber die Zeit ist mittlerweile vorbei. Auf dem beliebten Platz ist immer etwas los, gerade Jugendliche treffen sich hier gern. Am Wochenende finden Freiluftkonzerte statt, und noch spätabends tanzen und singen junge Leute, begleitet von Gitarre und rhythmischem Händeklatschen, Flamenco.

SEVILLA STADT

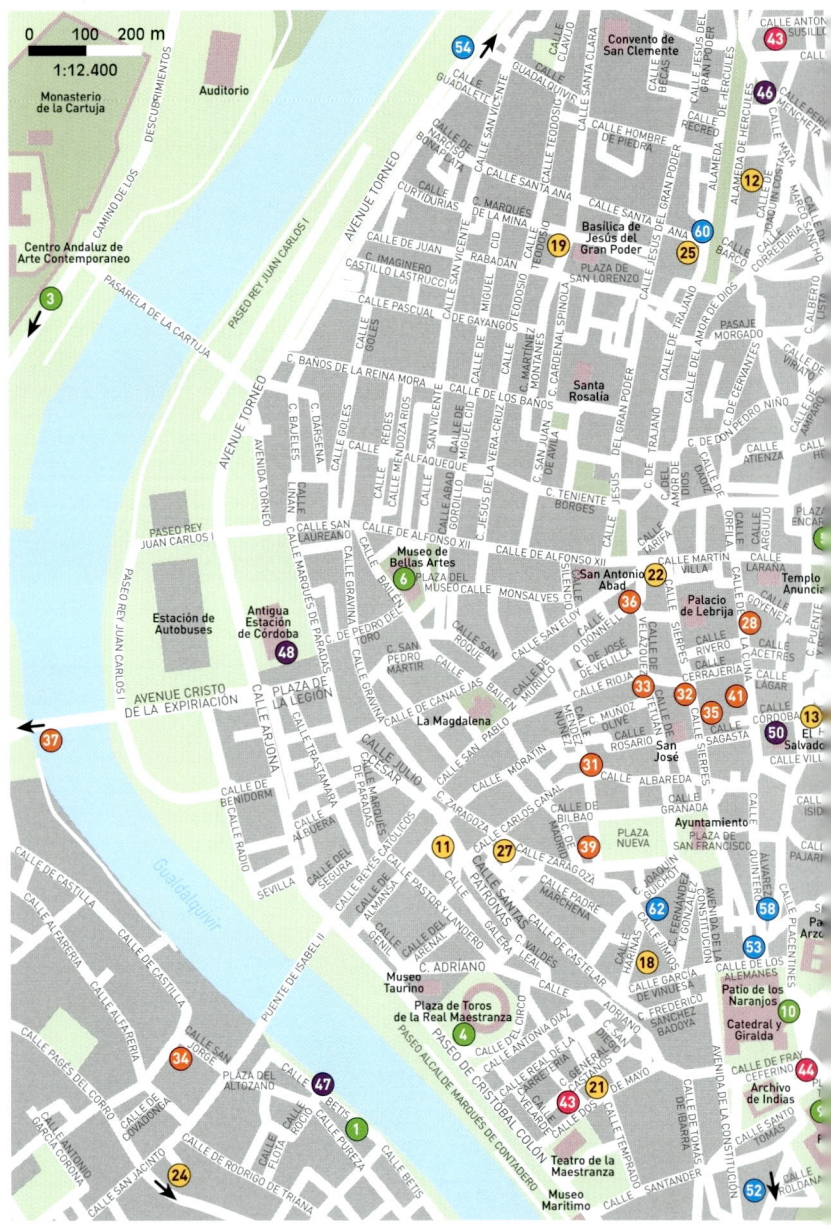

0   100   200 m

1:12.400

Monasterio de la Cartuja

Auditorio

Centro Andaluz de Arte Contemporaneo

3

Convento de San Clemente

54

43

46

12

Basílica de Jesús del Gran Poder

19   **60**   **25**

PLAZA DE SAN LORENZO

Santa Rosalia

CALLE DE AMOR DE DIOS

PASAJE MORGADO

Museo de Bellas Artes

6   PLAZA DEL MUSEO

San Antonio Abad

22

36

Palacio de Lebrija

28

Templo Anunci

Estación de Autobuses

Antigua Estación de Córdoba

48

33   **32**   **35**   **41**

13

EL SALVADO

50

PLAZA DE LA LEGIÓN

La Magdalena

San José

31

Guadalquivir

11   **27**   **39**

PLAZA NUEVA

Ayuntamiento

PLAZA DE SAN FRANCISCO

37

62   **58**

18   **53**

C. ADRIANO

Museo Taurino

Plaza de Toros de la Real Maestranza

4

Patio de los Naranjos

10

Catedral y Giralda

34

PLAZA DEL ALTOZANO

47

1

24

21

43

Teatro de la Maestranza

Museo Maritimo

Archivo de Indias

44

52

SEHENSWÜRDIGKEITEN

Die zwei wichtigsten Sehenswürdigkeiten in Sevilla sind die Kathedrale und der Palastkomplex Real Alcázar. Am besten besichtigt man erst die Kathedrale und dann den eindrucksvollen Alcázar.

SANTA IGLESIA CATEDRAL ist die größte gotische Kathedrale der Welt. Sie wurde an der Stelle errichtet, an der während der maurischen Besetzung die große Moschee von Sevilla stand. Von der Moschee sind nur noch der Patio de los Naranjos (Patio der Orangenbäume) und das Minarett erhalten. Das Minarett ist der Turm neben der Kathedrale und heißt jetzt La Giralda. Mit seinen fast 100 Metern Höhe ist das Wahrzeichen der Stadt weithin gut sichtbar. Man kann den Turm auf einer breiten, nach oben führenden Rampe besteigen. Der Name Giralda ist von der drehbaren Wetterfahne (*giraldillo*) auf der Spitze abgeleitet (*girar* bedeutet drehen). Im Jahr 1401 fiel der Beschluss zum Bau der heutigen Kathedrale. Die Kirche hat fünf Kirchenschiffe. Im mittleren Schiff liegen die Hauptkapelle und der große Chor. Der Hauptaltar, auf dem Szenen aus dem Alten und Neuen Testament dargestellt sind, ist mit Blattgold verziert. Mit einer Höhe von 18 Metern ist er der größte gotische Altar der Welt. In der Kathedrale befindet sich auch das Grab des Entdeckungsreisenden Kolumbus, dem Sevilla so viel zu verdanken hat. Übrigens sollte man sich auch die Rückseite der Kirche ansehen. Denn dann stellt sich einem unwillkürlich die Frage, ob sich Gaudí hier vielleicht die Inspiration für seine Sagrada Familia in Barcelona geholt hat.
SANTA CRUZ - AVENIDA DE LA CONSTITUCIÓN, WWW.CATEDRALDESEVILLA.ES, T 902 099692 & 954 214971, GEÖFFNET: JULI-AUG. MO-SA 9.30-16.30, SO 14.30-18.30, REST DES JAHRES MO-SA 11.00-17.30, SO 14.30-18.30, EINTRITT: 8 €

METROPOL PARASOL

SANTA IGLESIA CATEDRAL ⓛ   PLAZA DE ESPAÑA ⓡ

REAL ALCÁZAR ist ein Komplex aus Palästen, Patios und Gärten. Die Paläste sind eindrucksvolle Beispiele für den einzigartigen Mudéjarstil. Er stammt zwar aus der christlichen Zeit, weist jedoch starke maurische Einflüsse auf, etwa die Rundbögen, den Zierstuck und die holzverkleideten Decken. Der ganze Palastkomplex stellt eine Oase der Ruhe im Zentrum der Stadt dar, und man sollte sich dafür genügend Zeit nehmen. Man betritt den Alcázar durch die Puerta del León, die den Palast von der Stadt trennt, und gelangt dann in den Patio de la Montería, den Innenhof, in dem alle Räume liegen. Gegenüber dem Tor sehen Sie den wichtigsten Teil des Alcázars, den Königspalast, in dessen Obergeschoss der spanische König auch heute noch logiert, wenn er in der Stadt ist. Er wurde um zwei kleinere Patios herum angelegt: den Patio de las Doncellas, wo nach arabischer Tradition öffentliche Veranstaltungen und Zeremonien stattfanden, und den Patio de las Muñecas (Puppenhof), der seinen Namen den Frauenköpfen über den Säulen im Patio zu verdanken hat. Der wichtigste und schönste Raum im Alcázar ist der Salón de Embajadores, der Salon der Botschafter, mit Rundbögen, fantastischen Fliesenarbeiten und einer herrlich verzierten Decke. An Sommerabenden finden im Garten Konzerte statt. Eintrittskarten sind über *www.servicaixa.com* erhältlich.

SANTA CRUZ – PATIO DE BANDERAS S/N, WWW.PATRONATO-ALCAZARSEVILLA.ES, T 954 502324, GEÖFFNET: TÄGLICH OKT.-MÄRZ 9.30-17.00, APR.-SEPT. 9.30-19.00, EINTRITT: 8,50 €

CASA DE PILATOS ist ein wunderschöner Palast aus dem 15. Jahrhundert, der Elemente der Renaissance und des Mudéjarstils aufweist. Der Palast gilt als Vorbild für viele später errichtete andalusische Paläste und wurde im Auftrag des Marquis von Tarifa erbaut, der eine Reise nach Jerusalem gemacht hatte. In Sevilla hieß es daher, dass der Palast dem Haus von Pontius Pilatus nachempfunden sei, dem Mann, der Jesus zum Tode am Kreuz verurteilte. Im Volksmund entstand deshalb der Name Casa de Pilatos. Übrigens ist der Palast im Privatbesitz einer adligen Familie, die im Obergeschoss wohnt. Der Besuch dieser privaten Räume ist nur in Gruppen möglich (für 2 Euro extra, nach 10 Uhr findet jede halbe Stunde eine Führung statt).

SANTA CRUZ - PLAZA PILATOS 1, CALLE ÁGUILAS, WWW.FUNDACIONMEDINACELI.ORG/MONUMENTOS/PILATOS/,
T 954 225298, GEÖFFNET: TÄGLICH IM SOMMER 9.00-19.00, IM WINTER 9.00-18.00, EINTRITT: 8 €

PLAZA DE ESPAÑA UND PARQUE DE MARÍA LUISA Der Eingang zu Sevillas größtem Park, dem Parque de María Luisa, liegt an der Plaza de España. Auf diesem Platz steht ein beeindruckendes, halbkreisförmiges Gebäude, das im Jahr 1929 für die Iberoamerikanische Ausstellung gebaut wurde. Es ist mit Kachelornamenten verziert, die alle Provinzen Spaniens repräsentieren. Es ist leider nicht möglich, das Innere des Gebäudes zu besichtigen. Der Parque de María Luisa ist ein idealer Ort, um zur Ruhe zu kommen. Man kann hier wunderbar spazieren gehen oder Rad fahren. Im Park stehen verschiedene Pavillons, die ebenfalls für die Ausstellung von 1929 gebaut wurden, wie das Museo de Artes y Costumbres Populares (Volkskunstmuseum) im Mudéjarstil und das Archäologische Museum im Renaissancestil.

ÖSTLICH VON SANTA CRUZ - AVENIDA DE ISABEL LA CATÓLICA, WWW.PARQUEDEMARIALUISA.ES

LA REAL MAESTRANZA Fast könnte man Spaniens berühmteste Arena übersehen, denn der riesige Bau ist von Wohn- und Geschäftsgebäuden umgeben und nur die Vorderseite des Komplexes am Paseo de Cristóbal Colón ist gut sichtbar. Die Arena ist täglich für Besucher geöffnet, ebenso wie das Museo de Taurino, das Stierkampfmuseum. Der Stierkampf oder die "Stierkampfkunst", wie man in Andalusien sagt, ist mittlerweile umstritten, aber wenn Sie sich dafür interessieren: Die Saison beginnt während der *Feria de Abril* und endet am *Día de la Virgen del Pilar* (12. Oktober). Die Corridas (Stierkämpfe) finden an verschiedenen Festtagen statt, zum Beispiel der *Feria de San Miguél* (Ende September). Im Mai, Juni und September kann man jeden Sonntag zusehen, wie Nachwuchstoreros mit jungen Stieren üben. Eintrittskarten können Sie am Schalter, telefonisch oder per E-Mail erwerben: *visitaturistica@real-maestranza.com*. Der Eintrittspreis gilt sowohl für die Arena als auch für das Museum.

EL ARENAL - PLAZA DE TOROS, PASEO DE CRISTÓBAL COLÓN 12, WWW.REALMAESTRANZA.COM, T 954 210315,
GEÖFFNET: TÄGLICH MAI-OKT. 9.30-20.00, NOV.-APR. 9.30-19.00, EINTRITT: 6,50 €

MUSEO DE BELLAS ARTES Nach dem Prado in Madrid das wichtigste spanische Museum für Barockmalerei. In seinem Goldenen Zeitalter hat Sevilla verschiedene bedeutende Künstler hervorgebracht, von denen Murillo und Velázquez die bekanntesten sind. Murillo hat auch die erste Kunstakademie Spaniens gegründet. Das Museumsgebäude, ein ehemaliges Barockkloster, ist an sich schon eine Sehenswürdigkeit. Jeder Saal ist einer bestimmten Periode oder einem Künstler gewidmet. Besonders eindrucksvoll: die Kirche des ehemaligen Klosters.

EL ARENAL - PLAZA DEL MUSEO 9, WWW.MUSEODEBELLASARTESDESEVILLA.ES, T 954 220790, GEÖFFNET: DI 15.00-20.00, MI-SA 9.00-20.00, SO 9.00-14.00, EINTRITT: FREI

METROPOL PARASOL An der Grenze von La Macarena und dem Zentrum, auf der Plaza de la Encarnación, wurde in den letzten Jahren ein spektakuläres, riesiges Bauwerk errichtet. Im Volksmund wird es Las Setas (die Pilze) genannt, und es erinnert wirklich an Riesenpilze, die hoch über die Stadt hinausragen. Der Komplex, der 2011 nach fünfjähriger Bauzeit fertiggestellt wurde, ist ein Entwurf des Berliner Architekten Jürgen Mayer. Es ist die größte Holzkonstruktion der Welt. Unter dem Bau befinden sich ein Markt, Geschäfte und Bars. Besonders schön ist ein Spaziergang, den man bei fantastischer Aussicht oben auf den "Pilzen" machen kann. Um dorthin zu gelangen, muss man im Untergeschoss den Aufzug nehmen, wo sich übrigens auch ein archäologisches Museum befindet.

PLAZA DE LA ENCARNACIÓN, GEÖFFNET: FÜR EINEN SPAZIERGANG MO-DO 10.30-22.30, FR-SA 10.30 1.30, SO 10.30-23.30, PREIS: SPAZIERGANG 1,20 €

CENTRO ANDALUZ DE ARTE CONTEMPORÁNEO (CAAC) Das wichtigste Zentrum für moderne Kunst in Andalusien ist in einem ehemaligen Kloster untergebracht, dem Monasterio de la Cartuja de Santa María de las Cuevas de Sevilla. Es liegt auf dem Expo-Gelände zwischen dem Fluss Guadalquivir und dem Canal de Alfonso XIII. Neben dem Kloster stehen mehrere Brennöfen, in denen der Ton für die Kacheln und Tonwaren der Handwerker aus Triana gebrannt wird. In einem dieser Öfen soll nach einer Legende im Jahr 1248 die Jungfrau erschienen sein. Sie wurde Virgen de las Cuevas (Jungfrau der Höhlen) genannt. An diesem von nun an heiligen Platz wurde eine Kapelle gebaut und später ein Kloster. Der Jungfrau ist es also letztlich zu verdanken, dass es hier heute ein Museum für Moderne Kunst in einer wunderschönen Umgebung gibt.

AVENIDA AMERICO VESPUCIO 2, WWW.CAAC.ES, T 955 037070, GEÖFFNET: DI-SA 11.00-21.00, SO 11.00-15.00, EINTRITT: 3 €

MUSEO DEL BAILE FLAMENCO ist weltweit das einzige Museum, das ausschließlich dem Flamenco gewidmet ist. Seit einigen Jahren heißt es bereits, dass es geschlossen werden soll, aber glücklicherweise ist es immer noch geöffnet. Das Museum wurde von der Tänzerin Christine Hoyos gestiftet und ist eigentlich für jeden interessant. Mit viel Bild- und Tonmaterial erfährt man einiges über den Hintergrund des Flamencos, die Berühmtheiten der Flamenco-Szene und die verschiedenen Tanz- und Gesangsstile.

SANTA CRUZ - CALLE MANUEL ROJAS MARCOS 3, WWW.MUSEOFLAMENCO.COM, T 954 340311, GEÖFFNET: TÄGLICH 9.30-19.00, EINTRITT: 10 €

ESLAVA

CAPILLA DE LOS MARINEROS Es ist schon beeindruckend zu beobachten, wie die Madonna der Hoffnung aus Triana in der "Seemannskapelle" verehrt wird.

TRIANA - CALLE PUREZA 53 (ERSTE STRASSE PARALLEL ZUR CALLE BETIS), WWW.ESPERANZA-DE-TRIANA.ES

ESSEN & TRINKEN

Sevilla ist genau der richtige Ort, um Tapas zu essen. Die Stadt weist eine sehr hohe "Bardichte" auf, und dabei sind so viele Lokale wirklich gut und gemütlich, dass es fast unmöglich ist, eine Empfehlung abzugeben. Um herauszufinden, ob eine Bar gut ist, sollten Sie darauf achten, wie viele Spanier sich hier aufhalten. Wenn es viele sind, ist das Essen bestimmt lecker, auch wenn die Bar vielleicht nicht so schön eingerichtet ist. Übrigens kann man sogar an touristischen Orten wie an der Kathedrale gut essen, es ist nur etwas teurer.

BAR EUROPA Der Platz, an dem die Terrasse dieser kleinen Bar liegt, ist nicht besonders schön, dadurch ist es hier aber etwas ruhiger. Vor allem gibt es die besten Kroketten Sevillas. Und man versteht etwas vom Fach: Jeder Teller wird liebevoll angerichtet.

CENTRO - CALLE SIETE REVUELTAS 35 (VORMALS PLAZA DEL PAN), WWW.BAREUROPA.INFO, T 954 217908, GEÖFFNET: MO-FR 8.00-0.00, SA-SO 10.00-0.00, PREIS: AB 4 €

LA CAMPANA In Sevillas bekanntester Konditorei bekommt man köstliche Torten und Eis. Die Terrasse an der Ecke der Calle Campana ist daher auch sehr beliebt, es könnte also schwierig werden, einen Platz zu bekommen. Zur Not bestellen Sie eben an der Bar einen Kaffee und wählen dazu einen Leckerbissen aus einer der Vitrinen aus.

CENTRO - CALLE SIERPES 1-3, WWW.CONFITERIALACAMPANA.COM, T 954 223570, GEÖFFNET: TÄGLICH 8.00-0.00, PREIS: AB 2 €

EL CAMPANARIO ist eine Bar im geschäftigen Santa Cruz mit lockerer Atmosphäre. Der ideale Ort für einen Kaffee oder einen Drink mit Tapas, wenn man vom vielen Laufen müde ist. Während man die schmackhaften Häppchen genießt, kann man von der herr- lichen Terrasse aus die müden Touristen beobachten, die hier vorbeitrotten.

SANTA CRUZ - CALLE MATEOS GAGO 8, BARCAMPANARIO.COM, T 954 564189, GEÖFFNET: TÄGLICH 12.00-1.00, PREIS: AB 4 €

RESTAURANTE LA ALBAHACA ist ein Klassiker in Sevilla. Das Gebäude wurde 1920 von dem bekannten Architekten Juan Talavera erbaut. Da das Restaurant etwas schicker ist, sind kurze Hosen nicht angebracht, dafür ist aber das Essen sehr gut. Sogar Berühmtheiten kehren hier ein, und selbst Mitglieder der Königsfamilie waren schon da. Im Sommer gibt es eine wunderschöne Terrasse an der Plaza de Santa Cruz, einem relativ ruhigen Platz.

SANTA CRUZ - PLAZA DE SANTA CRUZ 12, WWW.ANDALUNET.COM/LA-ALBAHACA, T 954 220714, PREIS: 25 €

EL PEREGIL In der Calle Mateos Gago in Santa Cruz gibt es eine Reihe von Tapas-bars, die bei den Sevillanern sehr beliebt sind. Im Haus Nummer 20 liegt diese klitze-kleine (und immer sehr volle) Bar mit Terrasse.
SANTA CRUZ - MATEOS GAGO 20, GEÖFFNET: TÄGLICH 12.00-16.00 & 20.00-0.00, PREIS: AB 4 €

LA CAVA DEL EUROPA Hier wird auf der Terrasse das beste Frühstück in Santa Cruz serviert. Aber La Cava empfiehlt sich auch für ein Mittag- oder Abendessen, am bes-ten mit einem Gläschen Cava, dem spanischen Sekt. Es werden jeden Tag andere Tapas angeboten.
SANTA CRUZ - PUERTA DE LA CARNE 6, WWW.LACAVADELEUROPA.COM, T 954 531652, GEÖFFNET: MO-FR 8.00-0.00, SA-SO 10.00-0.00, PREIS: AB 3 €

FREIDURÍA PUERTA DE LA CARNE Hier gibt es statt Pommes frittierten Fisch aus der Tüte, eine Tradition in diesem Teil Spaniens. Im Laden können Sie die Meeresfrüchte und den Fisch, den Sie essen möchten, selbst auswählen, zum Beispiel Calamares oder Gambas (die Kilopreise stehen an der Wand). Man zahlt, bekommt eine Tüte mit frittier-ten Leckerbissen und verzehrt das Ganze draußen.
SANTA CRUZ - PUERTA DE LA CARNE 2, WWW.FREIDURIAPUERTADELACARNE.COM, T 954 411159, GEÖFFNET: MO-SA 18.30-0.00, SO 12.00-16.00 & 18.30-0.00, PREIS: 5 €

EL RINCONCILLO Die älteste Tapasbar Sevillas aus dem Jahr 1670. Man könnte fast glauben, dass auch der Schinken an der Decke noch aus diesem Jahr stammt. Denn alles wirkt sehr ursprünglich, darum ist die Bar auch ein besonders schöner Platz, um einen Drink mit Tapas zu sich zu nehmen. Im Obergeschoss befindet sich ein Restaurant.
LA MACARENA - GERONA 40, WWW.ELRINCONCILLO.ES, T 954 223183, GEÖFFNET: TÄGLICH 13.00-1.30, PREIS: 13 €

PIZZERIA AL SOLITO POSTO Wenn Sie einmal keine Lust auf spanische Küche haben, bekommen Sie in der Pizzeria Al Solito Posto wunderbare Pizzen oder Pasta. Diese moderne Pizzeria liegt auf der linken Seite der Alameda de Hércules.
LA MACARENA - ALAMEDA DE HÉRCULES 16, WWW.ALSOLITOPOSTO.ORG, T 954 908985, GEÖFFNET: TÄGLICH 13.00-0.00, PREIS: 9 €

ARTE Y SABOR Bis vor Kurzem war dieses Restaurant, unter anderem Namen, aus-schließlich vegetarisch ausgerichtet, aber damit konnte man in Sevilla wohl sein Brot nicht verdienen. Daher stehen jetzt auch Fleisch und Fisch auf der Speisekarte. Der Koch ist aber derselbe, und es werden immer noch vegetarische Gerichte serviert. Die Terrasse der modernen Gaststätte liegt an der Alameda de Hércules.
LA MACARENA - ALAMEDA DE HÉRCULES 85, WWW.ARTEYSABOR.ES, T 954 372897, GEÖFFNET: TÄGLICH 13.30-17.00 & 20.00-0.00, PREIS: 9 €

ESLAVA Dieses nette Lokal befindet sich ein paar Schritte von der hübschen Plaza de San Lorenzo entfernt. Unter gleichem Namen liegen hier ein Restaurant und eine Tapasbar direkt nebeneinander. In der Bar isst man seine Tapas im Stehen, und auch

LA BULLA

draußen gibt es nur Stehtische. Insider meinen, dass hier die besten Tapas in Sevilla serviert werden, es ist also immer viel los.
LA MACARENA - CALLE ESLAVA 5, WWW.ESPACIOESLAVA.COM, T 954 906568, GEÖFFNET: DI-SA 13.00-0.00, SO 13.30-16.00, 21.00-23.30,, PREIS: AB 2 €

CITROEN BAR ist eine stimmungsvolle Bar an der Plaza de España. Um den Platz ausführlich zu erkunden, ist man schon eine Weile unterwegs, danach hat man bestimmt Lust auf ein Getränk oder Häppchen. Dafür ist die überdachte Terrasse ideal. Die moderne Bar wirkt, als wäre sie ganz neu, es gibt sie jedoch schon lange.
AVENIDA PORTUGAL 4, PARQUE DE MARÍA LUISA, T 954 236242, GEÖFFNET: TÄGLICH 7.00-22.00, PREIS: AB 3 €

TABERNA DEL ALABARDERO ist ein Hotel-Restaurant, aber auch ein Ort, an dem die Schüler der Hotelfachschule das Erlernte einüben. Ein Abendessen in diesem schönen Gebäude ist nicht billig, ein Menü kostet um die 60 Euro. Aber im Patio gibt es ein Bistro, in dem man weit günstiger essen kann. Der Service ist hervorragend, denn die Hotel-fachschüler geben sich natürlich die größte Mühe, die Gäste gut zu bedienen.
EL ARENAL - CALLE ZARAGOZA 20, WWW.TABERNADELALABARDERO.ES, T 954 502721, GEÖFFNET: TÄGLICH 13.30-16.30 & 20.30-0.00, PREIS: BISTROMENÜ AB 12,90 €

EL RINCON GALLEGO DEL PULPO ist der ideale Ort für Liebhaber des *pulpo* (Krake). Das Restaurant serviert Tapas aus Galizien im Nordwesten Spaniens, darum stehen vor allem Fisch, Schalentiere und natürlich Tintenfisch auf der Speisekarte.
EL ARENAL - CALLE HARINAS 21, T 954 224311, GEÖFFNET: TÄGLICH 10.30-16.30 & 19.00-23.00, PREIS: AB 4 €

AS-SAWIRAH ist angeblich das beste marokkanische Restaurant Sevillas und befindet sich in einem schönen Gebäude in der Nähe der Stierkampfarena. Das Ambiente ist sehr gepflegt und die Küche traditionell marokkanisch.
EL ARENAL - CALLE GALERA 5, T 954 562268, GEÖFFNET: DI-SA 14.00-15.45 & 21.00-23.30, SO 14.00-15.45, PREIS: 14 €

LA BULLA Von der Einrichtung her könnte dieses Restaurant in jeder beliebigen modernen Stadt stehen. Und das ist nicht negativ gemeint. Die große offene Küche, die Möbel in verschiedenen Stilrichtungen und die Namen der Gerichte, die mit Kreide auf große Tafeln geschrieben sind – all das wirkt absolut zeitgemäß. Die Speisen sind jedoch typisch spanisch: Tapas von hervorragender Qualität.
EL ARENAL - CALLE DOS DE MAYO 26, T 954 219262, GEÖFFNET: TÄGLICH 12.00-16.00 & 20.30-0.00, PREIS: 6 €

O TAPAS ALBAHACA Wer ein Tapasrestaurant in Triana sucht, ist hier richtig. Es hieß früher Meson Albahaca und so steht es auch in großen Buchstaben auf dem Vordach der Bar, doch inzwischen hat sich der Name geändert. Ein traditionelles, aber dennoch sehr gemütliches Restaurant. Leider kann man nicht draußen essen.
TRIANA - CALLE PAGES DEL CORRO 119, WWW.OTAPASALBAHACA.COM, T 954 274163, GEÖFFNET: MO-FR 9.00-0.00, SA 12.00-18.00 & 20.00-0.30, SO 12.00-18.00, PREIS: AB 4 €

SHOPPEN

Erwarten Sie keine so große Anzahl an Geschäften wie in Barcelona oder Madrid, aber Sevilla hat wahrscheinlich, neben Marbella, das breiteste Angebot an Modelabels in ganz Andalusien. Es gibt auch etliche Geschäfte mit den wunderbaren Stoffen, die man zur Herstellung der traditionellen Kleidung verwendet. Da in Sevilla der Flamenco große Bedeutung hat, bieten zahlreiche Geschäfte Flamencokleidung und -accessoires an, und es gibt sogar Designer, die sich darauf spezialisiert haben.

CALLE SIERPES UND CALLE TETUAN Diese zwei Straßen und alles, was dazwischen liegt, machen den wichtigsten Einkaufsbereich im Zentrum aus. Hier finden Sie vor allem die größeren Handelsketten. Die Calle Tetuan geht über in die Calle Vélazquez und danach in die Calle O'Donnell. An der Plaza Duque de la Victoria liegen unter anderem das Warenhaus El Corte Inglés und größere Läden wie Zara.

EL GANSO Von dieser spanischen Kleidermarke gab es ursprünglich nur eine Herrenkollektion, heute werden auch Damen und Kinder versorgt. Der Kleidungsstil wirkt englisch und alles ist, gemessen an der gelieferten Qualität, relativ preisgünstig.

Zurzeit ist Paris der nördlichste Verkaufspunkt von El Ganso. Nutzen Sie also in Sevilla die Gelegenheit, wenn Sie etwas Besonderes einkaufen möchten.

CENTRO - CALLE SIERPES 61, WWW.ELGANSO.COM, T 954 216307, GEÖFFNET: MO-SA 10.00-21.00

HOSS INTROPIA Diese junge madrilenische Marke (seit 1994) ist in Nordeuropa kaum verbreitet. Ideal für Frauen, die sich gern elegant kleiden und bereit sind, dafür etwas mehr auszugeben. Die Calle False ist der nördlichste Teil der Calle O'Donnell.

CENTRO - CALLE FALSE 16, WWW.HOSSINTROPIA.COM, T 954 502675, GEÖFFNET: MO-SA 9.30-14.00 & 17.00-20.00

CALLE MÉNDEZ NUÑEZ , CALLE VÉLAZQUEZ UND PLAZA NUEVA Wer Marken-geschäfte sucht, ist in diesen Straßen, den Querstraßen dazwischen und an der Plaza Nueva gut aufgehoben. Eine schöne Querstraße mit etwas teureren Läden ist die Calle Rosario. Hier gibt es zum Beispiel das Campillo mit Marken wie Kenzo, D&G und Boss und die Geschäfte von Antonio Pernas und Angel Schlesser.

PURIFICACIÓN GARCIA Diese ursprünglich aus Barcelona stammende Ladenkette ist in allen größeren spanischen Städten vertreten. Angeboten wird farbenfrohe Her-ren- und Damenkleidung in gehobener Qualität.

CENTRO - PLAZA NUEVA 8, WWW.PURIFICACIONGARCIA.COM, T 954 501129, GEÖFFNET: MO-SA 9.30-14.00 & 17.00-20.00

CALLE CUNA Wer heiraten möchte, ein besonderes Kleid oder einen schönen Anzug sucht, kann sich durchaus in Spanien umsehen. In der Calle Cuna gibt es ein großes und preisgünstiges Angebot an Braut- und Abendmoden.

ROSA CLARA Diese spanische Marke hat in nur wenigen Jahren internationale Berühmtheit erlangt. Die Entwürfe sind oft schlicht, aber dennoch raffiniert.

CENTRO - CALLE CUNA 52, WWW.ROSACLARA.ES, T 954 213 618, GEÖFFNET: MO-SA 9.30-14.00 & 17.00-20.00

CALLE PEREZ GALDOS Am Ende dieser Straße liegen einige schöne alternative Läden, ein Schmuckgeschäft, eine Modeboutique und ein paar Secondhandläden.

LA IMPORTADORA In diesem Geschäft findet man alles Mögliche: Kleidung, Vintage-möbel, alten Schnickschnack, Schuhe, Hüte, Kunst und Schmuck. Das Ganze wirkt wie eine bunte Sammlung schöner Dinge, also ist sicher etwas dabei, das Ihnen gefällt.

CENTRO - CALLE PEREZ GALDOS 2, T 954 561829, GEÖFFNET: TÄGLICH 14.00-20.30

CALLE FERIA In dieser Straße in La Macarena können Sie, neben (Secondhand-)Klei-dung, marokkanische Waren erstehen, und es gibt einige kleinere Möbelgeschäfte.

MERCADILLO DEL JUEVES Jeden Donnerstag wird in der Calle Feria ein (Trödel-) Markt abgehalten. Die unterschiedlichsten Dinge werden angeboten: Keramik, Anti-quitäten, Möbel, Bücher und sogar Tiere.

GEÖFFNET: DO 9.00-14.00

AIRE DE SEVILLA Ⓛ   BICI4CITY Ⓡ

CERÁMICA SANTA ANA In diesem bekannten Geschäft, dem auch eine eigene Werkstatt angegliedert ist, können Sie Fliesen bewundern und kaufen. Ein farben-froher Azulejo (Mosaik aus bunten, glasierten Fliesen) ist ein tolles Souvenir.
TRIANA - CALLE SAN JORGE 31, WWW.CERAMICASANTAANA.COM, T 954 333 990, GEÖFFNET: MO-FR 10.00-14.00 & 16.00-20.00, SA 10.00-14.00

MERCADILLO CHARCO LA PAVA Sevillas größter Flohmarkt findet immer am Sonntagvormittag statt. Von der Stadt aus kann man auf dem anderen Flussufer ein großes, rundes, gelbes Gebäude erkennen, genau dahinter ist der Markt. Um dorthin zu kommen, nehmen Sie am besten ein Taxi. Für etwa 5 Euro werden Sie direkt zum Eingang gefahren. Den Rückweg können Sie dann ja zu Fuß antreten. Wie auf Floh-märkten üblich trifft sich hier ein sehr gemischtes und ausgefallenes Publikum, sel-ten sieht man sonst so viele ganz unterschiedliche Leute auf einem Fleck. Schon allein deswegen lohnt sich ein Besuch.
EXPOGELÄNDE - AVENIDA CARLOS III (IN DER NÄHE DER CALLE JUAN ANTONIO DE VIZARRON), GEÖFFNET: SO 6.00-14.00

100% THERE

Natürlich sollte man in Sevilla, der Heimat des Flamencos, auch eine Flamenco-show besuchen. Und tagsüber ist eine Fahrradtour durch die Stadt ein empfehlenswerter Tipp. Wer vom Erkunden müde geworden ist, findet in den Baños Árabes Erfrischung und Entspannung.

EINE FLAMENCOSHOW BESUCHEN Idealerweise werden Sie Zeuge einer spontanen Flamencodarbietung, doch so etwas ist mittlerweile leider selten geworden. Im Zentrum wird an jeder Straßenecke Werbung für Flamencoshows verteilt, die natürlich nicht alle gleich schön oder gut sind. Manchmal treten dabei nur eine Tänzerin, ein Gitarrist und ein Sänger auf, manchmal steht eine große Gruppe auf der Bühne. Am besten fragen Sie in Ihrem Hotel, wo abends etwas los ist. In den meisten Bars und Restaurants liegen auch Stadtmagazine mit Veranstaltungskalender aus.

LOS GALLOS ist das älteste *tablao* (Bar mit Flamencoshows) in Sevilla. An jeder etwa zweistündigen Show wirkt eine Gruppe von zwölf Künstlern mit. Viele bekannte Flamencokünstler traten hier in jungen Jahren auf. Diese ganz besondere Show, in der unterschiedliche Flamencostile gezeigt werden, ist allerdings nicht gerade billig.
SANTA CRUZ - PLAZA DE SANTA CRUZ 11, WWW.TABLAOLOSGALLOS.COM, T 954 216 981, GEÖFFNET: MO-SO 20.00-22.00 & 22.30-0.30, EINTRITT: 30 €

BRIDE SPOTTING In Spanien wird, wie in vielen katholischen Ländern üblich, am Samstag kirchlich geheiratet. An einem Samstagnachmittag trifft man daher oft auf Brautpaare, deren Hochzeitsautos an der Plaza del Triunfo im Stau stecken, denn dort wollen viele frischgebackene Ehepaare Hochzeitsfotos machen. Vielleicht glückt dabei auch Ihnen ein schöner Schnappschuss?
SANTA CRUZ - PLAZA DEL TRIUNFO

....

Sevilla lässt sich sehr gut und angenehm mit dem Rad erkunden. Im Gegensatz zu vielen anderen Städten ist es dort nämlich ziemlich eben, und es gibt immer mehr Radwege.

....

BICI4CITY liegt in der Nähe der Stierkampfarena im Stadtteil El Arenal und hat auch eine Filiale an der Alameda de Hércules in La Macarena. Hier kann man nicht nur Räder mieten, sondern auch an einer geführten Radtour teilnehmen. Wer noch kein geschickter Radfahrer ist, bekommt sogar Unterricht. Beachten Sie die auf der Website angegebenen Öffnungszeiten, denn die ändern sich öfter mal.
EL ARENAL - CALLE GENERAL CASTAÑOS 33, LA MACARENA - (AM ENDE DER) ALAMEDA DE HÉRCULES, WWW. BICI4CITY.COM, T 954 229883, PREIS: FÜR 1 STUNDE 3 €, PRO TAG 18 €

AIRE DE SEVILLA "Ruhe für den Körper und Frieden für den Geist" ist der Slogan von Baños Árabes/Aire de Sevilla. Es ist wirklich ein besonderes Erlebnis, sich in diesem außergewöhnlichen arabischen Badehaus verwöhnen zu lassen. Es gibt warme und kalte Becken, Hydromassage, einen Hamam, ein Salzbad und einen Ruheraum. Badekleidung ist Pflicht und im Notfall am Empfang erhältlich. Am besten vorher reservieren. Wer keine Zeit zum Baden hat, kann auch nur eine Tasse Tee in der *tetería* im Obergeschoss trinken (ab 15 Uhr geöffnet).
SANTA CRUZ - CALLE AIRE 15, WWW.AIREDESEVILLA.COM, T 955 010024, GEÖFFNET: TÄGLICH 10.00-2.00, EINTRITT: 20 €

AUSGEHEN

In Sevilla machen die Menschen wie eigentlich in ganz Andalusien keinen Unterschied, ob sie nun spät etwas essen gehen oder ausgehen. Das Mittagessen ist die wichtigste Mahlzeit des Tages. Abends geht man in die Stadt und trifft sich in einer Tapasbar oder einem Straßencafé – an Wochentagen ab 20 Uhr und am Wochenende erst ab 22 Uhr. Wegen des warmen Klimas hält man sich abends größtenteils auf der Straße auf, an einem Stehtisch einer Bar oder auf der Terrasse eines Cafés. Wer danach noch in einen Club oder eine Disco gehen will, muss sich bis zwei Uhr nachts gedulden.

PLAZA DEL SALVADOR ist einer der schönsten Plätze der Stadt und ein sehr beliebter Treffpunkt der Einheimischen. An der Westseite des Platzes liegen zwei Tapasbars nebeneinander: La Antigua Bodeguita und Bodeguita Los Soportales.
CENTRO - PLAZA DEL SALVADOR 4 & 6, T 954 561833, GEÖFFNET: TÄGLICH 12.00-16.00 & 20.00-0.00, PREIS: AB 4 €

CAFÉ CENTRAL Die Alameda de Hércules ist ein von guten Straßencafés und Bars umsäumter Platz, auf dem immer etwas los ist. Oft kommt es zu (spontanen) Auftritten. Touristen findet man hier kaum. Fast am Ende der Straße liegt rechts das Café Central, eine sehr beliebte Bar mit Terrasse, die auch Tapas anbietet. Am Wochenende sollte man frühzeitig hier sein, um noch einen Sitzplatz zu ergattern.
LA MACARENA - ALAMEDA DE HÉRCULES 64, T 954 387312, GEÖFFNET: MO-SO 12.00-2.00, PREIS: AB 3 €

CALLE BETIS ist der Boulevard von Triana und liegt – von der Stadt aus gesehen – am anderen Flussufer. Vor allem am Wochenende kommen die Sevillaner gern hierher, um etwas zu trinken oder, später in der Nacht, eine Diskothek zu besuchen.

LA CARBONERÍA Erwarten Sie in dieser Bar im Stadtteil Santa Cruz keine große, kommerzielle Flamencoshow. Aber gerade das macht den Charme dieses Lokals aus. Außerdem ist der Eintritt gratis. Hinter dem alten Teil der Bar liegt ein großer Raum mit Tresen, Holzbänken und -tischen, Bühne und großem Innenhof. Ab 23 Uhr gibt es jeden Abend zwei Aufführungen. Kommen Sie frühzeitig, denn wenn der Raum voll ist, wird geschlossen. Nach der Show kann man gemütlich in der Bar sitzen bleiben und etwas trinken.
SANTA CRUZ - CALLE LEVIES 18, T 954 214460, GEÖFFNET: SA-SO SHOW AB 23.00, GRATIS

PLAZA DEL SALVADOR

HOTEL ELVIRA PLAZA

YLANG YLANG Von Mitte Mai bis Oktober ist dieses Straßencafé im balinesischen Stil ein idealer Anlaufpunkt. Es liegt auf dem Weg zur Plaza de España. Wenn Sie von der Stadt kommen, laufen Sie am Park Prado de San Sebastián vorbei, der sich links von Ihnen befindet. An der Ecke steht ein schönes Gebäude, der Pabellón de Portugal, das Ylang Ylang ist genau daneben. Ein märchenhafter Ort!

ÖSTLICH VON SANTA CRUZ- PRADO DE SAN SEBASTIAN 2 (IM PARK), WWW.KUDETASEVILLA.ES/YLANG, T 954 240047/088518, GEÖFFNET: AB MITTE MAI-SEPT. TÄGLICH 17.00-0.00, PREIS: AB 2 €

KUDETA ist in einem ehemaligen Bahnhof untergebracht, mit vielen Bleiglasfenstern und einer Lounge-Atmosphäre wie auf Ibiza. Die Eigentümer nennen es ein "Chill-out Café & Diskothek". Das Café befindet sich unten, die Terrasse ist im ersten Stock, und darüber wartet der Club. Ein angenehmer Ort, um an einem schwülen Sommerabend eine Erfrischung zu sich zu nehmen oder bis spätabends auszugehen.

EL ARENAL - PLAZA DE LA LEGIÓN (ANTIGUA ESTACIÓN DE CORDOBA), WWW.KUDETASEVILLA.ES, T 954 089095/ 088518, GEÖFFNET: TÄGLICH CAFÉ/BAR 15.00-0.00, CLUB 23.00-7.00, TERRASSE AB MITTE MAI-SEPT., PREIS: AB 2 €

ÜBERNACHTEN

Um Sevilla wirklich kennenzulernen, reicht ein Tag nicht aus, daher sollten Sie unbedingt auch zumindest einen Abend hier verbringen. Am besten übernachten kann man im Zentrum. Natürlich bestimmt die Lage des Hotels auch den Preis. Da viele Gäste nach Sevilla kommen, gibt es auch eine große Anzahl an Hotels. Im Folgenden finden Sie eine Auswahl der schönsten und besten Hotels in verschiedenen Preisklassen. Die wirklich billigen *hostals* mit Zimmern ohne eigenes Badezimmer sind nicht genannt.

HOTEL BOUTIQUE HOLOS Dieses Hotel liegt etwas außerhalb des Zentrums, südlich vom Parque de María Luisa. Die Villen in diesem Viertel sowie auch die Pavillons im Park stammen noch aus der Zeit der Weltausstellung von 1929. Ein kleines, angenehmes Hotel in einem schönen Gebäude mit freundlichem Personal und persönlichem Service. Weiterer Vorteil: der kostenlose Parkplatz. Zum Zentrum ist es zu Fuß nur etwa eine Viertelstunde. Wem das zu weit ist, der kann eines der günstigen Taxis nehmen. Das Hotel vermietet auch Fahrräder, ideal für eine Stadterkundung.
CALLE URUGUAY 8 (SÜDLICH VOM PARQUE MARÍA LUISA), WWW.HOTELHOLOS.COM, T 954 296069, PREIS: 119 €

EME FUSION HOTEL ist Sevillas beliebtestes Hotel. Der Eingang liegt direkt gegenüber der Kathedrale, und es ist tatsächlich etwas ganz Besonderes, dass man die Kathedrale im Schwimmbad im Dach direkt vor der Nase hat. Natürlich ist der Preis dieses Hotels auch dementsprechend hoch.
CENTRO - CALLE ALEMANES 27, WWW.EMECATEDRALHOTEL.COM, T 954 560000, PREIS: 160 €

HOTEL ALMINAR ist einfach, gepflegt und preisgünstiger als die meisten Hotels im Zentrum. Es liegt in einer ruhigen Straße, nur zwei Gehminuten von der Kathedrale entfernt, hat allerdings lediglich zwölf Zimmer.
CENTRO - ÁLVAREZ QUINTERO 52, WWW.HOTELALMINAR.COM, T 954 293913, PREIS: 107 €

HOTEL ELVIRA PLAZA öffnete seine Pforten im März 2012 und wird, wenn es nach dem Engagement des Personals geht, sicher ein Erfolg. Das Haus bietet nur neun Zimmer und befindet sich an einem der schönsten Plätze von Santa Cruz. Die meisten Zimmer sind einfach, doch stilvoll eingerichtet, mit Türen, die sich zum Platz hin öffnen.
SANTA CRUZ - PLAZA DE DOÑA ELVIRA 5, WWW.HOTELELVIRAPLAZA.COM , T 954 227388, PREIS: 90 €

HOTEL AMADEUS In diesem Hotel dreht sich alles um Musik. Überall erklingt klassische Musik und stehen Musikinstrumente herum, so wie man es in einem Hotel mit solchem Namen auch erwarten kann. Ein stimmungsvolles Haus in perfekter Lage im Stadtteil Santa Cruz. Im Preis inbegriffen: ein Frühstück auf der Dachterrasse.
SANTA CRUZ - CALLE FARNESIO 6/CALLE SAN JOSÉ 10, WWW.HOTELAMADEUSSEVILLA.COM, T 954 501443, PREIS: 115 €

HOSTAL CALLEJÓN DEL AGUA Bei der Bezeichnung *hostal* würde man nicht solch ein gepflegtes Hotel erwarten. Wer nicht so viel ausgeben möchte, ist mit einem dieser gepflegten Zimmer mit Bad gut bedient, die nach den Bruderschaften von Sevilla benannt sind. Es gibt auch einen Patio und eine schöne Dachterrasse.

SANTA CRUZ - CALLE CORRAL DEL REY 23, WWW.CALLEJONDELAGUA.COM, T 954 219189, PREIS: 70 €

PENSION DOÑA TRINIDAD Wer nur eine Unterkunft sucht und keinen Luxus braucht, ist in dieser kleinen Familienpension gut aufgehoben. Die Zimmer sind zwar einfach, aber alle mit Bad und blitzsauber.

SANTA CRUZ - CALLE ARCHEROS 7, WWW.DONATRINIDAD.COM, T 954 541906, PREIS: 48 €

PETIT PALACE MARQUÉS SANTA ANA ist ein schönes Designhotel in perfekter Lage: in einer schmalen Gasse in der Nähe der Kathedrale. Alles ist zu Fuß erreichbar, aber dennoch wohnt man etwas abseits vom allergrößten Trubel. Der prachtvolle alte Palast, in dem das Hotel untergebracht ist, ist wunderschön eingerichtet. Die Zimmer sind modern, aber relativ neutral gestaltet. In jedem Zimmer steht ein Laptop zur kostenlosen Benutzung bereit. Die Preise schwanken je nach Saison. So kostet ein Doppelzimmer in der Nebensaison nur 70 Euro, in der Hochsaison dagegen bis zu 130 Euro.

EL ARENAL - CALLE JIMIOS 9-11, WWW.HTHOTELES.COM, T 954 221812, PREIS: 95 €

HOTEL POSADA DEL LUCERO ist ein historisches Gebäude, dessen Geschichte bis ins 16. Jahrhundert zurückgeht. Es war einst eine Herberge für Reisende, wurde dann wunderbar renoviert und die neu gebauten Bereiche sind eher schlicht gehalten. Die Zimmer sind modern eingerichtet, auf dem Dach befindet sich ein Mini-Pool – und das alles zu akzeptablen Preisen. Da das Haus an einer belebten Straße liegt, sollten Sie um ein Zimmer zur Rückseite hin bitten.

LA MACARENA - ALMIRANTE APODACA 7, WWW.POSADADELLUCERO.ES, T 954 502480, PREIS: 110 €

HOTEL SACRISTÍA DE SANTA ANA ist eines der weniger bekannten Hotels in Sevilla und gehört zu keiner Kette. Es ist mit viel Liebe zum Detail stilvoll und luxuriös gestaltet, und persönlicher Service wird großgeschrieben. Wegen seiner Lage (etwas weiter im Norden der Stadt) bleibt das Ganze aber bezahlbar. Achtung: Die billigeren Zimmer sind nicht sehr groß und grenzen größtenteils an den Innenhof.

LA MACARENA - ALAMEDA DE HÉRCULES 22, WWW.HOTELSACRISTIA.COM, T 954 915 722, PREIS: 89 €

ESTUDIOS V. LLORÉNS Diese Appartements für höchstens vier Personen befinden sich im nördlichen Teil der Stadt, in der Nähe der Alameda de Hércules. Im Haus werden vier schöne Wohnungen angeboten, das Dachappartement hat sogar zwei Privatterrassen.

LA MACARENA - CALLE REPOSO 1, WWW.ESTUDIOSLLORENS.COM, T 627 016652, PREIS: 95 €

HOTEL ELVIRA PLAZA

RUND UM SEVILLA

Rund um Sevilla gibt es genug zu sehen, um hier noch ein paar Tage zu verbringen. Zum Beispiel den hübschen Ort Carmona, die römischen Ausgrabungen bei Santiponce und die wunderschöne Natur am Fuß der Sierra Morena. In der Provinz Huelva gibt es einige Sehenswürdigkeiten, die sich sehr gut als Tagesausflugsziele von Sevilla aus ansteuern lassen. Auch den Parque Nacional de Doñana, den größten Naturpark Andalusiens, sollte man sich nicht entgehen lassen.

CARMONA

Carmona ist die schönste Stadt in der Umgebung von Sevilla. Bei einem Sevillabesuch kann man durchaus hier übernachten und muss dann nicht einmal mit dem Auto in die Stadt fahren, denn es verkehren täglich Busse. Vorteil: Die Übernachtung in Carmona ist sicher preisgünstiger. In dem zauberhaften alten Städtchen gibt es einige stimmungsvolle Plätze in der Unterstadt und dem höher gelegenen historischen Zentrum. Sowohl im unteren Teil als auch im historischen Bereich gibt es einen gemütlichen Hauptplatz. Der *parador* (siehe Seite 30) von Carmona gilt als einer der schönsten in Spanien. Das Hotel ist im Alcázar untergebracht, einer früheren maurischen Festung. Wer hier nicht übernachtet, sollte auf jeden Fall zum Mittagessen oder auf einen Drink vorbeischauen.

RÖMISCHE NEKROPOLE Etwas außerhalb des Zentrums von Carmona liegt ein *conjunto arqueológico* mit römischen Grabkammern und einem Amphitheater. Der Weg zur Ausgrabungsstätte ist sehr schlecht beschildert, sie liegt am südlichen Ortsrand.
AVENIDA JORGE BONSOR 9, WWW.MUSEOSDEANDALUCIA.ES, T 954 140811, GEÖFFNET: 15. JUNI-15. SEPT. DI-FR 8.30-14.00, SA 10.00-14.00, 16. SEPT.-14. JUNI DI-FR 9.00-18.00, SA-SO 10.00-14.00, EINTRITT: FREI

HOTEL ALCÁZAR DE LA REINA In dieser maurischen "Festung der Königin" lebten einst einige Königinnen, die verbannt waren. Das Gebäude im Mudéjarstil hat daher traurige und leidenschaftliche Liebesgeschichten erlebt, die heutigen Bewohner sind da sicher um einiges glücklicher. Denn heute beherbergt es ein Viersternehotel, in dem man zu einem fairen Preis übernachten kann.
CALLE HERMANA CONCEPCIÓN 2, WWW.ALCAZAR-REINA.ES, T 954 196200, PREIS: 70 €

ITÁLICA Etwas nördlich von Sevilla, beim Ort Santiponce, stößt man auf die Überreste von Itálica, der ersten römischen Stadt Spaniens. Ein Großteil des Amphitheaters ist noch erhalten. Außerdem sind vor allem die Fundamente von Gebäuden und die Anlage der Straßen zu sehen. Die Stadt, aus der sogar zwei Kaiser hervorgegangen sind, hatte im Römischen Reich große Bedeutung. Die meisten Funde sind im archäologischen Museum in Sevilla zu besichtigen.

PARADOR, CARMONA

SIERRA MORENA

Nördlich von Sevilla, am Fuß der Sierra Morena, liegen zwei Naturparks: Sierra Norte de Sevilla und Sierra de Aracena y Picos de Aroche. Die Landschaft in beiden Parks ist hügelig und von Korkeichen und Nadelbäumen geprägt. Da diese grünen Oasen bei Touristen (noch) nicht so bekannt sind, kann man hier in aller Ruhe die Natur genießen. Am Wochenende kommen die Sevillaner, um sich zu erholen, zu wandern, Rad zu fahren oder auch zu jagen.

MOLINO RÍO ALÁJAR Mitten in den grünen Hügeln der Sierra de Aracena y Picos de Aroche wurden am Flussufer fünf Ferienhäuser (für zwei, vier oder sechs Personen) errichtet. Sie bieten eine wundervolle Aussicht, die Einrichtung ist stimmungsvoll und rustikal. Die Anlage (mit Schwimmbad und Tennisplatz) ist sehr gepflegt und ein Paradies für Ruhesuchende, Naturliebhaber und Wanderer. Auf dem Gelände ist auch ein Gemüsegarten angelegt, die Gemüse und Kräuter kann man zum Kochen verwenden.
FINCA CABEZO DEL MOLINO S/N, ALÁJAR, WWW.MOLINORIOALAJAR.COM, T 959 501282/647 903526, PREIS: AB 102 €

LOS POZOS DE LA NIEVE ist ein klosterähnliches Gebäude mit einer besonderen Geschichte. Pozos de la nieve waren unterirdische Lagerstellen für Schnee und Eis. Sie stammen aus dem 17. Jahrhundert und dienten dazu, die Stadt Sevilla in wärmeren Perioden möglichst lange mit Eis zu versorgen. Heute sind in diesem historischen Bauwerk einige schöne, gut ausgestattete Appartements untergebracht. Das sieben Hektar große Anwesen liegt in der Sierra Morena, in der Nähe des Ortes Constantina (nordöstlich von Sevilla).
CARRETERA A-455 (KM 17,5), CONSTANTINA, WWW.LOSPOZOSDELANIEVE.COM, T 680 411428, PREIS: 80 €

PROVINZ HUELVA

Eine Besonderheit dieser Provinz nordwestlich von Sevilla sind die Korkeichen, bei denen die Baumrinde zur Korkgewinnung entfernt wird. Daneben ist die Region vor allem bekannt wegen des *pata negra*. Dieser "schwarze Schinken" stammt von Schweinen, die hauptsächlich Eicheln essen, und hat dadurch einen charakteristischen Geschmack. Der bekannteste "Schinkenort" ist Jabugo, aber auch in den Dörfern in der Umgebung von Jabugo gibt es überall Geschäfte und Restaurants, in denen man *pata negra* kosten und kaufen kann. Von Sevilla aus kann man Tagesausflüge zu einigen Sehenswürdigkeiten in Huelva unternehmen.

LA GRUTA DE LAS MARAVILLAS In einer ganz normalen Straße mit Wohnhäusern am Rand des Ortes Aracena liegt hinter einer der Türen der Zugang zu einem riesigen Höhlensystem. Diese "Höhle der Wunder" wurde 1914 für Besucher geöffnet und ist in Spanien die größte ihrer Art. Dabei handelt es sich um eine gut zwei Kilometer lange Aneinanderreihung von Höhlen, Seen und Pfaden, die man auf einem knapp einstündigen, etwa 1,2 Kilometer langen Spaziergang erforschen kann. Man fühlt sich in eine surrealistische Landschaft mit bizarren Felsformationen versetzt. Geheimnisvoll und sehr beeindruckend, auch für Kinder interessant.
POZO DE LA NIEVE S/N, ARACENA, WWW.ARACENA.ES/INDEX.PHP/GRUTA-DE-LAS-MARAVILLAS, T 663 937877, GEÖFFNET: TÄGLICH 10.00-13.30 & 15.00-18.00, EINTRITT: 8,50 €

PARQUE MINERO DE RIOTINTO Auf dem Weg von Aracena nach Huelva überquert man hinter Campofrio einen See und befindet sich auf einmal in der seltsamen Landschaft des Parque Minero de Riotinto. Um einen herum leuchten die unterschiedlichsten Farben – Violett, Gelb, Grün, Grau, Braun und Rot. In der Tiefe fließt ein schwarzbrauner Fluss, und überall stößt man auf verrostete Überreste des Bergbaus. Schon Jahrhunderte bevor die Engländer Ende des 18. Jahrhunderts hier die Vorkommen ausbeuteten, wurden bereits Kupfer, Silber und Eisen gefördert. Die Engländer bauten eine Bahnlinie nach Huelva, sodass die Bodenschätze nach England verschifft werden konnten. Noch heute kann man eine Fahrt mit einem historischen Zug unternehmen. Die Hin- und Rückfahrt dauert anderthalb Stunden und lohnt sich sehr. Der Zug folgt dem Río Tinto ("roter Fluss") über einen Teil der alten Trasse. Die Fahrt zeigt, dass auch Menschenhände prachtvolle Landschaften erschaffen können. Startpunkt ist der Bahnhof in der Nähe des Ortes Riotinto, an der Straße nach Nerva.
AN DER STRASSE VON RIOTINTO NACH NERVA (A-476), WWW.PARQUEMINERODERIOTINTO.COM, T 959 590025, GEÖFFNET: GANZJÄHRIG, FÜR ABFAHRTZEITEN SIEHE WEBSITE, EINTRITT: 10 €, KINDER 0-3 J. 2 €, 4-12 J. 9 €

BARRIO INGLÉS Die Engländer der Riotinto Mining Company konnten sich nicht so recht an das spanische Leben gewöhnen und brachten ein Stück England nach Spanien. Für die Geschäftsleitung und die Ingenieure der Mine errichteten sie in der Nähe von Riotinto ein komplettes viktorianisches Viertel mit Clubhaus, Kirche und Friedhof. Dieses Viertel, Barrio Inglés, ist inzwischen zwar verfallen, aber immer noch einen Besuch wert. Das Haus mit der Nummer 21 wurde renoviert, im Stil der damaligen Zeit eingerichtet und für Besucher geöffnet.
STRASSE DURCH RIOTINTO IN RICHTUNG EL CAMPILLO

MUSEO MINERO Dieses Bergbaumuseum ist im ehemaligen englischen Krankenhaus untergebracht. Auch wenn die Erklärungen einige Wünsche offen lassen, bekommt man hier einen guten Eindruck vom Bergbau im Allgemeinen und natürlich von den Besonderheiten dieser bizarren Gegend Andalusiens.
PLAZA ERNEST LLUCH S/N, RIOTINTO, WWW.PARQUEMINERODERIOTINTO.COM, T 959 590 025, GEÖFFNET: SA-SO 10.30-15.00 & 16.00-19.00, EINTRITT: MUSEUM UND VIKTORIANISCHES HAUS 4 €, FÜR ANDERE KOMBITICKETS MIT BAHNFAHRT UND BERGWERKFÜHRUNG SIEHE WEBSITE

COTO DE DOÑANA

COTO DE DOÑANA

Parque Nacional de Doñana, oder auch Coto de Doñana, ist mit 50.000 Hektar das größte Naturschutzgebiet Spaniens und die wichtigste Brutstätte für Zugvögel in Europa. Im Mündungsbereich von Guadiamar und Guadalquivir haben sich verschiedene Landschaftsformen herausgebildet.

Entlang der Küste gibt es breite Dünen und Strände, an den Flüssen und in den Wäldern im Norden stößt man auf Seen und Salzsümpfe. Hier leben Wildschweine, Hirsche, Adler und Luchse. Leider ist der Luchs vom Aussterben bedroht, da er aufgrund der starken Abnahme der Kaninchenpopulation infolge von Epidemien nicht mehr genug Nahrungsangebot findet. Das Naturschutzgebiet ist jedoch vor allem für seine Vogelvielfalt bekannt. Hunderttausende Zugvögel legen auf ihrem Zug von Europa nach Afrika hier eine Rast ein. Schätzungen gehen von 300 bis 400 im Naturpark vorkommende Arten aus: Löffelreiher, Reiher, Flamingos, Störche und allerlei Enten- und Gänsearten. Die beste Zeit für einen Besuch ist im Winter oder Frühling, dann halten sich die meisten Vögel hier auf.

Der Naturpark ist in der Vergangenheit ein wichtiges Jagdgebiet für den Adel gewesen. Schon Karl V. ging hier im 16. Jahrhundert auf die Jagd. Viele Könige und Herzöge folgten seinem Beispiel. Mitten im Park liegt ein Jagdschloss, in dem der jetzige Präsident von Spanien seinen Urlaub verbringt oder ausländische Gäste empfängt.

BESUCHERZENTRUM EL ACEBUCHE: PLAZA ACEBUCHAL 22, EL ROCÍO, T 959 448711, GEÖFFNET: TÄGLICH 9.00-20.00, EINTRITT: FREI

Das Naturschutzgebiet ist nicht frei zugänglich. Man kann es aber nach Voranmeldung besuchen. Es erstreckt sich über drei verschiedene Provinzen: Sevilla, Huelva und Cádiz. Wahrscheinlich ist das der Grund dafür, dass immer noch nicht verbindlich geklärt worden ist, wie und wo man den Park besuchen kann. Rund um den Park liegen verschiedene Besucherzentren, die ausführliche Informationen, Karten und Broschüren anbieten.

LA ROCINA Das erste Besucherzentrum, auf das man auf dem Weg von El Rocío nach Matalascañas stößt, ist La Rocina. Hier kann man allgemeine Informationen zum Park bekommen, es werden jedoch keine Touren angeboten. Etwas weiter im Park liegt ein Jagdschlösschen mit einer kleinen Ausstellung, Palacio del Acebrón. Von hier aus kann man auf eigene Faust einem 1,5 Kilometer langen Naturlehrpfad folgen. An der Südostseite des Naturparks, in Sanlúcar de Barrameda (siehe Seite 108) liegt ein weiteres Besucherzentrum: Fábrica de Hielo. Hier kann man eine Bootsfahrt durch den Park mit der Buque Fluvial Real Fernando buchen.

LA ROCINA (AN DER A-483 BEI EL ROCÍO), T 959 442340, GEÖFFNET: DI-SO 8.30-17.00

COOPERATIVA ANDALUZA MARISMAS DEL ROCÍO Es gibt verschiedene Unternehmen, die eine Tour durch den Park mit Boot, Pferd oder Jeep anbieten. Im Besucherzentrum El Acebuche bei El Rocío befindet sich die Cooperativa Andaluza Marismas del Rocío, bei der man eine Jeeptour buchen kann. Die Touren müssen rechtzeitig reserviert werden, am besten machen Sie das vorab telefonisch, um dann nicht vor Ort unliebsame Wartezeiten in Kauf nehmen zu müssen. Auf der Website der Cooperativa finden sich weitere Informationen zu den angebotenen Touren.

WWW.DONANAVISITAS.ES, T 959 430432/430451, ABFAHRTZEITEN 15. SEPT.-30. APR. TÄGLICH 8.30 & 15.00, 1. MAI-14. SEPT. TÄGLICH (JUNI-AUG. MO-SA) 8.30 & 17.00, PREIS: FÜHRUNG MIT GELÄNDEWAGEN (3,5 STD.) 27 €

EL ROCÍO

Vor langer Zeit entdeckte ein Jäger aus Almonte in einer Aushöhlung in einer Korkeiche eine Marienfigur. Wahrscheinlich war sie dort versteckt worden, damit sie nicht in die Hände der maurischen Besatzer fiel. Der junge Mann nahm die Figur mit, am nächsten Morgen war sie jedoch verschwunden. In der Eiche fand er sie wieder. Alle Versuche, die Statue mitzunehmen, schlugen fehl, sie verschwand jedes Mal aufs Neue und stand wieder im Baum – so lautet zumindest die Legende.

An der Stelle, an der sich der Baum befand, wurde eine Kapelle gebaut, und so entstand der Wallfahrtsort El Rocío. Schon zu Zeiten von Kolumbus kamen Schiffsbesatzungen hierher, um zur heiligen Jungfrau Maria zu beten und um Segen für ihre Reisen zu bitten. Inzwischen ist El Rocío zu einem der wichtigsten Wallfahrtsorte in Spanien geworden und zieht jährlich zu Pfingsten eine Million Besucher an. Der Höhepunkt der Wallfahrt besteht darin, dass die Jugend der Umgebung die Absperrungen um die Marienstatue überspringt, um diese nach draußen zu holen und durch das Dorf zu tragen. Die Kirche ist dabei zum Brechen voll, und es geht unglaublich ruppig zu, sodass es auch oft Verletzte gibt.

Mindestens genauso wichtig und eindrucksvoll wie das Fest in El Rocío sind die *romerías*, die Wallfahrten in der Woche vor Pfingsten. Von verschiedenen Orten aus ziehen Pilger zu Fuß und zu Pferd nach El Rocío. Heute werden die von Ochsen gezogenen, geschmückten Planwagen mit einer Statue der Jungfrau auch von Geländewagen begleitet. Eine ganz besondere Wallfahrt ist die von Sanlúcar de Barrameda, denn sie führt quer durch den Naturpark Coto de Doñana. Normalerweise ist der Park nicht für Besucher geöffnet, aber für die Wallfahrt macht man eine Ausnahme. Zu einer *romería* gehören auch Lagerfeuer und Flamencofeste bis tief in die Nacht hinein, bei denen reichlich Sherry getrunken wird. Das Ganze wirkt ein wenig wie ein folkloristisches Fest, das für Touristen aufgeführt wird, aber das trifft nicht zu. Der Gesichtsausdruck der Pilger beim Anblick Marias sagt genug. Übrigens gibt es auch viele kritische Stimmen zu dieser Wallfahrt, vor allem vonseiten der Kirche, da das Trinken und Feiern angeblich mehr im Vordergrund steht als die Religion.

TÜRME, GOLDGLANZ UND DER OZEAN

Cádiz hat eine außergewöhnliche Lage. Sie fahren über eine lange, schmale Landzunge mit Hotels und Strandbereichen und schließlich durch ein altes Tor in die von Mauern umgebene Altstadt. Die Stadt ist auf allen Seiten vom Atlantischen Ozean umgeben.

Tipp: Wenn Sie mit dem Auto unterwegs sind, dann fahren Sie erst einmal ganz um die Halbinsel herum. So bekommen Sie gleich einen guten Eindruck von der Stadt. Dort, wo Sie nach Cádiz hereinkommen, ist der älteste Teil der Stadt: El Barrio del Pópulo. Cádiz gilt als eine der ältesten Städte der westlichen Welt und eine der ursprünglichsten Andalusiens. Wahrscheinlich hat die Lage auf einer Halbinsel sie vor äußeren Einflüssen geschützt. Es gibt auch wenig Raum für Neubebauung, und ein Abriss der alten Gebäude ist oft nicht möglich, da die meisten unter Denkmalschutz stehen. Die bedeutendsten Sehenswürdigkeiten: die Kathedrale mit der goldenen Kuppel und die Torre Tavira. Cádiz hat ein ganz besonderes Flair und wird deshalb oft mit Havanna in Kuba verglichen. Die berühmte Szene aus dem James-Bond-Film *Stirb an einem anderen Tag*, in der Halle Berry aus dem Wasser steigt, wurde übrigens nicht in Havanna, sondern an der Playa la Caleta in Cádiz gedreht. Wenn Sie einen Spanier nach Cádiz fragen, wird er bestimmt vom Karneval erzählen, dem größten und bekanntesten Spektakel dieser Art im ganzen Land.

SEHENSWÜRDIGKEITEN

Außer der Kathedrale bietet Cádiz nicht gerade viele kulturelle Höhepunkte. Doch in dieser von Wasser umgebenen Stadt gibt es auffällig viele Türme. Als Sevilla die Stellung als Handelsposten für die Neue Welt einbüßte, übernahm Cádiz diese Rolle. Die Stadt erlebte eine wichtige Blütezeit, als Kolumbus im Hafen von Cádiz zu seinen Entdeckungsreisen nach Südamerika aufbrach. Aus dieser Zeit stammen auch die Türme auf den Häusern, die das Bild der Stadt heute prägen. Denn die Schiffseigner wollten von ihren Häusern aus sehen können, ob die Fracht aus Südamerika schon im Anmarsch war. Früher gab es 160 solche Türme, heute sind es "nur" noch 126.

TORRE TAVIRA ist der höchste Aussichtsturm der Stadt, der für Besucher geöffnet ist. Von hier aus kann man die Stadt mithilfe einer Camera obscura beobachten. Aktuelle Bilder aus Cádiz werden auf eine Leinwand projiziert und dann von einem Führer erklärt. Eine ungewöhnliche Art, die Stadt und die wichtigsten Gebäude kennenzulernen.

CALLE MARQUÉS DEL REAL TESORO 10, WWW.TORRETAVIRA.COM, T 956 212 910, GEÖFFNET: OKT.-APR. 10.00-18.00, MAI-SEPT. 10.00-20.00, EINTRITT: 5 €

CATEDRAL DE CÁDIZ Die Kathedrale mit der goldenen Kuppel zieht alle Blicke sofort auf sich, nicht nur wegen ihrer Größe. Sie weist eine Mischung aus verschiedenen Stilen auf: Einflüsse der Renaissance und des Barock und auch neoklassizistische Elemente.

PLAZA DE LA CATEDRAL S/N, T 956 286154, GEÖFFNET: MO-FR 10.00-18.30, SA 10.00-16.30, SO 13.00-18.30, EINTRITT: 4 €

CÁDIZ STADT

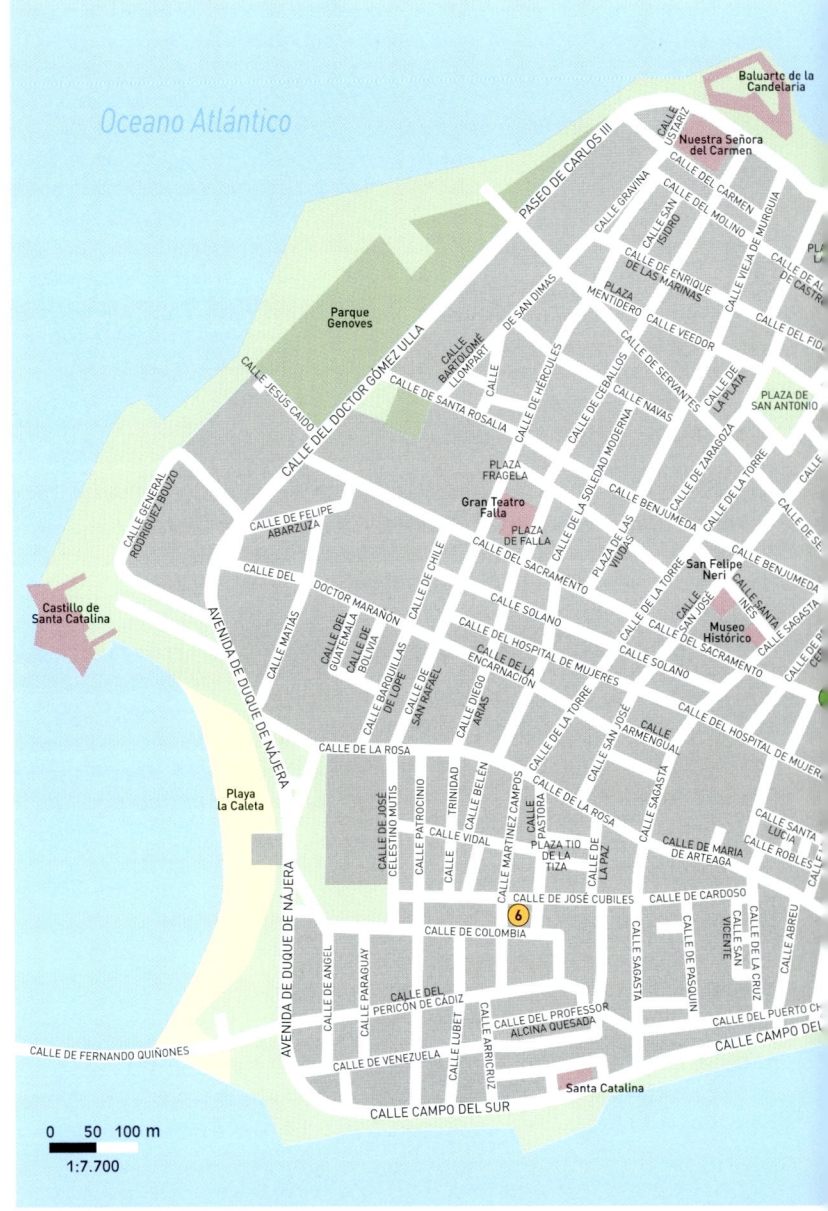

Oceano Atlántico

Baluarte de la Candelaria

Nuestra Señora del Carmen

CALLE USARTIZ

CALLE DEL CARMEN

CALLE GRAVINA

CALLE SAN ISIDRO

CALLE DEL MOLINO

CALLE VIEJA DE MURGUIA

CALLE DE ALC DE CASTRO

PASEO DE CARLOS III

CALLE DE ENRIQUE DE LAS MARINAS

PLAZA MENTIDERO

CALLE VEEDOR

CALLE DEL FIDO

Parque Genoves

CALLE DE SAN DIMAS

CALLE BARTOLOMÉ LLOMPART

CALLE DE HERCULES

CALLE DE SERVANTES

CALLE DE LA PLATA

PLAZA DE SAN ANTONIO

CALLE DEL DOCTOR GÓMEZ ULLA

CALLE JESUS CAIDO

CALLE DE SANTA ROSALIA

CALLE DE CEBALLOS

CALLE NAVAS

CALLE DE ZARAGOZA

CALLE DE LA TORRE

CALLE DE SE

PLAZA FRAGELA

CALLE DE LA SOLEDAD MODERNA

CALLE BENJUMEDA

CALLE BENJUMEDA

Gran Teatro Falla

PLAZA DE FALLA

CALLE DEL SACRAMENTO

PLAZA DE LAS VIUDAS

San Felipe Neri

CALLE SANTA

CALLE SAGASTA

CALLE DE FELIPE ABARZUZA

CALLE DEL

CALLE DE CHILE

CALLE DE LA TORRE

CALLE SAN JOSE

Museo Histórico

CALLE DE P

CALLE DEL DOCTOR MARAÑON

CALLE SOLANO

CALLE DE SE

Castillo de Santa Catalina

CALLE DEL GUATEMALA

CALLE DE BOLIVIA

CALLE DEL HOSPITAL DE MUJERES

CALLE DE LA ENCARNACION

CALLE DEL SACRAMENTO

CALLE SOLANO

CALLE MATIAS

CALLE BARQUILLAS DE LOPE

CALLE DE SAN RAFAEL

CALLE DIEGO ARIAS

CALLE DE LA TORRE

CALLE SAN JOSE

CALLE ARMENGUAL

CALLE DEL HOSPITAL DE MUJER

AVENIDA DE DUQUE DE NÁJERA

CALLE GENERAL RODRÍGUEZ BOUZO

CALLE DE LA ROSA

CALLE DE LA ROSA

CALLE SANTA LUCIA

CALLE ROBLES

CALLE DE JOSÉ CELESTINO MUTIS

CALLE PATROCINIO

CALLE TRINIDAD

CALLE BELEN

CALLE VIDAL

CALLE MARTINEZ CAMPOS

CALLE PASTORA

CALLE DE MARIA DE ARTEAGA

CALLE SAGASTA

Playa la Caleta

PLAZA TIO DE LA TIZA

CALLE DE LA PAZ

CALLE DE JOSÉ CUBILES

CALLE DE CARDOSO

CALLE SAN VICENTE

CALLE DE LA CRUZ

CALLE ABREU

CALLE DE COLOMBIA

CALLE SAGASTA

CALLE DE PASQUIN

AVENIDA DE DUQUE DE NÁJERA

CALLE DE ANGEL

CALLE PARAGUAY

CALLE DEL PERICON DE CADIZ

CALLE LUBET

CALLE DEL PROFESSOR ALCINA QUESADA

CALLE DE FERNANDO QUIÑONES

CALLE DE VENEZUELA

CALLE ARICRUZ

CALLE DEL PUERTO CH

CALLE CAMPO DEL

Santa Catalina

CALLE CAMPO DEL SUR

0 50 100 m

1:7.700

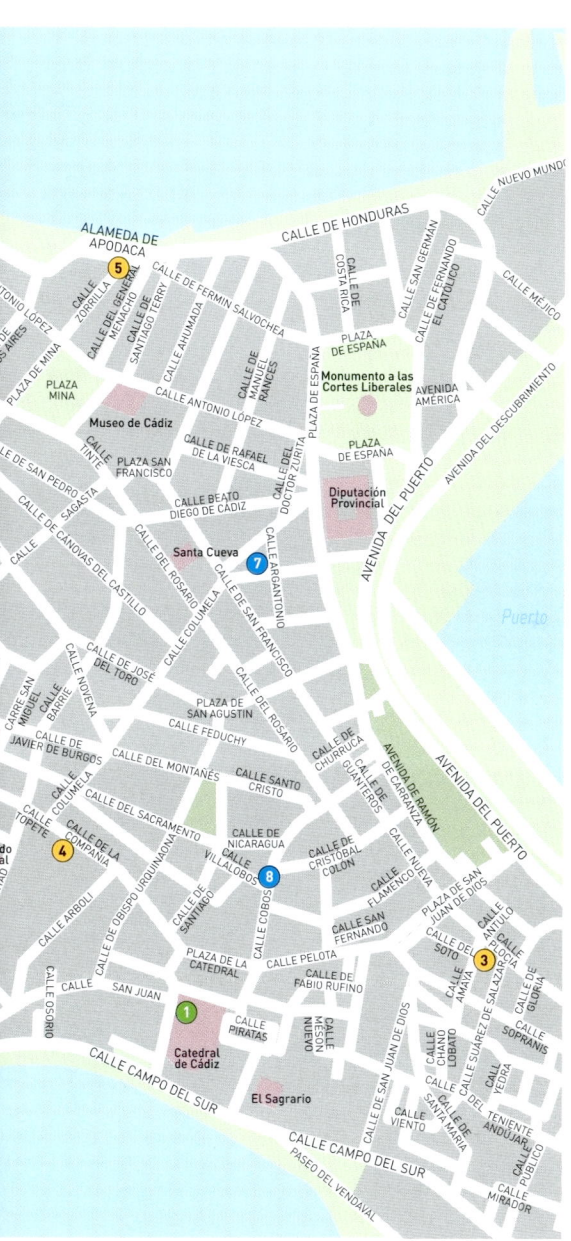

ESSEN & TRINKEN

Natürlich gibt es auch in Cádiz Tapas, oft mit Fisch, wie es die Lage am Meer ja auch erwarten lässt. An der gemütlichen Plaza Tio de la Tiza liegen zahlreiche Tapasrestaurants. Eine schöne Straße mit zahlreichen Bars und Restaurants ist die Calle Colombia, die in die Calle Virgen de la Palma übergeht. Der Platz und die Straße liegen nahe beieinander im Stadtteil La Vina, einem einfachen Arbeiterviertel.

TABERNA CASA MANTECA liegt etwas versteckt in einem unauffälligen Gebäude in einem nicht besonders schönen Teil des Viertels La Vina. Es ist eine typische *taberna* aus Cai, wie die Einwohner von Cádiz ihre Stadt nennen. An den Wänden hängen zahlreiche Fotos von Stierkämpfen. Cameron, einer der berühmtesten (aber inzwischen verstorbenen) Flamencosänger Spaniens, kam oft zum Essen hierher. Die Wurstwaren werden für Sie an der Bar aufgeschnitten und auf Papierservietten serviert. Spezialitäten des Hauses sind zum Beispiel Wurst mit Zitrone und Salz und der hausgemachte Käse.
CALLE DEL CORRALÓN DE LOS CARROS 66, T 956 213603, GEÖFFNET: DI-SA 12.00-16.30 & 20.30-1.00, SO 12.00-16.30, PREIS: AB 4 €

RESTAURANTE BALANDRO Wenn Sie einmal etwas anderes essen möchten als Tapas in den traditionellen Bars, empfiehlt sich dieses moderne Restaurant als Alternative. Es liegt im nördlichsten Teil der Stadt und bietet eine Aussicht auf die baumreiche Alameda de Apodaca und die Bucht dahinter.
ALAMEDA APODACA 22, WWW.RESTAURANTEBALANDRO.COM, T 956 220992, GEÖFFNET: TÄGLICH 13.00-16.00 & 20.00-0.00, PREIS: 13 €

FREIDURÍA LAS FLORES Der weltbeste frittierte Fisch kommt aus Cádiz, und den besten frittierten Fisch von Cádiz gibt es hier. Man wählt an der Bar den Fisch aus und kann ihn dann in einer Tüte mitnehmen oder draußen auf der Terrasse verzehren. Die Freiduría liegt an der Plaza Topete, im Volksmund bekannter unter dem Namen Plaza de las Flores – wegen der Blumenstände auf dem Platz.
CALLE TOPETE 4, T 956 226112, GEÖFFNET: TÄGLICH 9.00-16.00 & 20.00-0.00, PREIS: 5 €

ATXURI ist der Name des ältesten Stadtteils der baskischen Stadt Bilbao. Es ist also kein Wunder, dass es in diesem Restaurant baskische Gerichte mit andalusischem Einschlag gibt, eine unwiderstehliche Kombination!
CALLE PLOCIA 7, T 956 253613, GEÖFFNET: SO-MI 13.15-17.00, DO-FR-SA 13.15-17.00 & 21.00-23.30, PREIS: 15 €

. . . .

Natürlich sollte man in dieser wunderschönen Stadt auch den Strand nicht verpassen. An der zauberhaften Playa la Caleta hat man die Stadt im Rücken und einen Blick auf ein ehemaliges, weißes Badehaus. Kein Wunder, dass dieser Strand ein bekanntes Postkartenmotiv ist.

. . . .

HOTEL ARGANTONIO ®

ÜBERNACHTEN

Es gibt eine beschränkte Auswahl an Hotels in Cádiz, vor allem in der Altstadt. Die meisten Hotels liegen entlang der schmalen Landzunge und entsprechen dem normalen Standard. Im Folgenden die zwei schönsten Hotels in der Altstadt:

HOTEL ARGANTONIO ist im maurischen Stil eingerichtet und liegt sehr zentral. Hotels in Cádiz sind ziemlich teuer, aber in diesem Haus kann man zu einem fairen Preis in einem angenehmen Ambiente übernachten.

CALLE ARGANTONIO 3, WWW.HOTELARGANTONIO.COM, T 956 211640, PREIS: 80 €

HOTEL PATAGONIA SUR ist ein relativ neues Hotel im alten Zentrum. Besonders schön sind die Zimmer und die Suite mit Terrasse und einer fantastischen Aussicht über die Stadt. Natürlich muss man entsprechend tief in den Geldbeutel greifen.

CALLE COBOS 11, WWW.HOTELPATAGONIASUR.ES, T 856 174647, PREIS: 105 €

SHERRY, PFERDE UND KOLONIALES FLAIR

Jerez ist die Stadt des Sherrys und der Andalusier. Freunde des Motorsports kennen die Rennstrecke, auf der jährlich der Grand Prix gefahren wird. Mit mehr als 210.000 Einwohnern ist Jerez die fünftgrößte Stadt Andalusiens. Die Altstadt ist jedoch überschaubar, man kommt überall gut zu Fuß hin.

Das Zentrum erinnert irgendwie an Südamerika und die Kolonialzeit. Wer Anfang Mai in Jerez ist, sollte die *Feria del Caballo* besuchen, eine der schönsten *ferias* in Andalusien. Eine Woche lang wird im Parque González Hontoria gefeiert, mit vielen Pferden und prächtig gekleideten Mitwirkenden.

Jerez de la Frontera war schon seit jeher ein Schmelztiegel der Kulturen und Nationalitäten. Das hat etwas mit dem Import und Export von Sherry zu tun, was viele Ausländer hierherbrachte. Daher haben viele Sherry-Hersteller ausländische Namen wie Garvey oder Sandeman.

SEHENSWÜRDIGKEITEN

In Jerez dreht sich fast alles um Sherry und Pferde, darum kommt man hier einfach nicht herum. Probieren Sie in einer der "Kathedralen" (wie die Bodegas hier genannt werden) Sherry oder besuchen Sie eine Pferdeshow. Die schöne Altstadt von Jerez ist natürlich auch sehenswert.

DOMECQ ist die älteste Bodega von Jerez und liegt mitten im Zentrum. Man kann hier an einer Führung teilnehmen und verschiedene Sherry-Sorten kosten. Viele verbinden mit Sherry immer noch das Bild von Aperitif trinkenden Damen. Aber Sherry ist viel mehr als nur das. Die Vielfalt der Sorten reicht von einem *fino*, einem trockenen, weißen Sherry, der kalt getrunken wird, bis hin zum bräunlichen, süßen *oloroso*, der als Dessertwein oder Aperitif angeboten wird. Geschmack und Farbe des Sherrys hängen vom Mischungsverhältnis zweier Traubensorten ab. In den riesigen Lagerhallen der Bodegas stapeln sich die Eichenfässer. Bei der Herstellung von Sherry mischt man Wein aus den oberen Fässern mit dem Wein aus den unteren Fässern. Indem man so die Jahrgänge mischt, bleibt die Qualität immer konstant. Sherry ist also nicht von einem bestimmten Jahrgang abhängig, wie es bei Wein der Fall ist. In den Bodegas wird auch Brandy produziert, ein "Branntwein" mit einer langen Reifezeit. Der spanische Brandy kennt drei Qualitätsstufen. Am wenigsten lange gelagert wird der helle und leichte "Solera", der "Solera Reserva" ist bereits dunkler und aromatischer und der "Solera Gran Reserva" ist der älteste und wertvollste Brandy.
CALLE SAN ILDEFONSO 3, WWW.DOMECQ.ES, T 956 151500, FÜHRUNGEN STÜNDLICH MO-FR 10.00-14.00, APR.-OKT. AUCH 17.00-19.00, SO 12.00-14.00, EINTRITT/FÜHRUNG: 8 € (INKL. GETRÄNK)

JEREZ DE LA FRONTERA STADT

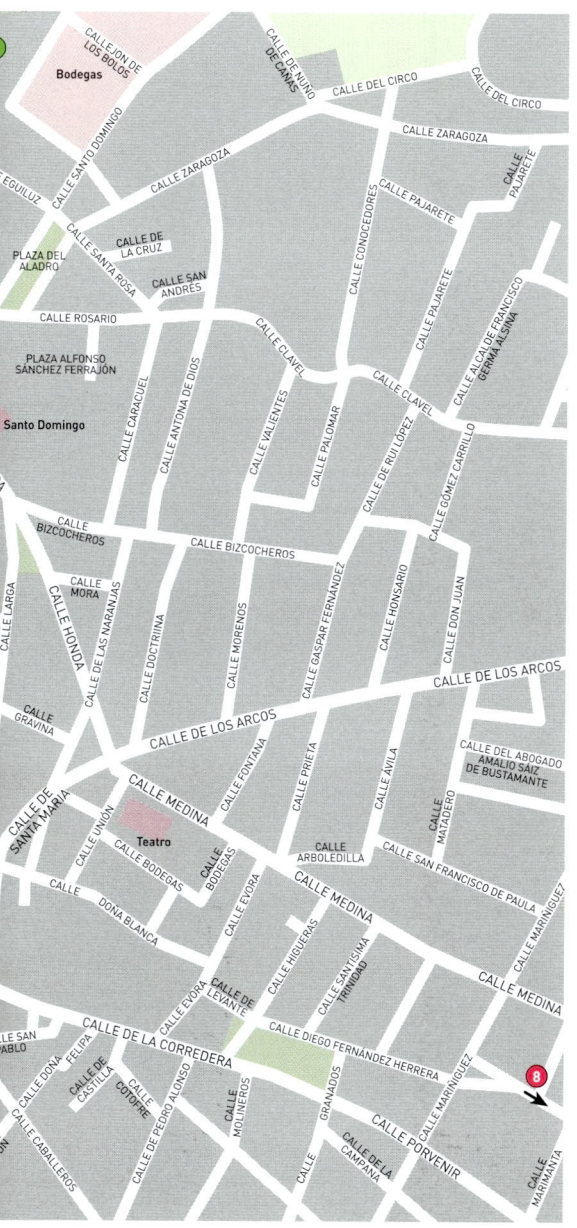

SEHENSWÜRDIGKEITEN
> S. 95–98

○ **SEHENSWÜRDIGKEITEN**
> S. 95–98

1. DOMECQ
2. REAL ESCUELA ANDALUZA DEL ARTE
   ECUESTRE

○ **ESSEN & TRINKEN > S. 98–101**

3. BAR LA MODERNA
4. BAR-RESTAURANTE TETERÍA
   LA MEDINA
5. EL ALMACEN
6. MESON EL CABILDO
7. RISTORANTE ITALIANO SAN JUAN

● **100% THERE > S. 101**

8. GESTÜTSBESICHTIGUNG
9. ZUR CAMERA OBSCURA

● **AUSGEHEN > S. 102**

10 BEREBER

○ **ÜBERNACHTEN > S. 102**

11. HOTEL CHANCILLERIA
12. HOTEL PALACIO GARVEY
13. LA FONDA BARRANCO

Wer in Jerez einen vino blanco *(Weißwein) bestellt, bekommt oft einen* fino *(Sherry). Wenn Sie einen normalen Weißwein möchten, sollten Sie explizit darum bitten, am besten nennen Sie eine Weinsorte wie Rioja oder Faustino.*

REAL ESCUELA ANDALUZA DEL ARTE ECUESTRE Jerez ist auch bekannt wegen der Andalusier und der Shows, in denen diese Pferde auftreten. Der offizielle Name der Pferde ist *Pura Raza Española* ("reine spanische Rasse"), und diese eleganten Tiere eignen sich hervorragend zur Dressur und für den Stierkampf zu Pferd. In der weltberühmten spanischen Reitschule Real Escuela Andaluza del Arte Ecuestre kann man die Pferde bewundern und eine Dressurvorführung besuchen. Die Show läuft unter dem Titel *"como bailen los caballos andaluces"*, "Tanz der andalusischen Pferde". Auf der Website finden Sie die Termine und können online Plätze reservieren. Es gibt hier auch zwei Museen: ein Fuhrwerksmuseum und ein Museum für Dressurkunst, in dem Ursprung und Entwicklung der spanischen Reitschule erklärt werden. Besonders interessant sind natürlich die Shows, aber wer möchte, kann in Verbindung mit einem Museumsbesuch auch ein Training besuchen. Auf der Website finden Sie alle wichtigen Daten.

AVENIDA DUQUE DE ABRANTES S/N, WWW.REALESCUELA.ORG, T 956 318008, EINTRITT: 19-25 €

ESSEN & TRINKEN

In Jerez bedeutet "Essen und Trinken" so viel wie "Tapas und Sherry". Es gibt zahlreiche Bars, die schmackhafte Häppchen anbieten. Oft gibt es eine Tapa als kostenlose Zugabe, wenn man ein Getränk bestellt – Sherry natürlich, was sonst!

BAR LA MODERNA ist ein beliebter Treffpunkt für die Einwohner von Jerez und füllt sich zwischen 20 und 21 Uhr zusehends mit Menschen. Ein idealer Ort, um zwischen Einheimischen etwas zu sich zu nehmen. Eine Besonderheit dieses Lokals: Die Toilette befindet sich in der alten Stadtmauer von Jerez, die quer durch die Bar verläuft.

CALLE LARGA 67, T 956 321379, GEÖFFNET: MO-SA 19.00-0.00

RISTORANTE ITALIANO SAN JUAN ist ein guter Tipp, wenn man keine Lust auf spanische Küche hat. Dieses italienische Restaurant ist nicht nur gemütlich, sondern bietet auch sehr gutes Essen. Die Wände sind in dunklem Rostbraun gestrichen. Im Eingangsbereich steht Michelangelos *David*, und die Wände des Speisesaals sind mit Vergrößerungen von Davids Körperteilen verziert. Sogar sein intimster Körperteil ist auf einem zwei Mal zwei Meter großen Gemälde verewigt.

PLAZA MELGAREJO S/N, WWW.RESTAURANTESANJUAN.COM, T 956 326472, GEÖFFNET: DI-SO 13.00-16.30 & 20.00-0.00, PREIS: 15 €

EL ALMACEN ist eine viel besuchte Tapasbar in einer kleinen Seitenstraße. Sie ist besonders bei den Einheimischen beliebt, bei Touristen ist die Bar eher weniger

bekannt. Die Auswahl an Gerichten ist zwar nicht besonders groß, aber alles schmeckt köstlich. Spezialität des Hauses sind die Käsepasteten.

CALLE LATORRE 8, T 956 187143, GEÖFFNET: MO-DO AB 20.30, FR-SO 13.00-16.30 & AB 20.30, PREIS: AB 4 €

BAR RESTAURANTE TETERÍA LA MEDINA Dieses Restaurant hat eine schöne Terrasse auf dem Innenhof des Zoco de Artesanía, einer Ansammlung von Galerien und Geschäften, die handgefertigte Waren anbieten. Das Restaurant serviert typische Gerichte aus Jerez mit marokkanischem Einschlag. Man kann jedoch auch nur etwas trinken, es gibt eine große Auswahl an Teesorten, Cocktails und frischen Obstsäften.

CALLE PLAZA PEONES S/N, LAMEDINA.MAGIX.NET/WEBSITE, T 617 713652/680 935926, GEÖFFNET: TÄGLICH 8.00-0.00, PREIS: 12 €

MESÓN EL CABILDO Die Terrasse dieses Restaurants mit mediterraner Küche liegt an einem der schönsten Plätze von Jerez de la Frontera. Allein schon wegen der romantischen Lage einen Besuch wert.

PLAZA DE ASUNCIÓN 4, T 956 334969, GEÖFFNET: DI-SO 8.00-16.00 & 19.00-0.00, PREIS: 10 €

100% THERE

Außer der weltberühmten Reitschule kann man – nur an Samstagen – auch das Gestüt außerhalb der Stadt besuchen. Der Alcázar ist vor allem wegen der Camera obscura interessant.

GESTÜTSBESICHTIGUNG Im Gestüt Yeguada de la Cartuja wird die edlere Variante des spanischen Pferdes, der Kartäuser (Cartujano), gezüchtet. Das Gestüt wurde von den Mönchen des nahe gelegenen Klosters gegründet, ist heute jedoch ein Staatsbetrieb. Die Pferde in ihrer natürlichen Umgebung zu beobachten, ist einfach wunderbar. Eine Führung durch die Anlage wird mit einer Dressurshow abgeschlossen. Hier dreht sich alles um die Zucht der Rasse, und im Mittelpunkt steht das Wohlergehen der Pferde. Daher ist das Gestüt auch nur einmal in der Woche, am Samstag, geöffnet. Man sollte also unbedingt vorher reservieren.

AN DER STRASSE VON MEDINA NACH EL PORTAL (KM 6,5), WWW.YEGUADACARTUJA.COM, T 956 162809, FÜHRUNG & SHOW SA 11.00 (BIS 13.30), EINTRITT: 14 €

ZUR CAMERA OBSCURA Der Alcázar von Jerez de la Frontera ist, im Vergleich zum Alcázar von Sevilla oder der Alhambra von Granada, nichts Besonderes, aber die Camera obscura im Turm lohnt den Besuch. So lernt man die Stadt in kurzer Zeit kennen und bekommt eine Erklärung zu den wichtigsten Gebäuden. Wer noch nie durch eine Camera obscura geschaut hat, sollte auf jeden Fall den Turm besteigen, um sich diese Livebilder der Stadt anzusehen.

ALAMEDA VIEJA S/N, T 956 149955, GEÖFFNET: MO-SA 10.00-18.00, SO 10.00-15.00, EINTRITT: 5,40 € (INKL. CAMERA OBSCURA)

AUSGEHEN

In Jerez gibt es natürlich zahlreiche Bodegas, in denen man bis spät in der Nacht noch Sherry und Tapas bekommt. Wer tanzen möchte, kann in die schön eingerichtete Bereber-Disco gehen.

BEREBER bedeutet "Berber". Und das passt, denn man kann hier wie ein Nomade von einem Raum zum anderen ziehen. Die Einrichtung ist im maurischen Stil gehalten und ausgesprochen gelungen. Es gibt mehrere Patios, in denen man sich ausruhen kann und von denen aus man zu den verschiedenen Räumen mit Bars und Disco gelangt. Ob man einfach in Ruhe in einem der Patios etwas trinken oder am Wochenende bis in die Puppen tanzen möchte: Hier ist alles möglich. Im Sommer finden jede Woche Shows und Auftritte statt, Daten stehen auf der Website.
CALLE CABEZAS 10, WWW.TABLAODELBEREBER.COM, T 956 341720, MO-DO & SO 16.30-1.00, FR-SA 16.30-7.00

ÜBERNACHTEN

Bis vor Kurzem gab es in Jerez de la Frontera nur Hotels, die zu großen Hotelketten gehören. Aber das hat sich glücklicherweise geändert. Heute findet man auch ein paar kleinere schöne Hotels.

LA FONDA BARRANCO Wenn man kurz vor der richtigen Adresse um die Ecke biegt, meint man, sich verlaufen zu haben. Denn das Hotel liegt hinter der Polizeiwache, in einem weniger schönen Stadtteil. Dafür kommt man von dort mühelos zu Fuß ins Zentrum. Außerdem würde man von außen nicht vermuten, was einen im Inneren erwartet.
CALLE BARRANCO 12, WWW.LAFONDABARRANCO.ES, T 956 332141, PREIS: 94 €

HOTEL CHANCILLERIA ist eines der schönsten Hotels von Jerez. Der Enthusiasmus der Eigentümer, eines spanisch-englischen Ehepaars, wirkt ansteckend. Das moderne und stimmungsvolle Hotel verfügt sogar über eine DVD-Bibliothek, sodass man sich im Zimmer einen Film ansehen kann. Besonders die Dachterrasse mit dem fantastischen Ausblick auf die Stadt ist sensationell, wahrscheinlich der schönste Frühstücksplatz in ganz Jerez. Auch das Abendessen ist hervorragend. Der Chefkoch des zum Hotel gehörenden Restaurants Sabores wurde vor ein paar Jahren zum zweitbesten Koch Andalusiens gekürt. Das Hotel hat 14 Zimmer und liegt mitten im Zentrum.
CALLE CHANCILLERIA 21, WWW.HOTELCHANCILLERIA.COM, T 956 301038, PREIS: 90 €

HOTEL PALACIO GARVEY ist fast schon ein Klassiker, aber immer noch ein prachtvolles Hotel. Das Palais von 1850 war die Residenz der Familie Garvey. Das Gebäude wurde gründlich renoviert und in ein modernes Hotel mit 14 Zimmern umgewandelt. Es liegt mitten in der Altstadt. Sie kommen zu Fuß in wenigen Minuten überallhin.
PLAZA RAFAEL RIVERO, TORNERIA 24, WWW.SFERAHOTELES.COM, T 956 326700, PREIS: 85 €

RUND UM JEREZ DE LA FRONTERA

In der Umgebung dieser Stadt gibt es einige Orte, die einen Besuch lohnen. Das ursprüngliche Medina-Sidonia liegt inmitten einer reizvollen Hügellandschaft. Viele halten Arcos de la Frontera für eines der schönsten Dörfer der Region. Seine Lage auf einem steilen Felsen ist auf jeden Fall atemberaubend. Und an der Küste lockt der noch nicht so bekannte "Sherry-Ort" Sanlúcar de Barrameda, von dem aus man eine Bootsfahrt durch das Naturschutzgebiet Coto de Doñana unternehmen kann.

MEDINA-SIDONIA

Der Name dieser Stadt geht auf die allerersten Bewohner zurück, die aus Sidon kamen und den Ort Asido Caesarina nannten. Unter den Mauren wurde der Name in Medina-Sidonia geändert. Die wichtigste Sehenswürdigkeit ist die Kirche Santa María la Coronada. Vom Turm aus hat man einen fantastischen Blick auf die Umgebung mit vielen Weiden, auf denen zahlreiche Stiere von Zuchtbetrieben stehen, die Stiere für die Corridas liefern.

Kaufen Sie beim Bäcker am Hauptplatz *alfajores*, eine Spezialität der Stadt. Diese ursprünglich arabischen, süßen Leckerbissen werden aus Honig und Mandeln hergestellt.

LA VISTA DE MEDINA Das wunderschöne Hotel liegt im ruhigen Zentrum von Medina. Es gibt sechs Suiten mit eigener Küche, zwei Pools, einige Terrassen und ein Restaurant. Und von der Aussicht kann man gar nicht genug bekommen. Kurz und gut: ein herrlicher Ort und auch noch bezahlbar.
PLAZA DE IGLESIA MAYOR 2, WWW.LAVISTADEMEDINA.COM, T 956 410069/646 489069, PREIS: 70 €

ARCOS DE LA FRONTERA

Der Zusatz "*de la frontera*" bedeutet "an der Grenze". Orte mit diesem Zusatz lagen zur Zeit der Reconquista (Rückeroberung) an der Grenze zwischen dem wiedereroberten christlichen und dem noch maurischen Teil Südspaniens. Arcos ist eines der schönsten Dörfer Andalusiens, besonders reizvoll ist die Lage des historischen Zentrums auf einem steilen Felsen. Dieser Teil ist autofrei, man muss sein Auto in einem der weiter unten gelegenen Parkhäuser abstellen und zu Fuß weitergehen.

CASA EL SUEÑO

Vom Aussichtspunkt an der Plaza El Cabildo aus hat man eine fantastische Aussicht auf das Tal und die Umgebung. Arcos ist immer noch ein sehr ursprünglicher Ort, man kann sich gut vorstellen, wie es in Andalusien vor Hunderten von Jahren ausgesehen haben mag. Wer seiner Fantasie freien Lauf lässt, hört fast noch die Maulesel durch das Gewirr der schmalen und steilen Gassen keuchen.

Im Nordosten von Arcos verläuft die bekannte Radroute Via Verde de la Sierra. Hinten in diesem Reiseführer finden Sie eine Karte mit der Strecke.

BAR LA CARCEL soll mit Abstand die besten Tapas von Arcos de la Frontera servieren. Die Einrichtung ist nichts Besonderes, aber das ist in Andalusien ja oft so. Lassen Sie sich davon also nicht abschrecken. Die Bar liegt an der Durchgangsstraße vor der Kirche Santa María.
CALLE DEAN ESPINOSA 18, T 956 700410, GEÖFFNET: DI-SO 12.00-16.30 & 19.30-0.00, PREIS: 4 €

CASA EL SUEÑO In der niederländischen Fernsehsendung *De Spaanse Droom*, die 2009 ausgestrahlt wurde, wetteiferten einige Pärchen um die Verwirklichung ihres Traums: eines eigenen Bed and Breakfast in Spanien. Gewinner waren Uko und Lieve. Wenn Sie wissen möchten, wie es jetzt um die beiden steht, dann buchen Sie ein Zimmer in ihrem schönen B&B Casa El Sueño. Sie haben wirklich ein Traumhotel mit wunderschönen Zimmern, einer fantastischen Aussicht und einer herrlichen Dachterrasse geschaffen. Tipp: Folgen Sie den Anweisungen für die Anfahrt genau, damit Sie in der sommerlichen Hitze nicht Ihre schweren Koffer schleppen müssen.
CALLE DE MARTIN MONTERO 13, WWW.CASAELSUENO.EU, T 956 105367, PREIS: 75 €

CORTIJO ESCONDIDO Wenn Sie ein B&B (mit Pool) in der Umgebung von Arcos suchen, dann ist das der richtige Ort für Sie. Die Besitzer haben ein großzügiges neues Landgut (cortijo) mit allem Komfort gebaut. Die Zimmer liegen um den zentralen Patio herum und haben alle eine eigene Terrasse. Man erreicht das B&B über eine unbefestigte Landstraße, der letzte (und steilste) Teil ist asphaltiert und mit dem Auto gut befahrbar.
CARRETERA ARCOS-ALGAR KM 5, WWW.CORTIJOESCONDIDO.COM, T 677 110413, PREIS: 100 €

SANLÚCAR DE BARRAMEDA

Sanlúcar, einer der drei Orte des sogenannten "Sherry-Dreiecks", ist ein ursprünglicher, noch nicht vom Tourismus entdeckter Fischerort. Von hier kommt die Sherry-Sorte Manzanilla. Die gleichnamigen Bodegas befinden sich im Barrio Alto, dem etwas höher gelegenen Teil der Stadt. Der Sherry aus Sanlúcar hat aufgrund der salzigen Meeresluft einen besonderen Geschmack. Außer um Sherry dreht sich in Sanlúcar auch noch alles um Fisch. Die meisten Restaurants sind daher fast aus-

nahmslos darauf spezialisiert. Die besten Gaststätten liegen am Strand. Wenn man auf dem Boulevard nach rechts geht, bis ganz zum Ende, kommt man automatisch zu einer Reihe Restaurants.

CASA BIGOTE ist sowohl eine *taberna*, in der man Tapas bekommt, natürlich mit einem Gläschen Manzanilla, als auch ein Fischrestaurant mit Aussicht auf das Meer und den Naturpark Coto de Doñana (siehe Seite 85).
BAJO DE GUIA 10, WWW.RESTAURANTECASABIGOTE.COM, T 956 362696, GEÖFFNET: DEZ.-OKT. MO-SA 12.00-0.00, PREIS: 18 €

BOOTSFAHRT DURCH DEN NATURPARK Sanlúcar liegt an der Mündung des Guadalquivir. Was man auf dem anderen Ufer sieht, ist der Naturpark Coto de Doñana. Von Sanlúcar de Barrameda aus kann man eine Bootsfahrt durch das Naturschutzgebiet unternehmen.
FABRICA DE HIELO: AVENIDA BAJO DE GUIA S/N, WWW.VISITASDONANA.COM, T 956 363813, GEÖFFNET: APR.-OKT. 9.00-20.00, NOV.-MÄRZ 9.00-19.00, ABFAHRTZEITEN BOOT NOV.-FEBR. 10.00, MÄRZ-MAI, OKT. 10.00 & 16.00, JUNI-SEPT. 10.00 & 17.00, PREIS: 16,35 €

HOSPEDERÍA DUQUES DE MEDINA SIDONIA Wer eine Übernachtung in diesem Schloss des Herzogs von Medina-Sidonia bucht, kann sich wie ein Adelsspross aus früheren Zeiten fühlen. Das Anwesen befindet sich immer noch in Familienbesitz, ist aber heute als Stiftung und Hotel für Besucher geöffnet. Das Herrenhaus im Mudéjarstil ist hervorragend in Schuss und liegt wunderschön etwas weiter oben in der Stadt. Es gibt verschiedene Patios und Sitzecken, von denen aus man die Aussicht über die Stadt genießen kann. Auch wenn man hier nicht übernachtet, kann man in der Cafeteria mit Patio etwas trinken oder an einer Führung durch den für Besucher geöffneten Teil des Herrenhauses teilnehmen.
PLAZA DE LOS CONDES DE NIEBLA 1, WWW.HOTELPALACIOSANLUCAR.COM, T 956 360161, PREIS: 70 €, FÜHRUNG: 5 €

HOSTAL ALCOBA Von diesem *hostal* können viele moderne Designhotels noch etwas lernen. Es ist wirklich perfekt und verdient eigentlich ein paar Sterne. Im Patio gibt es sogar einen herrlichen Pool. Hostal Alcoba liegt im Barrio Bajo, dem tiefer gelegenen Teil der Altstadt, alles ist gut zu Fuß erreichbar.
CALLE ALCOBA 26, WWW.HOSTALALCOBA.ES, T 956 383109/697 612033, PREIS: 60 €

UNBERÜHRTE STRÄNDE UND EIN PARADIES FÜR SURFER

Costa de la Luz bedeutet "Küste des Lichts". Dieser Küstenstreifen ist wirklich herrlich. Tarifa ist der wichtigste Ort der Gegend und ein Surferparadies. In Bolonia findet man einen fantastischen Sandstrand und Ausgrabungen aus der Römerzeit. Bei Los Caños de Meca mit seinem Hippie-Flair ist die Felsenküste absolut sehenswert. Etwas weiter landeinwärts liegt das gemütliche Vejer de la Frontera mit einer wundervollen Aussicht auf die Umgebung.

Die Strände an der Costa de la Luz sind die schönsten im Südwesten Spaniens. Es gibt hier noch viele unberührte Stellen, breite Sandstrände mit Dünen und idyllische Felsbuchten. An dieser Küste wehen jedoch auch starke Winde, die einem den Strandaufenthalt durchaus vermiesen können. Oft ist der Wind so stark, dass man buchstäblich gesandstrahlt wird. Da sich nicht vorhersagen lässt, wann es auffrischt, sollte man in seiner Planung flexibel sein. So kann man bei starkem Wind etwas anderes unternehmen oder eine windgeschützte Bucht aufsuchen. An windstillen Tagen dagegen kann man den Strand in vollen Zügen genießen. Der Wind hat für manche natürlich auch seine Vorteile, denn diese Küste ist der beste Surfspot Europas. Tarifa ist das Surfparadies schlechthin, und die Atmosphäre dort ist eher lässig. Daher muss man auch nicht befürchten, dass sich die Gegend zu einer zweiten Costa del Sol entwickelt. Die Hochsaison an der Costa de la Luz ist relativ kurz, in den Wintermonaten ist es hier wie ausgestorben (außer am Wochenende, dann kommen viele Spanier hierher). Aufgrund der kurzen Saison sind die Hotels im Juli, August und September ziemlich teuer.

TARIFA

Tarifa ist die südlichste Stadt auf dem europäischen Festland. Marokko ist nicht weit entfernt, und mit dem Boot ist es nur eine halbe Stunde nach Tanger. Die Stadt an sich ist nicht besonders interessant, aber es herrscht eine angenehm lässige Atmosphäre. Das liegt vor allem an den vielen Jugendlichen und Surfern, die hierherkommen. Aber man kann hier ja nicht nur surfen: Auch abends und nachts ist einiges los. Ein heißer Tipp sind die Strandbars, an denen man bei einem Gläschen Wein mit Musik den Sonnenuntergang bewundern kann.

ESSEN & TRINKEN

Viele Hotels in Tarifa haben eigene Restaurants mit meist gutem Essen. Wer Abwechslung sucht, kann in einer der folgenden Gaststätten einkehren:

DELICATESSEN hat eine schöne Terrasse. Beginnen Sie den Tag hier mit einem Frühstück oder essen Sie zu Mittag. Wem die Produkte der Region gut schmecken, der kann sie im angeschlossenen Delikatessengeschäft auch gleich zum Mitnehmen einkaufen.

PLAZA DE OVIEDO 3, T 956 682908, GEÖFFNET: JULI-SEPT. TÄGLICH 10.00-0.00, OKT.-JUNI MO-DI & DO-SO 10.00-0.00, PREIS: 6 €

MANDRÁGORA hat eine umfangreiche Speisekarte mit einer Mischung aus marokkanischen, asiatischen und mediterranen Gerichten. Die Qualität ist hervorragend, und obwohl der Laden von Spaniern geführt wird, schmecken die marokkanischen Gerichte mindestens genauso gut wie in Marokko. Pluspunkt: Es gibt auch eine Terrasse.

CALLE INDEPENDENCIA 3, WWW.MANDRAGORATARIFA.COM, T 956 681291, GEÖFFNET: MO-SA 19.30-0.00, PREIS: 14 €

INTI BAR RESTAURANTE ist ein einladendes, modernes Restaurant im Hafen von Tarifa mit mediterraner – international angehauchter – Küche. Hier stimmt einfach alles: freundliche Bedienung, eine große Auswahl an verschiedenen Gerichten und Essen von höchster Qualität.

CALLE ALCALDE JÚAN NUNEZ LOCAL 8, T 956 681689, GEÖFFNET: DI-SO 19.00-1.00, PREIS: 20 €

MESÓN EL PICOTEO Wer mit den Einheimischen Tapas essen möchte, ist hier richtig. Diese Bar liegt zwar in einer nicht besonders schönen Straße hinter dem Boulevard, aber dafür gibt es hier kaum Touristen und laut Ansicht der Einheimischen die besten Tapas von Tarifa. Wenn Sie auf dem Boulevard das Cruz Rioja (Rotes Kreuz) sehen, biegen Sie in die Gasse ab und dann links in die Calle Cruz Rioja (bis diese in die Calle Mariano Vinuesa übergeht).

CALLE MARIANO VINUESA 1, T 956 681128, GEÖFFNET: MO 12.00-16.00, MI-SO 12.00-16.00 & 20.00-23.00, PREIS: AB 3 €

BEACHBAR-RESTAURANTE EL CHOZO Um an diesen herrlichen Fleck am Strand zu gelangen, muss man ein Stück mit dem Auto fahren. Die Bar gehört zum Campingplatz Torre de la Peña an der N340, der Durchgangsstraße nach Cádiz. Es ist eine einfache Bar mit angeschlossenem Restaurant; man sitzt auf Holzbänken oberhalb des Meeres, bei Flut klatschen die Wellen unter einem an das Ufer. Die Aussicht ist einfach umwerfend. Es gibt wohl keinen romantischeren Ort, um den Sonnenuntergang zu verfolgen. Sie können Ihren Wagen auf dem Parkplatz links abstellen, wenn Sie auf den Campingplatz fahren. Im Juli und August ist der Campingplatz nur für Gäste zugänglich.

CARRETERA N-340 (KM 76), CAMPING TORRE DE LA PEÑA, T 956 684903, GEÖFFNET: JAN.-JUNI & SEPT.-DEZ. TÄGLICH 9.30-0.00, PREIS: AB 2 €

100% THERE

In diesem Teil Andalusiens dreht sich alles um Wind, Strand und Wasser. Erobern Sie auf einem Surfbrett die Wellen, fahren Sie mit einem Boot hinaus zu Walen und Delfinen, reiten Sie am Strand aus. Oder lassen Sie in einem Wellnesszentrum kleine Fische an Ihren Füßen knabbern.

SURFEN UND KITEN Die Costa de la Luz ist natürlich ideal zum Surfen oder Kiten. In Tarifa und Umgebung werden an mehreren Stellen Kurse angeboten, die Sie lehren, die Wellen zu bezwingen. Weitere Informationen finden Sie auf den entsprechenden Websites.

WWW.WAVEBANDITS.COM, WWW.DRAGONKITESCHOOL.COM, WWW.KITEOBSESSION.COM/TARIFA, WWW.HOTSTICKTARIFA.COM, PREIS: DREISTÜNDIGER SCHNUPPERKURS 70 €

WALE UND DELFINE BEOBACHTEN Natürlich kann man den Surfern zusehen, aber ein besonderes Erlebnis ist es, selbst aufs Meer hinauszufahren und Wale oder Delfine zu entdecken. Ein Highlight gerade auch für Kinder.

TURMARES, AVENIDA ALCALDE JUAN NUNEZ 3, LOCAL 12, WWW.TURMARES.COM, T 956 680741/696 448349,
PREIS: ERW. 30 €, KINDER BIS 6 J. 10 €, 6-14 J. 20 €

AUSRITT AM STRAND Gibt es etwas Schöneres als auf dem Rücken eines Pferdes über die traumhaften Strände Tarifas zu galoppieren? Ach, Sie haben noch nie auf dem Rücken eines Pferdes gesessen? Kein Problem, es gibt auch Ausritte für Anfänger und sogar Ponys für die Kleinen. Sie können zwischen verschiedenen Angeboten wählen, von einer Stunde bis zu einem ganzen Tag oder sogar mehreren Tagen.

HOTEL DOS MARES, CARRETERA N-340 (KM 79,5), WWW.AVENTURAECUESTRE.COM, T 626 480019/956 236632,
PREIS: ZWEISTÜNDIGER AUSRITT (STRAND UND BERGE) 50 €

WELLNESS À LA CARTE Im The Salon in Tarifa können Sie sich mit verschiedenen wohltuenden Massagen verwöhnen oder auch in einem *Fisch Foot Spa* von kleinen Fischen an den Füßen knabbern lassen. Das Wellnesszentrum gehört zum Guesthouse Dar Cilla (siehe unter Übernachten), man muss jedoch kein Gast sein, um eine Behandlung zu buchen. Es gibt keine festen Öffnungszeiten, man kann aber auf der Website einen Termin reservieren.

CALLE AMADOR DE LOS RIOS 14, WWW.WELLNESS-SALON-TARIFA.COM , T 653 467025, PREIS: AB 30 €

ÜBERNACHTEN

Wer in Tarifa übernachten möchte, hat die Wahl zwischen einigen Hotels in der Stadt oder an der lebhaften Küstenstraße, wo es reihenweise ansprechende Surfhotels und Campingplätze gibt. Wer auf der dem Meer zugewandten Seite der Straße übernachtet, kommt vom Hotel aus direkt zum Strand. Auf der anderen Straßenseite ist es lauter, dafür sind die Hotels etwas preisgünstiger.

EL ESCONDITE DEL VIENTO ist ein gutes Hotel mit fairen Preisen in zentraler Lage im Zentrum von Tarifa. Restaurants und Bars finden sich ganz in der Nähe. Das Hotel hat schöne, geräumige Zimmer, eine gemütliche Dachterrasse und ein Restaurant.

CALLE COMENDADOR 1, WWW.ELESCONDITEDELVIENTO.COM, T 956 681901, PREIS: 100 €

MISIANA liegt an der wichtigsten Straße im Zentrum Tarifas. Wer sich auf der Terrasse niederlässt, dem fällt gleich die moderne Einrichtung auf. Das Haus bietet zugleich Loungebar und Café, Restaurant und Hotel und fügt sich bestens in die lässige Atmosphäre Tarifas ein. In der Nebensaison sind die Preise ausgesprochen fair. Man sollte allerdings beachten, dass es in der Bar und auf der Straße ziemlich laut werden kann.

CALLE SANCHO IV EL BRAVO 16, WWW.MISIANA.COM, T 956 627083, PREIS: 70 €

BAELO CLAUDIA

GUESTHOUSE DAR CILLA Auf Marokkanisch beschreibt *dar* ein um einen zentralen Innenhof herum angelegtes Gebäude. Und das war die Inspiration für dieses Guesthouse, dessen Appartements alle rings um einen großen Innenhof liegen und im marokkanischen Stil eingerichtet sind. Die Luxussuite hat eine eigene Dachterrasse, die anderen Appartements verfügen über eine gemeinsam genutzte Terrasse, von der aus man einen tollen Blick auf Tarifa hat.

CALLE CILLA 7, WWW.DARCILLA.COM, T 653 467025, PREIS: 110 €

LA CASA DE LA FAVORITA Dieser Appartementkomplex liegt an einem hübschen Platz im Zentrum von Tarifa. In dem Gebäude mit zahlreichen Gängen sind alle Appartements in Weißtönen gehalten und verfügen über eine Kochecke mit allem, was dazugehört. Einige Appartements haben sogar eine eigene Dachterrasse. Ein erholsamer Ruhepunkt in Tarifa, also durchaus empfehlenswert.

PLAZA DE SAN HISCIO 4, WWW.LACASADELAFAVORITA.COM, T 690 180253, PREIS: 110 €

HOTEL DOS MARES ist ein ganzes Dorf, das direkt am Strand liegt. Es gibt Hotelzimmer, Bungalows und alle möglichen Einrichtungen wie Schwimmbad, Tennisplätze, Reitbahn und Restaurant. Eine herrliche Unterkunft. Der Strand liegt gleich vor der Tür, und das einzig vernehmbare Geräusch ist das Meeresrauschen.

CARRETERA N-340 (KM 79,5), WWW.DOSMARESHOTEL.COM, T 956 684035/680090, PREIS: 90 €

HOTEL TRES MARES ist der etwas lässigere Bruder von Hotel Dos Mares. Die Matratzen im Garten und vor den Zimmern verleihen dem Hotel eine Lounge-Atmosphäre. Es ist weniger gut für Familien mit Kindern geeignet, aber jüngere Paare werden sich hier bestimmt wohlfühlen. Leider kann man im Garten und am Pool manchmal die Autobahn hören.

CARRETERA N-340 (KM 76), WWW.TRESMARESHOTEL.COM, T 956 680665, PREIS: 90 €

Bei klarem Wetter scheint Afrika so nahe zu sein, dass man das Gefühl hat, es fast berühren zu können. Von Tarifa aus kann man die Berglandschaft auf der anderen Seite des Meeres und sogar einige Ortschaften erkennen. Kein Wunder, dass viele illegale Einwanderer von Marokko aus die Überfahrt nach Europa wagen. In Tarifa und Algeciras kann man zu Tagesausflügen nach Marokko starten. Tanger ist zwar bestimmt nicht die schönste Stadt Marokkos, aber dafür befindet man sich mit einem Schlag in einer anderen Welt.

BOLONIA

In Bolonia kann man Überreste der römischen Stadt Baelo Claudia besichtigen. Das Besondere: die Lage der Ausgrabungen an einer versteckten Stelle am Strand. Außer den Ausgrabungen hat der Ort selbst nicht so viel zu bieten. Es gibt jedoch einen schönen Sandstrand in einer ruhigen Bucht.

BAELO CLAUDIA Zu diesen römischen Ausgrabungen gehört ein interessantes Museum, in dem alle möglichen Fundstücke ausgestellt sind. Ein Modell vermittelt einen Überblick über den Aufbau der Stadt. Draußen kann man durch die römischen Straßenzüge streifen.

WWW.MUSEOSDEANDALUCIA.ES, GEÖFFNET: DI-SA JUNI-SEPT. 10.00-20.00, MÄRZ-MAI & OKT. 10.00-19.00, NOV.-FEBR. 10.00-18.00, SO 10.00-14.00, EINTRITT: FREI

RESTAURANTE OTERO Seit 45 Jahren (und drei Generationen) serviert die Familie Otero Insidern zufolge den besten Fisch der Costa Gaditana ("Küste von Cádiz"). Man speist in einer Strandbar am Strand mit fantastischer Aussicht. Unterhalb des Museums befindet sich ein großer Parkplatz und darunter ein kleines Viertel. Zunächst sieht es vielleicht so aus, als ob man in einen Hof kommt, aber wenn man bis zur Vorderseite weitergeht, sieht man ein paar Restaurants.

PLAYA DE BOLONIA 4 – EL LENTISCAL, CALLE BOLONIA 4, WWW.RESTAURANTEOTEROBOLONIA.COM, T 956 688594, GEÖFFNET: TÄGLICH 10.00-18.00, PREIS: 15 €

HOSTAL LA HORMIGA VOLADORA ist ein gepflegtes, einfaches *hostal* und eine gute Wahl, wenn man keinen Luxus braucht, nicht allzu viel ausgeben, aber trotzdem in Strandnähe übernachten möchte. Die Doppelzimmer mit Bad liegen um einen Innenhof mit steinernen Bänken und Tischen.

EL LENTISCAL 18, LAHORMIGAVOLADORA.COM, T 956 688562, PREIS: 47 €

LOS CAÑOS DE MECA

Der Ort selbst ist nicht so interessant, die Strände sind jedoch traumhaft. Man kann hier auch eine einzigartiges Naturschauspiel bewundern, der Los Caños seinen Namen verdankt: Aus dem Gebiet zwischen Los Caños de Meca und Barbate rauschen Wasserfälle mit Süßwasser ins Meer (*caño* ist der Wasserstrahl).

Die Größe der Wasserfälle hängt von der Jahreszeit und der Niederschlagsmenge ab. Um zu den schönsten Stränden zu kommen, muss man von Los Caños de Meca Richtung Barbate fahren. Die Strände sind bei einem Hippie-Publikum sehr beliebt, insbesondere im Juli und August kann hier viel los sein. Dafür ist es in der Nebensaison schön ruhig. Wenn Ihnen ein breiter Sandstrand lieber ist, dann sollten Sie jenseits von Barbate an den Strand gehen.

CASAS KAREN Bei Casas Karen kann man verschiedene Häuschen und Appartements mieten, die alle fünf bis zehn Minuten vom Strand entfernt liegen. Etwas ganz Besonderes und ausgesprochen romantisch sind die *chozas*, für diese Gegend typische Häuschen aus Bambus, Stroh und Pfählen. Außerdem hat Karen noch viel mehr zu bieten: Massagen, Personal-Coaching-Kurse und zahlreiche (Sport-)Aktivitäten.

CAMINO DEL MONTE 6, WWW.CASASKAREN.COM, T 956 437067, PREIS: 45 €

TARIFA

MADRESELVA HOTEL ist ein angenehmes Hotel in Strandnähe. Alle Zimmer haben eine eigene Terrasse, und es gibt einen Pool. Man kann Mountainbikes mieten oder einen Reitausflug durch die schöne Umgebung machen. Das Hotel hat den gleichen Eigentümer wie La Casa del Califa in Vejer de la Frontera (siehe S. 121).

AVENIDA TRAFALGAR 102, WWW.MADRESELVA.GRUPOCALIFA.COM, T 956 437255, PREIS: 67 €

VEJER DE LA FRONTERA

Vejer de la Frontera liegt wunderschön oben auf einem Berg mit Aussicht auf die umliegenden Nadelwälder und das Meer. Die Atmosphäre ist entspannt, und es gibt viel mehr moderne Gaststätten und Bars als in den meisten anderen Dörfern. In Vejer ist immer viel los, wahrscheinlich wegen der Nähe zu den bei den (jüngeren) Sevillanern und Madrilenen besonders beliebten Stränden. Die Straßen im Dorf sind ziemlich schmal und steil, am besten parkt man daher außerhalb der Ortschaft. Eine Straße führt um das Dorf herum, sodass man von dort an verschiedenen Stellen ins Dorf hineingehen kann.

HOTEL LA CASA DEL CALIFA ist ein wunderbares Hotel am zentralen Platz von Vejer mit Zimmern in verschiedenen Preisklassen. Der Eigentümer ist ein alter Hippie, der viel Zeit in Marokko und im Libanon verbracht hat. Das sieht man der Einrichtung des Hotels auch an. Man kann auf einer der Terrassen oder im Inneren ein hervorragendes Abendessen genießen. Die Küche ist ebenfalls von Marokko und dem Libanon inspiriert.

PLAZA DE ESPAÑA 16, WWW.LACASADELCALIFA.COM, T 956 447730, PREIS: 92 €

HOSTAL LA BOTICA hat zwölf Zimmer mit Bad. Es ist einfach, gepflegt und hübsch eingerichtet. Die Zimmer liegen an einem zentralen Patio, der gemeinschaftlich genutzt wird. Es gibt auch eine Sonnenterrasse.

CALLE CANALEJAS 13, WWW.LABOTICADEVEJER.COM, T 596 450225/617 477 636, PREIS: 70 €

CASA BLANCA Diese schönen Appartements im Zentrum von Vejer de la Frontera sind preiswert. Es gibt einen gemeinschaftlichen Patio, eine Sonnenterrasse und als Zugabe ein eigenes Spa. Das Frühstück ist im Preis nicht inbegriffen, Sie können es jedoch in Ihrer eigenen Küche zubereiten und im Patio oder auf der Terrasse verzehren. Die Spa-Benutzung ist inklusive.

CALLE CANALEJAS 8, WWW.ANDALUCIACASABLANCA.COM, T 956 447569, PREIS: 70 €

Im Zentrum von Vejer de la Frontera liegen am Hauptplatz einige gute Restaurants, darunter das Restaurant des Hotels La Casa del Califa. Möchten Sie die Umgebung erkunden? Dann empfehlen wir Ihnen folgende Restaurants im Umland von Vejer:

RESTAURANTE PATRIA wird von einem dänischen Paar geführt. Es wird weithin gelobt, es lohnt sich also bestimmt, mit dem Auto von Vejer hierher zu fahren oder auf dem Weg zu einem anderen Reiseziel einen Stopp einzulegen. Die Küche ist international.

CALLE PATRIA 48, LA MUELA, WWW.RESTAURANTEPATRIA.COM, T 956 448463, GEÖFFNET: MAI-JUNI & OKT. MI-SA 20.00-23.30, SA-SO 13.00-16.00 & 20.00-23.30, JULI-AUG. DI-FR 20.00-23.30, SA-SO 13.00-16.00 & 20.00-23.30, SEPT. MI-FR 20.00-23.30, SA-ZO 13.00-16.00 & 20.00-23.30, NOV. & JAN.-APR. SA 13.00-16.00 & 20.00-23.30, SO 13.00-16.00, PREIS: 14 €

RESTAURANTE IL FORNO Die italienische Familie, die dieses Restaurant betreibt, serviert köstliche Gerichte, die bei den Gästen sehr beliebt sind. Man sollte also damit rechnen, dass man eine Weile warten muss, bis man einen Tisch bekommt, oder vorher reservieren.

LUGAR DE LA MUELA, KM 4,5, LA MUELA, T 956 448496, GEÖFFNET: MO-FR 21.00-0.00, SA-SO 13.30-16.00 & 21.00-0.00, PREIS: 10 €

MÁLAGA, COSTA DEL SOL UND RONDA

SÜD-ANDALUSIEN

AUTOTOUR SÜD-ANDALUSIEN

TAG **1**

NERJA UND FRIGILIANA > die imposanten Höhlen Cuevas de Nerja besuchen (S. 173) **>** in Nerja den Platz Balcón de Europa bewundern (S. 174) **>** an der Playa Burriana bräunen (S. 176) **>** zur Mittagszeit bei Ayo Paella genießen (S. 175) **>** einen Rundgang durch Frigiliana, das Dorf der drei Kulturen, machen (S. 153) **>** in Nerja bei La Puntilla köstliche Tapas probieren (S. 175) **>** im schönen Hostel Casa Mercedes nächtigen (S. 176) **>**

TAG **2**

MÁLAGA-STADT > frühmorgens, solange es kühl ist, die Festung Alcazaba auf dem Gibralfaro besuchen (S. 130) **>** im schicken Lamoraga am Strand zu Mittag essen (S. 139) **>** das Picassomuseum besuchen (S. 130) **>** in der Altstadt oder am neuen Hafen shoppen oder etwas trinken (S. 142) **>** nach Pedrejalego gehen oder fahren, um *boquerones* zu essen (S. 127, 141) **>** in der Villa Lorena im schönsten Viertel der Stadt nächtigen (S. 149) **>**

TAG **3**

EL TORCAL UND RONDA > morgens die überwältigende Natur von El Torcal bestaunen (S. 157) **>** der prachtvollen Strecke über El Chorro folgen (S. 158) **>** bei El Mirador am See von Ardales etwas essen (S. 159) **>** am See die Ruhe genießen **>** über Sierra de las Nieves (S. 161) **>** nach Ronda fahren (S. 179) **>** im Carmen la de Ronda speisen (S. 182) **>** im Los Pastores nächtigen (S. 185) **>**

TAG **4**

RONDA UND MARBELLA > vormittags die Highlights von Ronda bewundern und über die Brücke gehen (S. 182) **>** einen Ausflug nach Zahara de la Sierra machen (S. 186) **>** bei Al Lago am See etwas essen (S. 186) **>** durch das herrliche Hinterland nach Marbella weiterfahren (S. 163) **>** abends durch die Stadt oder über den Boulevard schlendern **>** im Zoizoi tafeln (S. 166) **>** im prachtvollen Stadthotel The Town House übernachten (S. 167) **>**

TAG **5**

MARBELLA, SIERRA DE LAS NIEVES UND MÁLAGAS UMGEBUNG > vormittags La Cañada, das Shoppingmekka Andalusiens, besuchen, (S. 166) **>** in die Stadt fahren und in der Taberna del Pinxto Tapas essen (S. 165) **>** die Wanderung durch die wunderschöne Natur oberhalb von Marbella machen (siehe Karte in der Klappe) **>** zur Casa de Orange im Hinterland fahren (S. 158) **>** am Pool ausruhen **>** ins Dorf gehen, um gut zu speisen **>**

PICASSO, STRAND UND BOQUERONES

Málaga hat eigentlich alles: Strand, Kultur, Tapas und gemütliche Plätze mit vielen Straßencafés. Die wichtigste Sehenswürdigkeit ist das historische Zentrum. Málaga ist auch der Geburtsort Picassos.

Früher war die Stadt etwas heruntergekommen, aber das ist inzwischen ganz anders. Málaga hat sich in den letzten zehn Jahren sehr verändert. Heute werden alte Gebäude nicht mehr abgerissen, um Platz für hässliche Neubauten zu schaffen, sondern stattdessen liebevoll restauriert. Es gibt auch Häuser, von denen nur noch die historische Fassade steht, während dahinter alles total erneuert wurde. Die Sanierung der Stadt ist noch nicht abgeschlossen, einige Teile des Zentrums müssen noch in Angriff genommen werden.

Da die Innenstadt autofreie Zone ist, kann man wunderbar herumschlendern, shoppen und in einem Straßencafé einkehren. Es geht hier auch nicht so touristisch zu wie in anderen spanischen Städten. Málaga bietet sich für einen Städtetrip auf jeden Fall an, denn hier kann man die ruhige Atmosphäre der Stadt in einem Straßencafé genießen, kulturelle Angebote nutzen oder bei herrlichem Wetter am Strand liegen, und das sogar im Winter. Streifen Sie also einfach durch die schmalen Gassen oder folgen Sie der vorgeschlagenen Route hinten in diesem Guide, um die schönsten Stellen der Stadt zu entdecken. Vergessen Sie dabei nicht, öfter mal nach oben zu blicken, um die vielen sehenswerten Fassaden mit den typischen angebauten Balkonen zu bewundern.

Málaga ist der Geburtsort Picassos und seit 2006 gibt es hier ein Picassomuseum, ein kultureller Gewinn für die Stadt. Ein Besuch ist auf jeden Fall lohnenswert. Ein weiteres neues Museum, aus dem Jahr 2011, ist das Museo Carmen Thyssen mit einer Sammlung andalusischer Künstler. Die Alcazaba in Málaga, eine maurische Burganlage mit Palästen, ist eine gute Alternative, wenn man die Alhambra oder den Alcázar in Sevilla nicht besuchen kann. Über der Alcazaba liegt das Castillo de Gibralfaro, von dort aus hat man einen tollen Blick auf die Stadt und die Costa del Sol. Im Zentrum ist die Kathedrale das vorherrschende Bauwerk. Sehenswert ist auch Pedregalejo, ein einstiges Fischerdorf, das heute zur Stadt gehört. Seine Strandpromenade ist auch bei den Spaniern sehr beliebt. Hier sollte man unbedingt *boquerones* (gegrillte, marinierte oder frittierte Sardinen) am Strand essen. *Boquerones* sind die Spezialität Málagas und diese Bezeichnung wird auch für die Einwohner der Stadt verwendet. Pedregalejo ist vom Zentrum aus in einer guten halben Stunde über den Boulevard am Strand entlang zu Fuß zu erreichen. Der erste Teil des Spaziergangs führt durch einen vor Kurzem eröffneten Hafen mit Geschäften und Restaurants.

MÁLAGA STADT

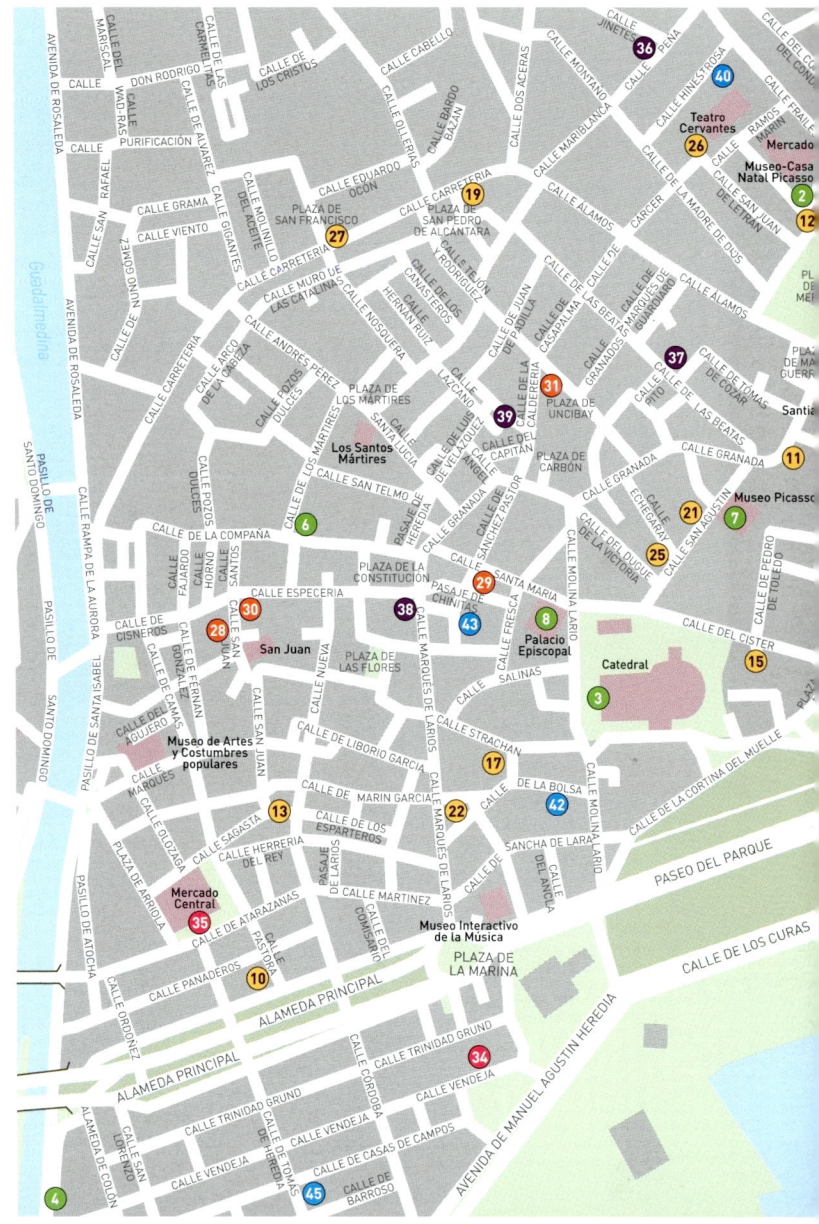

🟢 **SEHENSWÜRDIGKEITEN**
> S. 130–134

1. ALCAZABA
2. CASA NATAL DE PICASSO
3. CATEDRAL DE MÁLAGA
4. CENTRO DE ARTE CONTEMPORÁNEO
5. CEMENTERIO INGLÉS
6. MUSEO CARMEN THYSSEN MÁLAGA
7. MUSEO PICASSO
8. PALACIO EPISCOPAL
9. TEATRO ROMANO

🟡 **ESSEN & TRINKEN** > S. 135–142

10. BODEGA ANTIGUA CASA DE GUARDIA
11. BODEGA EL PIMPI
12. CALLE DE BRUSELAS
13. CALLE SAGASTA
14. EL CALEÑO
15. EL JARDÍN
16. EL VEGETARIANO DE ALCAZABILLA
17. GORKI
18. HAMBURGUESERÍA MAFALDA
19. IL LABORATORIO
20. LAMORAGA ANTONIO MARTÍN
21. LA TETERÍA
22. LEPANTO
23. LIMONAR40
24. LOS BAÑOS DEL CARMEN
25. PITTA BAR MÁLAGA
26. RESTAURANTE LOUNGEBAR VINO MÍO
27. RESTAURANTE TAPADAKI

🟠 **SHOPPEN** > S. 142–143

28. CALZADOS HINOJOSA
29. CERERIA ZALO
30. EL ROCÍO
31. GALERÍAS GOYA
32. MUELLE UNO

SEHENSWÜRDIGKEITEN

Auch in Málaga gibt es Überreste aus der maurischen Zeit. Picasso-Liebhaber kommen in seiner Geburtsstadt natürlich auch auf ihre Kosten, denn die Stadt hat einige sehenswerte Kunstwerke aufzuweisen. Wie in jeder spanischen Stadt ist die Kathedrale ein touristisches Highlight. Und wenn Sie schon einmal da sind, können Sie auch gleich den Platz überqueren und sich das Bischöfliche Palais ansehen.

CASA NATAL DE PICASSO Málaga ist nicht nur als Hafenstadt, sondern auch als Geburtsort Pablo Picassos bekannt. Das Geburtshaus des Malers, die Casa Natal de Picasso, kann besichtigt werden. Hier bekommt man einen guten Eindruck davon, wie die Familie des Meisters lebte. Málaga ist natürlich mächtig stolz darauf, dass Picasso ein *malagueño* war, auch wenn er nur bis zu seinem zehnten Lebensjahr hier wohnte. Sein Vater war Maler und Lehrer und bekam eine Anstellung in La Coruña und später in Barcelona.
PLAZA DE LA MERCED 15, WWW.FUNDACIONPICASSO.ES, T 952 060215, GEÖFFNET: TÄGLICH 9.30-20.00, EINTRITT: 1 €

MUSEO PICASSO Erwarten Sie hier nicht Picassos bekannteste Arbeiten, denn die hängen in Madrid, London oder New York. Dennoch gibt es viel Interessantes zu sehen, zunächst einmal den wunderbaren Palacio Buenavista selbst, in dem das Museum untergebracht ist. Bei der Renovierung wurden die Innenräume eher schlicht gehalten, sodass die Kunst darin gut wirken kann. Es gibt eine Dauerausstellung von Werken, die von Picassos Familie gespendet wurden, darunter Studien und Federzeichnungen. Für die wechselnde Ausstellung benötigt man eine separate Eintrittskarte.
PALACIO BUENAVISTA, CALLE SAN AGUSTÍN 8, WWW.MUSEOPICASSOMALAGA.ORG, T 902 443377, GEÖFFNET: DI-DO & SO 10.00-20.00, FR-SA 10.00-21.00, EINTRITT: 6 €, AUSSTELLUNG 4,50 €, KOMBIKARTE 8 €

ALCAZABA Die maurische Festung, die die Stadt überragt, wurde im 9. Jahrhundert errichtet und im 11. Jahrhundert erweitert. Sie ist Burg und Palast zugleich, man sieht also nicht nur dicke Burgmauern, im höher gelegenen Teil gibt es auch Patios und Gärten. Im Hauptpalast befindet sich auch das Museo Provencial de Arqueología mit einer Sammlung maurischer Keramik und Informationen zur Geschichte Málagas als

Hafenstadt. Die Alcazaba liegt auf dem Berg Gibralfaro (Leuchtturmberg). Sie ist über die Mauern und einen Wanderweg mit dem höher gelegenen Castillo de Gibralfaro verbunden. Vom Castillo ist kaum mehr als die Ummauerung erhalten. Aber auf den Wegen, die zum Gipfel fuhren, lässt es sich mit fantastischen Ausblicken auf die Stadt und einen Teil der Costa del Sol gut wandern. Am besten sollte man die Wanderung nicht in der Mittagshitze unternehmen, denn der Weg liegt großteils in der prallen Sonne.

CALLE ALCAZABILLA 2, T 952 122 020, GEÖFFNET: TÄGLICH APR.-OKT. 9.30-20.00, NOV.-MÄRZ 8.30-19.00, EINTRITT: 2,10 €, KOMBITICKET MIT GIBRALFARO 3,45 €

CATEDRAL DE MÁLAGA Mitten im Zentrum der Stadt steht die riesige Kathedrale von Málaga. Sie wurde an der Stelle der früheren Hauptmoschee errichtet. Wegen der langen Bauzeit finden sich darin Elemente aus der Gotik, der Renaissance und dem Barock. Auch wenn es nicht die schönste Kathedrale Andalusiens ist, beeindruckt sie doch allein schon durch ihre Größe. Besonders sehenswert sind die verzierten Chorstühle aus Holz. Im Spanischen Bürgerkrieg (1936–1939) war die Kathedrale ein Zufluchtsort für die Republikaner, denn sie wussten, dass Franco keine Kathedrale bombardieren würde. Der Bau wird im Volksmund *manquita* genannt, "die Einarmige", da einer der zwei Türme nie vollendet wurde. Vor einigen Jahren wurde der Vorschlag gemacht, den fehlenden Turm mithilfe von Laserstrahlen optisch zu ergänzen. Dieser spektakuläre Plan wurde jedoch nicht umgesetzt, da man fürchtete, dass es dadurch nachts zu hell sein könnte.

CALLE MOLINA LARIO S/N, T 952 228491, GEÖFFNET: MO-FR 10.00-18.00, SA 10.00-17.00, EINTRITT: 3,50 €

PALACIO EPISCOPAL Málaga ist ein Bistum und hat ein eigenes Bischöfliches Palais. Es liegt gegenüber der Kathedrale an der Plaza del Obispo. Das Palais ist eine Verschmelzung mehrerer Gebäude aus dem 16. und 17. Jahrhundert mit einem Innenhof in der Mitte. Am auffälligsten ist der Barockgiebel aus Marmor in verschiedenen Farbtönen. Im Palais werden wechselnde Kunstausstellungen gezeigt. Schauen Sie einfach vorbei, vielleicht gibt es gerade etwas Interessantes.

PLAZA DEL OBISPO 6, T 952 228491, GEÖFFNET: DI-FR 10.00-18.00, SA 10.00-17.00, EINTRITT: FREI

MUSEO CARMEN THYSSEN MÁLAGA Wie Madrid hat auch Málaga seit 2011 ein Carmen-Thyssen-Museum, das in dem prachtvollen Palacio de Villalón untergebracht ist. Das Museum trägt den Namen der Baronin Carmen Thyssen, einer ehemaligen Miss Spanien. Sie hat die Sammlung ihres verstorbenen Mannes, Baron Thyssen Bornemisza, erweitert und diese wird jetzt in zwei Museen in Madrid und Málaga ausgestellt. Die Sammlung in Málaga umfasst 267 Arbeiten hauptsächlich von andalusischen Malern aus dem 19. und 20. Jahrhundert. Daneben gibt es wechselnde Ausstellungen.

CALLE COMPANIA 10, WWW.CARMENTHYSSENMALAGA.ORG, T 902 303131, GEÖFFNET: DI-SO 10.00-20.00, EINTRITT: 6 €

CENTRO DE ARTE CONTEMPORÁNEO Das Museum für Moderne Kunst, das CAC, liegt etwas abseits der gängigen Routen durch das alte Zentrum, sodass viele Leute es verpassen. Es wurde 2003 eröffnet und ist in einer ehemaligen Großmarkthalle untergebracht. Von außen ist das Gebäude eher unauffällig, aber dank seiner geraden Linien und seiner Schlichtheit sehr gut als Museum geeignet. Die Sammlung enthält internationale Kunstwerke von der Mitte des 20. Jahrhunderts an, der Schwerpunkt liegt auf spanischen Künstlern ab etwa 1980. Auch gibt es Wechselausstellungen von Künstlern aus der ganzen Welt.

CALLE ALEMANIA S/N, WWW.CACMALAGA.ORG, T 952 120055, GEÖFFNET: DI-SO NOV.-JUNI 10.00-20.00, JULI-UKI. 10.00-14.00 & 17.00-21.00, EINTRITT: FREI

TEATRO ROMANO Das römische Theater aus dem 1. Jahrhundert v. Chr. wurde 1951 entdeckt, als man einen Garten für die Casa de la Cultura (Kulturhaus) anlegte, das an dieser Stelle stand. Das Kulturhaus wurde 1995 abgerissen, um die Überreste des Theaters freizulegen. Daneben wurde ein Gebäude aus Metall und Glas errichtet, in dem das Centro de Interpretación liegt. Hier kann man die Ausgrabungen bewundern und audiovisuelle Präsentationen verfolgen. Die Wände des Gebäudes enthalten ein schönes Detail: Die Inschriften sind Fragmente aus den Römischen Gesetzen der Stadt Málaga. In Zukunft sollen im Theater wieder Freiluftvorstellungen stattfinden.

CALLE ALCAZABILLA 8, T 951 041 400, GEÖFFNET: NOV.-MÄRZ DI-SA 9.00-19.00, APR.-OKT. DI-SA 10.00-21.00, SO 10.00-14.30, EINTRITT: FREI

CEMENTERIO INGLÉS Dieser Friedhof aus dem Jahr 1831 ist der älteste nicht-katholische, christliche Friedhof Spaniens. Damals war es noch verboten, jemanden, der nicht katholisch war, bei Tageslicht zu begraben. Die Toten wurden daher bei Nacht stehend im Sand an der Meeresküste beerdigt und waren damit den Wellen und den Hunden ausgeliefert. Um dem ein Ende zu bereiten, wurde im Auftrag des britischen Konsuls ein Friedhof errichtet. Die Anlage ist ein angenehmer Ruhepunkt und bietet außerdem eine interessante Übersicht über die nicht-katholischen Gemeinschaften, die an der Costa del Sol gelebt haben und zum Teil immer noch leben.

AVENIDA DE PRIES 1, WWW.CEMENTERIOINGLESMALAGA.ORG, T 952 223 552, GEÖFFNET: DI-SA 9.30-14.00, SO 10.00-13.00, EINTRITT: FREI (EINE KLEINE SPENDE WIRD SEHR GESCHÄTZT)

....

Sie können Málaga von der Autobahn aus am besten über die Avenida de Andalucía erreichen. Fahren Sie auf der Avenida immer geradeaus bis zum Ende, nehmen Sie im Kreisverkehr die dritte Ausfahrt und fahren Sie in den Tunnel Richtung Zentrum. Wenn Sie im Tunnel auf der rechten Spur bleiben und Ihren Wagen am Ende des Tunnels auf dem Parkplatz unter dem Gibralfaro abstellen, sind Sie an der Plaza de la Merced. Wenn Sie von Osten kommen (aus Nerja/Almería), dann nehmen Sie am besten die Ausfahrt Limonar. Fahren Sie dann weiter zur Küste und folgen Sie den Schildern Richtung Centro.

....

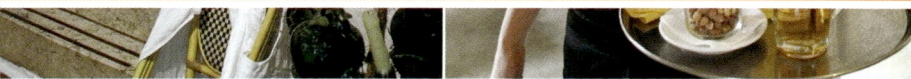

BODEGA EL PIMPI ⓛ   **IL LABORATORIO** ⓡ

ESSEN & TRINKEN

Für die Bewohner Andalusiens ist Essen wichtig, daher nimmt man sich genügend Zeit dafür und redet auch gern darüber. Wer von einem herrlichen Strandtag schwärmt, erzählt vor allem, was er da alles verzehrt hat. Es gibt unglaublich viele Bars und Restaurants in der Stadt, man kann buchstäblich an jeder Straßenecke etwas essen, und die Qualität ist meistens gut, besonders in den klassischen Tapasbars. In den letzten Jahren haben sich auch zahlreiche moderne Restaurants in der Stadt angesiedelt, in denen man oft für wenig Geld eine Mahlzeit bekommt. Die Qualität ist dort nicht immer so gut, wie man es aus Nordeuropa gewöhnt ist.

CALLE DE BRUSELAS (Brüsseler Straße) ist ein bekanntes Café. Und wie der Name schon verrät, ist der Eigentümer ein Belgier. Das Café ist gerade bei Schwulen und Lesben sehr beliebt. Aber natürlich ist jeder herzlich willkommen. Die Terrasse liegt an der Plaza de la Merced, man kann dort auch im Winter die Sonne genießen. Das Café ist den ganzen Tag geöffnet, man kann hier sowohl frühstücken, zu Mittag essen oder am Abend Tapas verzehren.

PLAZA DE LA MERCED 16, T 952 603948, GEÖFFNET: MO-DO & SO 9.00-2.00, FR-SA 9.00-3.00, PREIS: AB 3 €

EL VEGETARIANO DE ALCAZABILLA

BODEGA EL PIMPI ist die älteste Bodega bzw. Tapasbar Málagas. Man kann sie sowohl von der Vorder- als auch von der Rückseite aus betreten. Auf der Rückseite, schräg gegenüber dem Teatro Romano, befindet sich eine große Terrasse. Gehen Sie einfach mal hinein, auch wenn Sie keinen Appetit haben. Hier sind nämlich nicht nur die Tapas besonders, sondern auch die Räumlichkeiten. Es gibt mehrere Säle und Patios. An den Wänden um die Bar herum hängen Bilder von – vor allem spanischen – Berühmtheiten, die Pimpi bereits besucht haben, darunter sogar der spanische König.

CALLE GRANADA 68, WWW.ELPIMPI.COM, T 952 228 990, GEÖFFNET: TÄGLICH 12.00-2.00, PREIS: AB 4 €

LA TETERÍA Nach einem Besuch des Picassomuseums bietet sich eine Pause im Teehaus gegenüber geradezu an. La Tetería überzeugt durch eine große Auswahl an Teesorten, aber natürlich gibt es auch Kaffee. Daneben werden alle möglichen Backwaren, Crêpes und süße Leckereien wie Baklava angeboten.

CALLE SAN AGUSTÍN 9, WWW.LA-TETERIA.COM, T 650 656 560, GEÖFFNET: MO 15.00-1.00, DI-DO & SO 8.45-1.00, FR-SA 8.45-2.00, PREIS: AB 2 €

PITTA BAR MÁLAGA Auch im Essen machen sich in Andalusien oft noch maurische Einflüsse bemerkbar. Das gilt vor allem für die Pitta Bar, deren Name eigentlich gar nicht zu dem wunderbaren Restaurant passt, in dem hauptsächlich marokkanische Gerichte serviert werden. Neben Couscous und Humus gibt es aber auch türkische *keftalia* oder griechisches Zaziki.

CALLE ECHEGARAY 8, T 952 608 675, GEÖFFNET: DI-SO 13.30-16.30 & 21.00-0.00, PREIS: 12 €

EL JARDÍN Dieses Restaurant erinnert an einen Tangosalon aus vergangenen Zeiten, und das ist es eigentlich auch. Natürlich kann man hier etwas essen und trinken, aber am Freitag- und Samstagabend gibt es ein Extra. Ab 21.30 Uhr werden Tango und Flamenco getanzt. Da sich vor allem ältere *malagueños* davon angesprochen fühlen, ist das Ambiente vielleicht etwas altmodisch, aber jeder darf mitmachen. Es gibt auch eine gemütliche Terrasse im Garten hinter der Kathedrale.

CALLE CAÑON 1, WWW.ELJARDINMALAGA.COM, T 952 220419, GEÖFFNET: MO-DO 9.00-23.00, FR-SA 9.00-2.00, PREIS: 15 €

GORKI Eigentlich kommt man in Málaga nicht um das Gorki herum, denn es ist extrem beliebt. Was ist das Geheimnis dahinter? Zum einen muss man einfach hierher, um zu sehen und gesehen zu werden, zum anderen gibt es leckere Snacks zu echt fairen Preisen. Man kann auch eine komplette Mahlzeit bestellen, aber das macht eigentlich niemand. Die meisten wählen einige der zahlreichen Häppchen aus, die oft mit Brot oder Toast serviert werden. Auch Wein und Kaffee sind durchaus bezahlbar.

CALLE STRACHAN 6, WWW.GORKI.ES, T 952 221 466, GEÖFFNET: TÄGLICH 12.30-0.00, PREIS: AB 2 €

EL VEGETARIANO DE ALCAZABILLA Es ist nicht so einfach, in Andalusien ein vegetarisches Restaurant zu finden, denn sie sind dünn gesät. Auch in Málaga sind Restaurants, die es mit vegetarischer Kost versuchten, oft relativ schnell wieder verschwunden.

Doch diesen Geheimtipp gibt es schon seit Jahren. Von der Terrasse aus hat man einen schönen Blick auf den Gibralfaro und auf die Straßencafés in der Calle de la Alcazabilla.

CALLE POZO DEL REY 5, T 952 214858, GEÖFFNET: TÄGLICH 13.00-16.30 & 20.00-22.30, SA-SO BIS 23.30, PREIS: 12 €

LEPANTO ist die bekannteste Patisserie von Málaga. Wenn Sie beim Bummeln oder Shoppen Appetit auf Kaffee und etwas Süßes bekommen, sind Sie hier richtig. Es ist meist viel los, besonders vormittags und zwischen 19 und 20 Uhr. Dann finden sich ältere spanische Damen mit ihren Freundinnen auf der Terrasse ein, alle gut frisiert und gekleidet. Tipp: Das Gebäck sucht man sich innen selbst aus.

CALLE MARQUÉS DE LARIOS 7, WWW.LEPANTOMALAGA.NET, T 952 447012, GEÖFFNET: TÄGLICH 9.00-22.00, PREIS: AB 2 €

BODEGA ANTIGUA CASA DE GUARDIA ist die älteste Bodega von Málaga. Hier hat sich seit Jahren nichts verändert. Man schenkt Wein aus der eigenen Bodega in den Montes de Málaga aus, zum Beispiel Pedro Ximen oder Moscatel. Málagawein ist süß, und das muss man mögen. Es ist nicht einfach, aus den vielen Fässern auszuwählen, die mit Kreide beschriftet wurden, denn meist kann man die Namen sowieso nicht lesen oder sie sagen einem nichts. Oft weiß man daher gar nicht wirklich, was man ausgesucht hat, aber schmecken tut es trotzdem. Die konsumierte Menge wird mit Kreidestrichen auf der Bar festgehalten und natürlich kann man auch Tapas dazu nehmen.

ALAMEDA PRINCIPAL 18, ECKE CALLE PASTORA, WWW.CASADEGUARDIA.COM, T 952 214680, GEÖFFNET: MO-SA 9.00-22.00, PREIS: AB 2 €

CALLE SAGASTA Wer nach Andalusien fährt, sollte unbedingt auch einmal *churros* probieren. Der Geschmack dieser in Fett ausgebackenen Teigstangen erinnert ein wenig an Krapfen. Sie werden *con chocolate* gegessen: in dicke, warme Schokoladensoße getaucht. Diesen Leckerbissen bieten einige Lokale an. In dieser Straße gibt es gleich zwei, die genau gegenüber liegen. Sie sind immer voller *malagueños*. Zum Glück kann man die *churros* stückweise bestellen, denn sie liegen ziemlich schwer im Magen. Die Bars befinden sich am Ende der Straße unweit der Plaza Félix Sáenz.

CALLE SAGASTA, GEÖFFNET: TÄGLICH 7.00-12.30 & 17.00-20.30, PREIS: AB 1 €

RESTAURANTE LOUNGEBAR VINO MÍO Für Ausländer ist es nicht ganz einfach, in Südspanien ein Unternehmen zu einem Erfolg zu führen, der Niederländerin Hélène ist das jedoch gelungen. Das Essen im Vino Mio ist eher ungewöhnlich für Málaga. So steht zum Beispiel Krokodil auf der Speisekarte. Die Gerichte sind immer schön angerichtet. Es finden auch regelmäßig Flamencoshows statt. Mehr dazu finden Sie auf der Website.

PLAZA JERONIMO CUERVO 2, WWW.RESTAURANTEVINOMIO.COM, T 952 609093, GEÖFFNET: TÄGLICH 13.30-1.00, PREIS: 15 €

RESTAURANTE TAPADAKI Wenn Sie nach dem vielen spanischen Essen auch einmal Lust auf orientalische Küche haben, empfiehlt sich dieses Restaurant. Es gibt zwar hauptsächlich Tapas, aber eben orientalisch angehaucht. Angeboten werden aber zum

EL CALEÑO Ⓛ   LABORATORIO Ⓡ

Beispiel auch Sushis. Die Front des Restaurants ist nicht besonders attraktiv und auch die Lage ist nicht toll, aber wenn man nach hinten durchgeht (oder um das Gebäude herum), entdeckt man eine kleine Terrasse an einem überraschend hübschen Platz.

CALLE CARRETERIA 69, WWW.TAPADAKI.COM, T 952 217966, GEÖFFNET: MO-SA 13.30-16.30 & 21.00-0.00, PREIS: 4 €

IL LABORATORIO Hier trifft sich Málagas alternative Szene. Das Schönste an diesem Restaurant – gleichermaßen für ein Frühstück, Mittag- oder Abendessen geeignet – ist der Platz, an dem es liegt, da ist immer etwas los. Unter dem riesigen Baum in der Mitte kann plötzlich jemand anfangen, Flamenco zu tanzen. Der Platz dient auch als Treffpunkt für die etwas feinere Nachbarschaft. Oft sitzen hier junge Yuppies mit ihrem Laptop.

CALLE CARRETERIA 92, TRATTORIAMALAGA.U-CITY.ORG, T 952 224998, GEÖFFNET: MO-FR 9.00-1.00, SA-SO 10.00-1.00, PREIS: 13 €

LAMORAGA ANTONIO MARTÍN Wieder ein neues Restaurant aus der Hand von Dani García. Mittlerweile gibt es schon einige davon. Dani García ist der bekannteste und vielversprechendste Koch Andalusiens. Er experimentiert mit neuen Techniken, ebenso wie Ferran Adriá, der spanische Koch, der jahrelang den Titel des weltbesten Kochs führte. Garcías Aufstieg begann in Málaga mit einer modernen Tapasbar im Zentrum

LOS BAÑOS DEL CARMEN

(Calle Fresca 12). 2011 wurde dieses Restaurant am Strand von La Malagueta eröffnet. Die Lage ist fantastisch. Das Gebäude stand jahrelang leer, wurde jedoch gründlich modernisiert und sieht jetzt sehr ansprechend aus.

PLAZA MALAGUETA 4, WWW.LAMORAGA.COM, T 952 224145, GEÖFFNET: TÄGLICH 13.00-16.00 & 20.00-23.30, PREIS: 20 €

LIMONAR40 ist eine Option, wenn man einmal schick essen gehen möchte. In diesem Stadtteil, seit jeher der exklusivste Málagas, liegen viele Villen, die zu Beginn des 20. Jahrhunderts gebaut wurden. Es ist wirklich schade, dass später einige Appartementkomplexe dazwischengestellt wurden. Im Limonar40 speisen Sie in einem echten *palacio*. Im Sommer kann man auf der Terrasse im wunderbaren Garten sitzen. Die Küche serviert traditionelle, aber raffinierte spanische Gerichte *con un toque de fusión y vanguardia* (mit modernem Touch).

PASEO DE LIMONAR 40, WWW.LIMONAR40.COM, T 952 060225, GEÖFFNET: TÄGLICH 13.30-16.00, MO-SA 21.00-23.30, PREIS: 22 €

LOS BAÑOS DEL CARMEN Wer hierherkommt, fragt sich sicherlich als Erstes: "Warum wird nicht mehr daraus gemacht?" Los Baños del Carmen ist nämlich ein inzwischen ziemlich verfallener Strandpavillon. In früheren Zeiten war er bestimmt eine echte Attraktion. Zum Glück kann man hier auch heute noch einen Drink, Knabbereien und den Strand genießen. Die Freiluftbar ist bis drei oder vier Uhr nachts geöffnet, und vom Dach aus hat man eine wirklich atemberaubende Aussicht. Der Pavillon grenzt an einen Eukalyptuswald und einige Tennisplätze, aber ansonsten ist das Gelände nicht genutzt. Es ist auch noch unklar, was hier einmal entstehen soll.

PLAYA DE PEDREGALEJO, CALLE BOLIVIA 30, GEÖFFNET: TÄGLICH 14.00-17.00 & 21.00-0.30, IM WINTER MO GESCHLOSSEN, PREIS: 12 €

EL CALEÑO Hinter dem Wald von Los Baños del Carmen beginnt Pedregalejo. Auch wenn dieser alte Fischerort inzwischen zu Málaga gehört, hat er seinen ursprünglichen Charakter behalten. Insbesondere am Sonntag kommen die *malagueños* gern zum Spazierengehen hierher oder um in den vielen Fischrestaurants etwas zu essen. Versäumen Sie es nicht, *boquerones* (gegrillte, marinierte oder frittierte Sardinen) zu kosten. Man trifft hier kaum Touristen. Die einzigen Ausländer, denen man begegnet, sind Sprachstudenten, denn die meisten Sprachinstitute liegen in der Nähe. El Caleño ist das beste Fischrestaurant in diesem Bereich.

PLAYA DE PEDREGALEJO, T 952 299148, GEÖFFNET: DI-SO 14.00-17.00 & 20.00-0.00, PREIS: 12 €

HAMBURGUESERÍA MAFALDA Wenn man in der Nähe von Málaga ist, sollte man eigentlich auch einmal ein *campero* probieren, für diese Gegend typische Brötchen. *Camperos* sind große runde geröstete Brötchen mit einer Füllung nach Wahl. Salat und Tomate sind Grundzutaten und dazu kann man dann Schinken, Käse, Huhn oder auch Hackfleisch wählen. In dieser Hamburguesería bestellt man wie in anderen Fast-Food-Restaurants an der Theke.

PASEO EL PEDREGAL 71, PEDREGALEJO, T 902 570854, GEÖFFNET: DI-SO 14.00-17.00 & 20.00-0.00, PREIS: 3 €

Die schönsten Plätze im Zentrum:
- *Plaza de la Constitución* *ist ideal, um Passanten zu beobachten.*
- *Plaza de la Merced* *ist vor allem abends gemütlich und tagsüber immer sonnig (auch im Winter).*
- *An der* *Plaza de San Pedro Alcántara* *ist stets etwas los, hier verkehrt ein alternatives, lässiges Publikum.*
- *Plaza de los Mártires* *ist ein ruhiger Platz mit wenig Touristen.*
- *In der* *Calle Alcazabilla* *gibt es einige beliebte Straßencafés mit Schatten.*

SHOPPEN

Am besten einkaufen lässt es sich in Málaga in dem Bereich um die Calle Marqués de Larios herum, die schickste Geschäftsstraße der Stadt. Hier gibt es zwar keine Topdesigner und berühmte Marken wie in Madrid oder Barcelona, dafür aber Läden bekannter Modeketten und kleinere Geschäfte mit einem überraschenden Angebot. Die Einwohner Málagas betrachten nicht nur ihre Stadt, sondern die ganze Costa del Sol als ihre Shoppingzone. Wenn ihr Budget es zulässt, dann fahren Sie mit dem Auto nach Puerto Banús bei Marbella. Hier gibt es alle Topmarken wie Dior, Versace und Cavalli. In der Nähe des Zentrums und in der Stadt liegen auch zahlreiche Einkaufszentren mit allen wichtigen Modeketten.

MUELLE UNO Ende 2011 war es endlich so weit: Der nagelneue Boulevard im Hafen wurde eröffnet. Damit versucht Málaga, wie viele andere Städte, sich zum Meer hin zu öffnen. Um zum Hafen zu gelangen, müssen Sie von der Calle Marqués de Larios aus einige lebhafte Straßen durchqueren. Der erste Teil des Boulevards mit einigen Pavillons eignet sich gut zum Spazierengehen, im zweiten Teil liegen Geschäfte und Straßencafés. Dort kann man auf einer Terrasse etwas essen oder trinken. Und natürlich kann man auch gut shoppen.
PUERTO DE MÁLAGA, GEÖFFNET: LÄDEN TÄGLICH 10.00-22.00, RESTAURANTS 12.00-0.00

CERERIA ZALO Wie in der Einleitung beschrieben, spielen Prozessionen und Heiligenverehrung in Andalusien immer noch eine wichtige Rolle. Daher gibt es auch viele Geschäfte, in denen man dazu benötigte Utensilien erwerben kann. In der Cereria Zalo kann man zum Beispiel Heiligenbilder, Weihrauch, Rosenkränze und vieles mehr kaufen.
ECKE PASAJE DE CHINITOS/CALLE SANTA MARIA, GEÖFFNET: MO-FR 9.45-13.30 & 17.00-20.30, SA 9.45-13.30

GALERÍAS GOYA ist ein fast schon altmodisch anmutendes Mini-Einkaufszentrum. Es macht aber großen Spaß, sich hier umzuschauen. Das Angebot wechselt ständig. Kein Wunder, denn vor allem kleinere Selbstständige lassen sich hier gern am Anfang ihrer Karriere nieder. Die Vielfalt ist groß: Kollektionen unbekannter Designer,

MUELLE UNO

Secondhandmode und sogar afrikanisches Kunsthandwerk. Es gibt zwei Eingänge: an der Plaza Uncibay und an der Calle de la Calderia 8.

PLAZA UNCIBAY 3, GEÖFFNET: MO-SA 10.30-14.00 & 17.00-21.00

CALZADOS HINOJOSA Dieses kleine Geschäft scheint sich schon seit Jahrzehnten nicht verändert zu haben und ist immer gut besucht. Es werden Pantoffeln und Espadrilles in allen Varianten und Größen verkauft. Das Sortiment ist zur Ansicht auf einem Brett hinter dem Tresen festgenagelt. So kann man einfach auf das Modell zeigen, das man anprobieren möchte.

CALLE SAN JUAN 20, GEÖFFNET: MO-FR 9.45-13.30 & 17.00-20.30, SA 9.45-13.30

EL ROCÍO Kurz vor Beginn der *feria* in Málaga (Mitte August) nehmen immer mehr Geschäfte die berühmten Flamencokleider in ihr Sortiment auf. Sogar das Kaufhaus El Corte Inglés füllt dann eine ganze Abteilung damit. In dem Gebiet um die Calle Especería und Calle San Juan gibt es einige Geschäfte wie El Rocío, in denen man diese Art Kleider das ganze Jahr über bekommt.

CALLE SAN JUAN ECKE CALLE ESPECERÍA, WWW.ELROCIO.ES, T 958 265823, GEÖFFNET: MO-FR 10.00-13.30 & 17.00-20.30, SA 10.30-13.30

MERCADO CENTRAL DE ATARAZANAS

100% THERE

In Málaga kann man problemlos ein paar schöne Tage verbringen. Mischen Sie sich einfach unter die *malagueños* und verfolgen Sie deren Alltag und Lebensgewohnheiten. Wer vom Herumlaufen müde ist, kann sich an einem der Strände ausruhen. Spaß macht es auch, ein Rad zu mieten, die kilometerlangen Boulevards entlangzufahren und dann in einem Straßencafé in Pedregalejo einzukehren. Abends sorgen Flamenco-shows für gute Unterhaltung.

MERCADO CENTRAL DE ATARAZANAS Ein spanischer Markt ist immer ein Erlebnis, aber dieser liegt auch noch in einem besonderen Gebäude. Die Markthalle war früher eine Bootswerft und später ein Militärkrankenhaus. Besonders schön sind das Eingangstor, das noch vom ursprünglichen maurischen Bau erhalten geblieben ist, und die Bleiglasfenster. Nach einer gründlichen Sanierung wurde der Markt 2011 neu eröffnet.
CALLE ATARAZANAS, GEÖFFNET: MO-SA 8.00-14.00

FAHRRAD MIETEN Wie in allen spanischen Städten wird auch in Málaga das Fahrrad als Transportmittel immer beliebter, das Radwegenetz wird ständig erweitert. Dennoch sind Radfahrer noch hauptsächlich auf die normalen Straßen angewiesen. Am meisten Spaß macht es, auf dem kilometerlangen Boulevard am Strand entlangzufahren. Empfehlenswert ist auch eine Radtour zum Fischerdorf Pedregalejo. Dort können Sie dann als Lohn für die Anstrengung in einem gemütlichen Straßencafé einkehren.
CALLE VENDEJA 6, WWW.BIKE2MALAGA.COM, T 650 677063, GEÖFFNET: TÄGLICH 10.00-14.00 & 16.00-20.00, IM WINTER NUR VORMITTAGS, PREIS: 5 € FÜR EINEN HALBEN TAG

TAGESTOUR DURCH DIE NATUR Haben Sie genug von der Stadt und möchten Sie einen Tag inmitten herrlicher Natur verbringen? Dann buchen Sie eine Tour mit Maurice Bogers von Andalucian Outback. Er organisiert Tagesausflüge mit einem komfortablen Landrover durch die Sierra de las Nieves. Sie werden in Ihrem Hotel abgeholt, picknicken in der Natur und schließen den Tag mit einer Weinprobe ab. Rufen Sie an oder schicken Sie eine Mail, um eine Tour zu buchen.
WWW.ANDALUCIANOUTBACK.COM/DE/INDEX.HTML, T 628 274701, PREIS: 80 €

AUSGEHEN

Insbesondere im Sommer wird die gesamte Costa del Sol (und alle umliegenden Orte) für die *malagueños* zum Ziel für abendlichen Ausgehspaß. Die jungen Leute starten oft in ihren Heimatorten und ziehen dann gegen 2 Uhr zu den Diskotheken an der Küste. In Puerto Marina in Benalmádena gibt es ein paar große Diskotheken, und das homosexuelle Publikum findet in Torremolinos ein gutes Angebot an Bars und Diskotheken. Beliebte Ausgehziele in Málaga liegen zwischen der Plaza de la Merced und der Plaza Uncibay.

FREILUFTBAR IN ROOM-MATE LARIOS Dieses Hotel liegt an der Calle Marqués de Larios, Ecke Plaza de Constitución. Wenn man das Gebäude betritt, kann man gleich mit dem Aufzug ins Obergeschoss fahren und in der Freiluftbar etwas trinken. Genießen Sie am Abend die Aussicht über die Stadt und das lässige Lebensgefühl.
CALLE MARQUÉS DE LARIOS 2, WWW.ROOM-MATEHOTELS.COM, T 952 222200, GEÖFFNET: JUNI-OKT. 20.00-1.00

KELIPÉ ist ein Flamencozentrum mit einem kleinen Saal, La Bajañi, für bis zu 40 Personen. Hier kann man nicht nur Vorstellungen besuchen, sondern auch ein Gläschen Wein trinken – natürlich mit einer Tapa. Es gibt auch ein kleines Flamencomuseum und eine Bibliothek. Die Shows finden an Freitag- und Samstagabenden von 21.30 Uhr bis Mitternacht statt. Im Zentrum werden auch Flamenco- und Gitarrenunterricht angeboten. Unter der Bezeichnung "underground flamenco" werden an verschiedenen Orten, in Restaurants oder Bars, aber auch am Boulevard Rosa Auftritte organisiert. Aktuelle Informationen finden Sie auf der Website.
CALLE PEÑA 11, WWW.KELIPE.NET, T 951 003784/692 829885, GEÖFFNET: FR-SA 21.30-0.00, EINTRITT: 10 €

LICEO ist vielleicht die schönste Diskothek Málagas. Dieser Tanztempel ist in einem historischen Gebäude untergebracht und zieht sich über mehrere Etagen hin. Auf jeder Etage befinden sich Säle und Bars. Auch wenn die meisten Besucher Twens sind, sind alle Altersgruppen willkommen. Das Liceo ist auch bei Touristen beliebt.
CALLE BEATAS 21, T 952 602440, GEÖFFNET: DO-SO 23.00-5.00

PLAZA DEL MARQUÉS DEL VADO DEL MAESTRE Wenn man am Wochenende ausgehen möchte, ist dieser Platz ein guter Startpunkt. Um den Platz herum liegen Bars und der Platz selbst ist voll mit Leuten, die noch einiges vorhaben. Am Rand der Plaza liegt in einer Seitenstraße ein rosa Gebäude mit der Taberna La Garrocha, in der nur spanische Musik gespielt wird. Ideal für einen Drink.

ÜBERNACHTEN

Dass die Stadt Málaga sich gerade verändert und entwickelt, zeigt sich auch in puncto Hotels. Bis vor Kurzem gab es kaum wirklich gute kleinere, persönliche Hotels. Stattdessen fand man vor allem größere Hotelketten, aber das wird allmählich anders. Unten finden Sie eine Auswahl der besseren und schöneren Häuser der Hotelketten sowie einige kleinere Hotels und Gasthäuser.

HOTEL DOMUS Wenn man ein gepflegtes, nettes Hotel mit günstigen Preisen sucht, ist dies eine gute Option. Das Hotel liegt außerhalb des Zentrums in dem reizvollen ehemaligen Fischerdorf Pedregalejo an der Durchgangsstraße. Der Bus zum Zentrum hält direkt vor der Tür und in fünf Minuten ist man zu Fuß am Boulevard und am Strand.
CALLE DE JUAN VALERA 20, WWW.HOTELDOMUS.ES, T 952 297164, PREIS: 48 €

PLAZA DEL MARQUÉS DEL VADO DEL MAESTRE

ROOM-MATE LOLA

LAS ACASIAS ist ein *hostal* mit fünf Doppelzimmern, einer Suite und einem Einzel-zimmer. Es ist einfach, jedoch hübsch, modern und gepflegt eingerichtet. Das *hostal* liegt in einem farbenfrohen alten Gebäude mit Restaurant im Patio, in zwei Minuten ist man zu Fuß am Strand von Pedregalejo. Ideal, wenn man nicht allzu viel Luxus braucht und nicht so viel ausgeben möchte.
PASEO DE LAS ACACIAS 5, WWW.LASACACIASHR.COM, T 952 200167, PREIS: 59 €

VILLA LORENA Fühlen Sie sich in dieser Villa einen Moment lang wie Jackie Onassis oder Audrey Hepburn. Das Hotel hat sieben Zimmer und liegt im Stadtteil El Limonar, seit jeher der schönste Stadtteil Málagas mit stattlichen Villen. Zum Strand sind es zehn Minuten zu Fuß und zum Zentrum nur eine halbe Stunde. Ist Ihnen das zu weit? Im Hotel werden kostenlos Fahrräder vermietet, und es gibt auch einen Pool.
CALLE REPUBLICA ARGENTINA 16A, WWW.VILLALORENAMALAGA.COM, T 619 613460, PREIS: 86 €

CASA DE LAS MERCEDES Das kleine Hotel liegt am Rand des alten Zentrums, in der Nähe der Plaza de la Merced. Die Gegend ist zwar nicht so schön, aber dafür zahlt man auch nicht allzu viel. Das Interieur des Hotels hat barocke Elemente, die Aus-stattung jedoch ist modern.
CALLE HINESTROSA 18, WWW.CASADELASMERCEDES.COM, T 952 060152, PREIS: 79 €

HOTEL MOLINA LARIO ist ein angenehmes Designhotel mit einem guten Preis-Leistungs-Verhältnis. Die Einrichtung ist relativ neutral: modern mit viel Weiß und Holz. Es liegt schräg gegenüber der Kathedrale, und besonders schön ist der Pool auf dem Dach mit der Kathedrale quasi in Griffweite.
CALLE MOLINA LARIO 20-22, WWW.HOTELMOLINALARIO.COM, T 952 062002, PREIS: AB 91 €

HOTEL PETIT PALACE PLAZA ist in einem restaurierten Palais untergebracht und liegt in einer Gasse gleich hinter der Calle Marqués de Larios. Ein perfekter Ausgangs-punkt für eine Erkundung der Stadt, aber dennoch recht ruhig, da es etwas hinter der geschäftigen Einkaufsstraße liegt. Die Farbe Orange herrscht in der Einrichtung des Hotels vor und im von Säulen flankierten Patio befindet sich ein moderner Speisesaal. Alle Zimmer verfügen über einen Computer mit kostenlosem Internetzugang.
CALLE NICASIO 5, WWW.HTHOTELES.COM, T 952 222132, PREIS: AB 85 €

ROOM-MATE LOLA Die Room-Mate-Hotels gibt es in ganz Spanien und mittlerweile auch in Südamerika. Die Kette wurde von vier wohlhabenden Freunden gegründet, die die Art Hotel vermissten, in der sie selbst gern übernachten würden. Merkmal des Hotels ist die gelungene Kombination aus Gemütlichkeit und modernem Design. Hier bekommt man nur, was man wirklich braucht, und muss nicht für unnötige Extras bezahlen. Der Preis ist der Qualität angemessen. Diese Hotels liegen immer im Stadt-zentrum, Internetzugang ist kostenlos verfügbar und Frühstück gibt es bis 12 Uhr. Das Haus in Málaga ist im Stil der 1950er-Jahre eingerichtet.
CALLE CASAS DEL CAMPO 17, WWW.ROOM-MATEHOTELS.COM, T 952 579300, PREIS: AB 62 €

RUND UM MÁLAGA

In der Stadt Málaga selbst lassen sich gut einige Tage verbringen, aber man kann von dort aus auch Ausflüge in die prachtvolle Natur in der Umgebung unternehmen. Im Nordosten, Richtung Granada, liegt die Axarquía, eine hügelige Landschaft mit einem großen Stausee und einigen hübschen Dörfern wie Comares und Frigiliana.

Wenn man die Stadt Richtung Norden verlässt, ist man gleich in den Montes de Málaga. Eine schöne Route führt aus der Stadt ins Hinterland zum Städtchen Antequera, einem verborgenen Juwel. Direkt unterhalb Antequera, in El Torcal, gibt es einige spektakuläre Felsengebilde, die ausgesprochen sehenswert sind. Westlich der Stadt liegt das Valle de Guadalhorce, an das ein weiteres wunderschönes Stück Natur mit Felsen und Stauseen grenzt: die Embalses del Guadalhorce. Auf dem Weg nach Ronda fährt man an der Sierra de las Nieves vorbei – eine der schönsten Autorouten Andalusiens.

AXARQUÍA

Die Axarquía liegt zwischen den Montes de Málaga und der Provinz Granada, Mittelpunkt ist der Stausee von Viñuela. Der wichtigste Ort in dem Gebiet ist Vélez Málaga. Das alte Zentrum ist zwar nett, aber insgesamt ist der Ort nicht besonders interessant. Viel sehenswerter sind die Dörfer in der Axarquía, vor allem Comares und Frigiliana.

FOTOGRAFIE-WORKSHOP IN DER CASA JUNIUS Die Casa Junius umfasst zwei alte andalusische Häuser, die in moderne Unterkünfte für sechs beziehungsweise zwei Personen umgewandelt wurden. Während Ihres Aufenthalts können Sie auch einen Fotografiekurs belegen. Hans Zeegers ist schon seit 30 Jahren Reise- und Lifestyle-Fotograf für Zeitschriften wie *National Geographic*, *Seasons* und *Linda*. Er hat auch die Fotos für diesen Guide gemacht. Gern nimmt er Sie mit zu einigen schönen Stellen und zeigt Ihnen, wie Sie mit Ihrer Kamera noch bessere Ergebnisse erzielen können.
ARENAS, WWW.HANSZEEGERS.NL, T +31 20 6269954/+ 31 653 236393, PREIS: WORKSHOP 975 € P. P. PRO WOCHE

COMARES

Comares ist eines dieser typischen weißen Dörfer Andalusiens. Es ist maurischen Ursprungs und liegt auf einem Berg. Die Aussicht auf die Küste ist natürlich spektakulär. Es macht richtig Spaß, durch die schmalen Gassen nach oben zu steigen. Um es Besuchern leicht zu machen, sind Fußabdrücke auf die Wege gezeichnet, denen man nur folgen muss.

CASA JUNIUS

EL CHORRO

Das Dorf lebte einst vor allem vom Wein, der aus den Trauben der umliegenden Weinberge gewonnen wurde, von Olivenöl und Mandeln. Heute ist der Tourismus die größte Einnahmequelle.

FRIGILIANA

Sechs Kilometer nördlich von Nerja liegt das Dorf Frigiliana, das auf eine lange Geschichte zurückblickt. Die Altstadt ist noch sehr gut erhalten. Das Dorf nennt sich selbst stolz *villa de las tres culturas*, Dorf der drei Kulturen.

Jahrhundertelang haben hier Mauren, Christen und Juden friedlich nebeneinander gelebt. Auch nach der Reconquista war die Bevölkerung von Frigiliana anfangs großteils muslimisch. Nach einiger Zeit verschlechterte sich jedoch das Verhältnis zu den christlichen Landesherren, da diese den Muslimen höhere Steuern auferlegten und sie in der Ausübung ihres Glaubens behinderten. Die Konflikte gipfelten schließlich im Jahr 1568 in einer Schlacht in der schwer zugänglichen Gebirgskette hinter Frigiliana. Dabei wurden die Mauren besiegt und aus der Stadt vertrieben. Danach wurde Frigiliana von *cristianos viejos*, alten Christen, bevölkert. Übrigens wohnten schon vor der christlichen Zeitrechnung Menschen hier. Gerade aus der maurischen Zeit finden sich in Frigiliana noch viele Spuren, insbesondere im *barrio alto*, dem am höchsten gelegenen Teil des Dorfes. Lassen Sie sich Zeit, durch die schmalen – autofreien – Gassen zu streifen.

RESTAURANTE LA TABERNA DEL SACRISTÁN liegt am Kirchplatz. Ideal, um nach einem Bummel durch den alten Teil des Dorfes eine Rast einzulegen. Erholen Sie sich etwas und beobachten Sie dabei die vorbeigehenden Dorfbewohner.
PLAZA DE LA IGLESIA 12, T 952 533009, GEÖFFNET: MI-MO AB 13.00 & AB 20.30, PREIS: 20 €

EL CERRO ist ein Restaurant etwas außerhalb von Frigiliana in den Bergen, in der Nähe vom Hotel Rural La Posada Morisca. Die angebotene Hausmannskost, *comidas caseras* (mit viel Knoblauch!), sollten Sie sich nicht entgehen lassen. Bestellen Sie verschiedene Gerichte und genießen Sie die umwerfende Aussicht auf Frigiliana, die Berge und das Meer. Auch für Kinder ein toller Fleck, denn es gibt einen kleinen Pool. Im Winter hat das Restaurant nicht immer offen, mittags allerdings meistens.
CALLE LOMA DE LA CRUZ 1, DIE STRASSE VON FRIGILIANA NACH TORROX, T 952 534054, GEÖFFNET: IM SOMMER MI-MO 13.00-17.00 & 19.00-0.00, PREIS: 15 €

HOTEL RURAL LA POSADA MORISCA liegt etwas außerhalb des Dorfes in den Bergen. Das Hotel hat zwölf komfortable Zimmer und einen schönen Pool. Man kann hier zwar gut essen, aber ein Fußmarsch zum Restaurant El Cerro lohnt sich auf jeden Fall.
CALLE LOMA DE LA CRUZ S/N, DIE STRASSE VON FRIGILIANA NACH TORROX, WWW.LAPOSADAMORISCA.COM, T 952 534151, PREIS: 72 €

LOS CARACOLES sind Häuser, die von der Form her an Schneckenhäuser erinnern und schön eingerichtete Zimmer und Suiten beherbergen. Auch in dem oberhalb gelegenen Restaurant mit spektakulärer Aussicht ist keine Wand gerade. Koch Carlos bereitet die köstlichsten Gerichte zu. Wenn man auf der Terrasse sitzt, hat man nur einen Wunsch: dass dieser herrliche Mittag oder Abend nie zu Ende geht.

STRASSE VON FRIGILIANA NACH TORROX KM 4,6, WWW.HOTELLOSCARACOLES.COM, T 952 030680, PREIS: 75 €

MONTES DE MÁLAGA

Nördlich von Málaga liegt die Gebirgskette Montes de Málaga (die Berge von Málaga). Diese hügelreiche Landschaft wurde seit dem Mittelalter größtenteils entwaldet. Das führte zu Erosion und Überschwemmungen, aber erst in den 1930er-Jahren begann man mit der Wiederaufforstung.

Von Málaga aus kann man über die Autobahn nach Antequera fahren, es ist jedoch lohnenswert, einen kleinen Abstecher über Colmenar zu machen und den Weg durch die Berge zu nehmen. Die schönste Strecke ist der Camino Viejo de Colmenar, der alte Weg nach Colmenar. Allerdings ist der Beginn dieser Route nicht so leicht zu finden. Am besten fahren Sie von der Plaza de la Merced im Zentrum von Málaga über die Calle Victoria stadtauswärts. Danach folgen Sie den Schildern Richtung Hotelles zona Norte und später Cno. Colmenar. Die Landschaft, durch die Sie fahren, erinnert ein wenig an die Côte d'Azur.

....

Im Frühjahr lassen die blühenden Mandelbäume die Montes de Málaga und die Axarquía in zartem Rosa und Weiß erstrahlen. Es ist einfach zauberhaft, zu dieser Zeit durch diese Landschaft zu fahren.

....

CORTIJO JUAN SALVADOR Am Ende einer Bergstraße, inmitten von Mandel- und Eukalyptusbäumen, liegt Cortijo Juan Salvador, ein Ort der Ruhe und Harmonie im Herzen der Montes de Málaga. Es gibt hier zwei Ferienhäuser mit je drei Schlafzimmern. Der Sohn des Hauses, ein ehemaliger Pilot, ist ein hervorragender Koch, sodass gerade Feinschmecker sich hier ganz besonders wohlfühlen werden. Die Mindestmietdauer für die Häuser beträgt im Sommer eine Woche und in der Nebensaison drei Tage.

MO 3103 KM 4,5, WWW.CORTIJOJUANSALVADOR.ES, T 955 320843/633 223386, PREIS: 1090 € PRO WOCHE FÜR SECHS PERSONEN

CORTIJO LA CEPA Esther, die Eigentümerin dieses reizenden Komplexes, vermietet zwei moderne Appartements für maximal vier Personen. Außerdem bietet sie Zimmer an, die am schönen Innenhof des Hauses liegen, dann ist das Frühstück inklusive. Esther ist Spanierin, hat jedoch im Ausland gewohnt und spricht Englisch und

LOS CARACOLES Ⓛ   CORTIJO LA CEPA Ⓡ

Deutsch. Wenn Sie sich für eine besondere Lebensgeschichte interessieren, sollten Sie ein Gespräch mit ihr anknüpfen.
CALLE POZO 21, RIOGORDO, WWW.CORTIJOLACEPA.COM, T 952 031120/659 127344, PREIS: 80 €

HOTEL POSADA LA PLAZA Dieses hübsche Hotel liegt am Dorfplatz mitten in Canillas de Albaida. Der Ort ist ein idealer Ausgangspunkt, um die Natur in der Umgebung zu erkunden. Das Hotel bietet Wander-Arrangements an. Am selben Platz befindet sich auch das zum Hotel gehörende gute Restaurant mit regionaler Küche.
PLAZA NUESTRA SEÑORA DEL ROSARIO, CANILLAS DE ALBAIDA, WWW.POSADA-LAPLAZA.COM, T 952 554807, PREIS: 55 €

RESTAURANTE EL PUERTO Dieses Restaurant liegt in Casabermeja, einem unauffälligen Dorf an der Autobahn von Málaga nach Granada/Córdoba. Hier gibt es die leckersten *calamares fritos* (frittierte Tintenfischringe) der Umgebung, dafür kommen manche Leute eigens aus Málaga hierher. Aber nicht nur die Calamares sind Spitzenklasse, alles schmeckt köstlich.
PASEO PUERTO DE LA HORCA 54, CASABERMEJA, WWW.RESTAURANTEELPUERTO.ES, T 952 758077, GEÖFFNET: MO-SA 12.00-0.00, PREIS: 20 €

ANTEQUERA

Im Herzen Andalusiens, am Knotenpunkt der Straßen nach Granada, Córdoba, Sevilla und Málaga, liegt ein verborgenes Juwel: das Städtchen Antequera.

Antequera ist bisher kaum vom Tourismus entdeckt worden. Eigentlich erstaunlich, denn das Städtchen hat eine reiche Geschichte. Es gibt 26 Kirchen, sieben Klöster, Museen, ein wundervolles Zentrum und eine Alcazaba mit Wachtürmen und Stadtmauern. Die älteste Sehenswürdigkeit sind einige Grabstätten (*dolmenes*), darunter eine aus der Bronzezeit. Sie liegen an der nordöstlichen Stadtgrenze, an der Straße nach Granada. Auf dem zentralen Platz von Antequera steht die höchste Kirche, die Iglesia de San Sebastián aus dem 16. Jahrhundert mit einer Renaissancefassade und einem barocken Glockenturm. Wenn man etwas weiter nach oben läuft, kommt man an den Arco de los Gigantes, einen Triumphbogen aus dem 16. Jahrhundert. Von hier aus hat man eine gute Sicht auf Antequera und die Umgebung. Besonders auffällig ist der Peña de Los Enamorados, der Felsen der Verliebten. Hinter dem Bogen steht die Kollegiatskirche Real Colegiata de Santa María La Mayor aus dem 16. Jahrhundert mit einer mächtigen Fassade und einer schönen Decke im Mudéjarstil. Angeblich diente diese Kirche als Modell für die Kathedrale von Granada. Außer den Kirchen gibt

EL TORCAL

es einige Stadtpalais. In einem davon, an der Plaza del Coso Viejo, liegt das Museo Municipal. Aufgrund der zentralen Lage von Antequera am Knotenpunkt der Straßen nach Córdoba, Málaga, Granada und Sevilla wurde am Stadtrand ein großes Logistikzentrum eingerichtet. Auch der Hochgeschwindigkeitszug hat hier einen wichtigen Umsteigebahnhof.

WWW.ANTEQUERA.ES

....

Der Peña de los Enamorados erhebt sich imposant über die Landschaft. Dieser Felsen hat seinen Namen von einem tragischen Ereignis. Zwei Liebende unterschiedlichen Glaubens sollen sich, da ihnen ihre Liebe verboten war, von diesem Felsen in die Tiefe gestürzt haben.

....

EL TORCAL Südlich von Antequera, auf dem Weg nach Villanueva de la Concepción, liegt eine zwölf Quadratkilometer große "Mondlandschaft" aus Kalkstein. Durch Auswaschungen vom Meer und den Einfluss der Luft auf den Kalkstein hat sich im Lauf der Jahrhunderte eine wirklich atemberaubende Landschaft geformt, mit weißen und grauen Felsengebilden, so weit das Auge reicht. Es ist eine der eindrucksvollsten Landschaften dieser Art in Europa. Man kann einige Wanderungen durch den Park unternehmen, dabei sollte man unbedingt festes Schuhwerk tragen. Denken Sie auch daran, dass es hier – außer im Sommer – erheblich kälter sein kann als an der Küste. Am Ende der Zufahrtsstraße zum Park liegt ein Informationszentrum.

ZWISCHEN ANTEQUERA UND VILLANUEVA DE LA CONCEPCIÓN, TORCALDEANTEQUERA.COM

FLAMINGOS BEOBACHTEN In den Seen bei Fuente de Piedra lässt sich jedes Jahr eine der größten Flamingokolonien Europas zum Brüten nieder. Es gibt in Europa nur vier solche Brutplätze und drei davon liegen in Andalusien. Vom Dorf aus kann man ziemlich nahe an die Salzwasserseen herankommen. Ob gerade eine Vogelkolonie da ist, hängt davon ab, ob es genug geregnet hat und es ausreichend Futter für die Vögel gibt. Die Brutperiode erstreckt sich vom Ende des Winters oder vom Frühlingsanfang bis in den Sommer. In den letzten Jahren endet die Brutsaison immer früher, da der See im Sommer schneller austrocknet.

FUENTE DE PIEDRA, ERREICHBAR AB DER AUTOBAHN SEVILLA-GRANADA A92, AUSFAHRT FUENTE DE PIEDRA (IN DER NÄHE VON ANTEQUERA), WWW.FUENTEDEPIEDRA.ES

VALLE DEL GUADALHORCE

Die Touristen, die den Flughafen von Málaga ansteuern, haben dieses Tal schon bei der Landung vom Fenster aus bewundern können. Die Einflugschneisen zum Flughafen führen nämlich über dieses Tal oder über das Meer. Mitten durch das Tal fließt der Guadalhorce, daher auch der Name. Der Fluss mündet im Meer, zwischen dem Flughafen und der Stadt Málaga.

Wegen der zentralen Lage ist dieses Gebiet gerade bei Deutschen, Engländern und Belgiern als Wohnort sehr beliebt. Denn sie wollen lieber nicht an der überlaufenen Küste wohnen, aber doch schnell an all die schönen Plätze kommen, die Málaga und die Küste zu bieten haben. Von den meisten Orten in diesem Tal aus sind die Küstenorte von Marbella bis Málaga und auch der Flughafen innerhalb einer halben Stunde zu erreichen.

TOP 10

CASA DE ORANGE ist ein kleines, stimmungsvolles Bed & Breakfast bei Alhaurin el Grande, eine halbe Fahrstunde vom Flughafen und von Málaga entfernt. Es hat nur sechs geräumige Zimmer, die modern und farbenfroh mit einem maurischen Touch eingerichtet sind. Alle Zimmer haben eine Terrasse zum Obstgarten hin, und natürlich gibt es auch einen herrlichen Pool. Ein Fußmarsch von einigen Minuten bringt einen zum lebhaften Städtchen Alhaurin el Grande, wo man gut essen kann, aber innerhalb der Mauern dieses Hauses befindet man sich in einer Oase der Ruhe.
FUENTE DE ABAJO 58, ALHAURIN EL GRANDE, WWW.CASADEORANGE.COM, T 952 499055, PREIS: 78 €

EMBALSES DEL GUADALHORCE

Die schönste Route zu den Stauseen des Guadalhorce führt über den Ort Alora. Folgen Sie den Schildern Embalses del Guadalhorce. Sie kommen erst zu einem hoch gelegenen Stausee bei der Ortschaft El Chorro (Foto S. 152). Wenn man hier steht, kann man sich kaum vorstellen, dass die belebte Costa del Sol nicht einmal eine Fahrstunde entfernt ist. Das wilde Felsengebirge ist besonders bei Bergsteigern beliebt. Angesichts der überwältigenden Natur fühlt man sich ganz klein.

Zwischen zwei fast senkrecht aufragenden Felsen stoßen Sie auf eine Hängebrücke. Hier, auf 300 Metern Höhe, liegt der Wanderweg El Caminito del Rey, ein in den Felsen gehauener Pfad von gerade mal einem Meter Breite. Wegen mangelnder Befestigung und mehrerer tödlicher Unfälle ist dieser Weg schon seit einigen Jahren geschlossen. Es gibt zwar schon länger Sanierungspläne, aber bis heute wurde damit noch nicht

MONTES DE MÁLAGA CORTIJO JUAN SALVADOR Ⓛ   CASA DE ORANGE Ⓡ

begonnen. Auch nach einer Sanierung wird diese Wanderung immer etwas für Schwindelfreie bleiben. Wenn Sie der Straße weiter folgen, kommen Sie an eine T-Kreuzung, hier geht es links nach Ardales und rechts zu den Seen. Die türkisfarbenen Seen zwischen den Hügeln sind nicht natürlich entstanden, sondern wurden als Reservoirs zur Wasserversorgung der Gegend angelegt.

RESTAURANTE EL MIRADOR Wenn Sie auf der MA9006 aus Richtung Ardeles oder El Chorro an den Seen vorbeikommen, sehen Sie zu Ihrer Linken erst einen Camping- und Grillplatz und gleich danach einen Tunnel. Biegen Sie hier kurz vor dem Tunnel rechts in einen Weg ab. Nach 50 Metern kommen Sie zu einem einfachen Restaurant. Die Lage des Restaurante El Mirador ist traumhaft. Man sitzt auf Holzbänken und kann beim Essen die Aussicht auf die Seen genießen.

PARQUE DE ARDALES S/N, T 952 119809, GEÖFFNET: TÄGLICH 9.30-23.00, PREIS: 7 €

EMBALSES DEL GUADALHORCE, RESTAURANTE EL MIRADOR

SIERRA DE LAS NIEVES

Es gibt mehrere Möglichkeiten, nach Ronda zu fahren, von Marbella aus oder über Ardales, aber am schönsten ist die Strecke durch die Sierra de las Nieves. Dabei fährt man über Alhaurín el Grande, Coín und El Burgo. Insbesondere der letzte Teil des Weges ist herrlich. Der höchste Gipfel in diesem Naturgebiet ist fast 2000 Meter hoch. Der Name der Sierra bedeutet "Schneegebirge", und auch wenn man sich das im Sommer kaum vorstellen kann, im Winter liegt hier wirklich Schnee. Die Sierra de las Nieves erstreckt sich bis über Marbella hinaus. Man kann hier einige schöne Wanderungen unternehmen, besuchen Sie dazu die Website *www.sierranieves.com*.

Die Strecke über Ardales nach Ronda ist übrigens der schnellste Weg, um von Ronda an die Küste zu gelangen. Auf der Karte wirkt es zwar so, als wäre diese Strecke die längste, die Straße führt jedoch um die Berge herum, was viel Zeit einspart.

HOTEL EL MOLINO SANTISTEBAN Diese zu einem Hotel umgebaute Mühle liegt in der Nähe von Guaro. Das Hotel sieht nicht nur wunderschön aus, sondern ist auch noch sehr kinderfreundlich. Bei Bedarf wird hier täglich gekocht und auf Wunsch wird ein spezielles Kindermenü serviert. Man kann aber auch in der Gemeinschaftsküche selbst loslegen. Das Hotel liegt an einem Fluss, und man hört leise das sich drehende Mühlrad, ausgesprochen romantisch.

ZONA PARAJE RIO GRANDE, CTRA. A-366 KM 50-51, GUARO, WWW.HOTEL-MOLINO.COM, T 952 453748/672 468396, PREIS: 80 €

. . . .

Etwas nördlich von Marbella, beim Ort Ojén, kann man eine schöne Wanderung durch die Sierra de las Nieves machen (siehe Karte hinten im Guide).

. . . .

COSTA DEL SOL REGION

SONNE, TOURISMUS UND GOLF

Es gibt wohl kaum jemanden, der noch nie etwas von der Costa del Sol gehört hat. In den 1960er- und 1970er-Jahren wurden an dieser "Sonnenküste" massenweise Ferienhäuser gebaut. Damals galt es als schick, den Urlaub hier zu verbringen, die Besucher waren vor allem Künstler, Schriftsteller und Schauspieler. Die Gegend kam jedoch durch den Massentourismus etwas in Verruf, aber es gibt immer noch genügend Sehenswertes.

In den 1980er-Jahren wurde die Costa del Sol als Ziel für den Massentourimus mit billigen All-inclusive-Angeboten entdeckt. So bekam die Gegend zunehmend einen schlechten Ruf, allerdings nicht ganz zu Recht. Natürlich gibt es hier Lokale, die Gäste mit Plastik-Speisekarten und beleuchteten Fotos der Gerichte anzulocken versuchen, aber es finden sich immer noch genügend schöne Stellen an der Küste. Außerdem ist man sehr bemüht, das Image der Region zu verbessern. Komfort und Luxus sind da die Schlagworte. Es entstehen mehr und mehr Spahotels, Wellnessclubs und Golfresorts. Gerade der Golfsport wird immer beliebter und aufgrund des Klimas kann man ihn fast das ganze Jahr über betreiben.

Man kann nicht die gesamte Costa del Sol in einen Topf werfen, aber wer einen guten Eindruck bekommen möchte, sollte einmal über die alte Küstenstraße N340 von Fuengirola durch Benalmádena nach Torremolinos fahren. Die Strecke ist zwar ziemlich bebaut, aber nicht alles ist hässlich. Die Altstadt von Marbella und Puerto Banús sind lohnende Ausflugsziele. Die schönsten Strände liegen in der Nähe von Nerja, aber auch der Strand in Torremolinos ist durchaus einen Besuch wert. Die wichtigsten Ortschaften an der Costa del Sol sind Marbella, Fuengirola, Benalmádena und Torremolinos (westlich von Málaga) sowie Nerja (östlich von Málaga).

Wer seinen Urlaub an der Costa del Sol verbringt, sollte unbedingt auch mit dem Auto das Landesinnere erkunden. Nördlich von Estepona liegen zum Beispiel zwei schöne Orte: Casares und Gaucín.

MARBELLA UND PUERTO BANÚS

Marbella hat zwei Bereiche: den Jachthafen Puerto Banús an der Westseite der Stadt und die Stadt selbst. Die Altstadt Marbellas ist erstaunlich schön und ruhig, die schmalen Gassen und Plätze haben ihren ursprünglichen Charakter bewahrt. Zahlreiche Boutiquen und kleine Läden laden zum Stöbern ein. Wer hier etwas essen will, sollte auf den Preis achten, denn es gibt beachtliche Unterschiede.

Die Struktur des Jachthafens Puerto Banús erinnert stark an Saint-Tropez. Puerto Banús wurde neu angelegt und ist daher etwas charakterlos, aber dennoch macht es

MARBELLA STADT

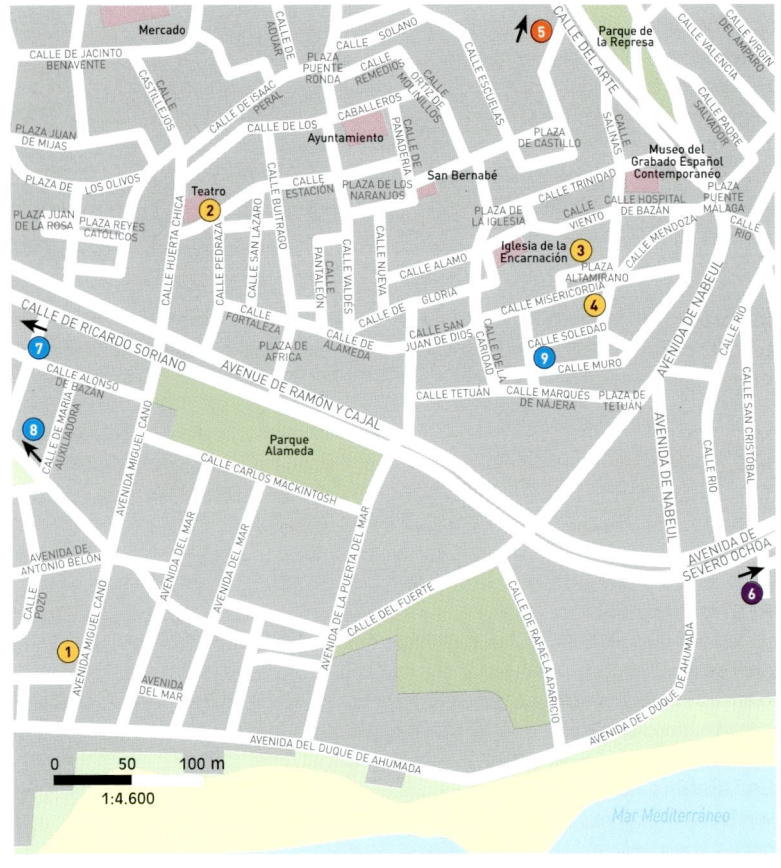

Spaß, sich die Luxusjachten und edlen Autos anzusehen und am Hafen entlang-zuflanieren. Wer hier shoppen will, muss tief in den Geldbeutel greifen, denn im Hafenbereich gibt es vor allem teure Marken wie Chanel und Dior. Bummeln Sie bis zum Ende des Hafens, wo die Boote immer größer werden, und schauen Sie sich dann um. Es erwartet Sie ein toller Blick mit den Bergen im Hintergrund.

Marbella hat sich als Ort für den Jetset profiliert, aber nicht ohne schalen Beigeschmack. In den 1990er-Jahren kamen allerlei Korruptionsskandale ans Licht. Der Bürgermeister Jesus Gil y Gil (1991–2002) machte die Stadt zwar bekannt, sein Name war jedoch auch mit Schmiergeldskandalen verbunden. Er starb 2004, die Gerichtsverfahren um diese Skandale dauern jedoch bis heute an. Dabei geht es vor allem um unrechtmäßig erteilte Baugenehmigungen. Hierbei waren Gemeindevertreter, Beamte und bekannte Stars beteiligt. Marbella ist seit jeher bei der arabischen Oberschicht sehr beliebt.

Unter der Avenida del Mar, hinter dem Park im Zentrum Marbellas, liegt ein Parkhaus. Hier sollte man sein Auto abstellen, wenn man die Stadt besuchen möchte. Neben der Lage ein weiterer Vorteil: Wer hier parkt, kann kostenlos ein Rad benutzen und bekommt bei Regen einen Schirm.

ESSEN & TRINKEN

In Marbella muss man sich ein wenig Mühe geben, um zwischen den zahlreichen touristischen Gaststätten gute Restaurants zu finden. Achten Sie auch auf die Preise, denn bevor man es sich versieht, hat man eine horrende Rechnung zu bezahlen.

MARISQUERÍA LA PESQUERA Am besten essen Sie nicht in dem eher unauffälligen Restaurant, sondern bestellen Ihre Tapas an der Bar und setzen sich auf die kleine Terrasse am Platz. Da es nur wenige Tische gibt, müssen Sie vielleicht etwas warten. In diesem Fall können Sie erst an der Bar etwas trinken.
PLAZA DE LA VICTORIA S/N, WWW.LAPESQUERA.COM, T 952 765170, GEÖFFNET: TÄGLICH 10.30-1.00, PREIS: AB 4 €

RESTAURANTE ALTAMIRANO Wer in Marbella typisch spanisch essen möchte, ist im Restaurante Altamirano richtig. Tische und Stühle sind aus Plastik, das Licht ist grell, dafür ist das Essen gut.
PLAZA ALTAMIRANO 3, WWW.BARALTAMIRANO.ES, T 952 824932/902904, GEÖFFNET: TÄGLICH 13.30-16.00 & 19.30-0.00, PREIS: 15 €

LA TABERNA DEL PINTXO Diese Tapasbar liegt in einer Seitenstraße des Boulevards von Marbella. Es gibt hier herrliche Tapas aus verschiedenen Regionen von Spanien.
AVENIDA MIGUEL CANO 7, T 952 829321, GEÖFFNET: TÄGLICH 12.30-0.00, PREIS: AB 4 €

ZOZOI Lassen Sie sich nicht von der Front des Gebäudes abschrecken, denn der Innenhof ist reizend. Es gibt hier moderne mediterrane Gerichte, Spezialitäten sind zum Beispiel Seebarschfilet mit Safran, Fettuccine und grüner Spargel.

PLAZA ALTAMIRANO 1, WWW.ZOZOI.COM, T 952 858868, GEÖFFNET: MO-SA 19.30-0.00, PREIS: 16 €

SHOPPEN

In der Altstadt von Marbella gibt es einige nette kleine Boutiquen, aber auch hier spürt man deutlich die Folgen der Wirtschaftskrise, denn viele Geschäfte mussten schließen. An der Durchgangsstraße entlang des Parks findet man die etwas größeren Marken wie Zara. In Puerto Banús sind Edelmarken wie Chanel oder Louis Vuitton vertreten, außerdem befindet sich hier eine Filiale der spanischen Kaufhauskette El Corte Inglés. Die meisten Geschäfte sind im Hafen selbst und in einer Parallelstraße.

LA CAÑADA Falls es einmal regnet oder Sie einfach Lust zum Shoppen haben, dann besuchen Sie doch das beste Einkaufszentrum von ganz Andalusien, La Cañada. Es liegt an der Autobahn nördlich von Marbella, an der Ausfahrt Ojén.

PARQUE COMERCIAL LA CAÑADA, N340 ABFAHRT OJÉN, GEÖFFNET: MO-SA 10.00-22.00

....

*Der bekannteste Platz in Marbella ist die Plaza de los Naranjos (Platz der Orangen-
bäume) mitten in der Stadt. Ein stimmungsvoller, aber auch recht touristischer Ort.
Ebenfalls im Zentrum, etwas weiter nördlich, liegt die Plaza Puente Ronda, ein schöner
Fleck in der Altstadt für einen Drink am Abend.*

....

AUSGEHEN

**An der Plaza Puente Ronda in der Altstadt liegen verschiedene Straßencafés. Auch in den Gassen hinter dem Hafen von Puerto Banús findet man einige Bars. Aber in Mar-
bella sollte man auf jeden Fall einen der lässigen Beachclubs am Strand besuchen, von denen Nikki Beach der bekannteste ist. Man hat hier gute Chancen, auf Promis zu treffen.**

NIKKI BEACH Miami Beach, Saint-Tropez und Marbella: Auch im Nikki Beach dreht sich alles um Sehen und Gesehenwerden, ziehen Sie also passende Kleidung an. Lounges, Palmen, DJs und Cocktails – das ist Nikki Beach. Jede Saison wird mit einer großen White Party eröffnet und mit einer Red Party abgeschlossen. Zwischendurch gibt es natürlich zahlreiche andere Partys. Mehr dazu finden Sie auf der Website.

*PLAYA HOTEL DON CARLOS, CARRETERA DE CADIZ KM 192, WWW.NIKKIBEACH.COM, T 952 836239, GEÖFFNET:
TÄGLICH 22 APR.-19 JUNI & 28 AUG.-1 OKT. 11.00-20.00, 20 JUNI-27 AUG. 10.00-0.00*

NIKKI BEACH

ÜBERNACHTEN

Neben den unpersönlichen Hotelketten gibt es auch ein paar kleinere Hotels.

THE TOWN HOUSE ist eine gute Wahl, wenn man ein schönes kleines Hotel im Zentrum sucht. Die Einrichtung ist fantastisch: eine Mischung aus Design und Klassik. Das Haus liegt sehr zentral und ist dennoch ruhig, es hat auch eine schöne Dachterrasse.
CALLE ALDERETE 7, WWW.TOWNHOUSE.NU, T 952 901791, PREIS: 110 €

HOTEL FINLANDIA Dieses kleine Hotel ist eine gute Option, wenn man in Marbella preiswert übernachten will. Es ist einfach, aber gepflegt und liegt ideal in einer ruhigen Gegend. Zentrum und Strand sind zu Fuß erreichbar.
CALLE NOTARIO LUIS OLIVER 12, WWW.HOTELFINLANDIA.ES, T 952 770700, PREIS: 45 €

BANÚS LODGE Wer mehrere Tage in Marbella verbringen möchte, kann statt eines Hotelzimmers hier auch ein Studio oder Appartement mieten. In der Hochsaison ist die Mindestmietdauer eine Woche, in der Nebensaison zwei Tage.
CALLE CUARTEL DEL DUQUE, NUEVA ANDALUCIA, WWW.BANUSLODGE.COM, T 952 811475, PREIS: STUDIO AB 65 €

ESTEPONA

Estepona war der letzte Ort, der an der Costa del Sol so richtig ausgebaut wurde. In der Umgebung der Stadt wurden viele große Hotelkomplexe errichtet, und das schreckt ein bisschen ab. Es gibt jedoch auch ein gemütliches altes Zentrum mit hübschen Plätzen und einen schönen Boulevard, der am breiten Sandstrand entlangführt.

HELADERIA VITIN Wer Lust auf Eis hat, ist in dieser Eisdiele im alten Zentrum von Estepona bestens aufgehoben. Es gibt auch köstliche Torten, Crêpes und Frühstück.
PLAZA DE LOS FLORES S/N, T 952 800082

HOTEL DON AGUSTIN Ein heißer Tipp, wenn man ein Hotel in ruhiger Strandlage in der Nähe des Boulevards sucht. Das Hotel liegt hinter Estepona, in Sabinillas, in der Nähe von Manilva. Der Ort selbst ist zwar nicht besonders interessant, dafür aber typisch spanisch. Im Sommer wird das Frühstück in einer Bar in der Nähe serviert. Mit nur 18 Zimmern ist das Haus nicht allzu groß, die Preise sind günstig.
CALLE DUQUESA DE ARCOS 57, SABINILLAS, MANILVA, WWW.HOTELDONAGUSTIN.COM, T 952 893139, PREIS: 59 €

HOTEL HERMITAGE DE CASARES

CASARES

Wenn Sie sich in der Nähe von Marbella oder Estepona einquartiert haben, sollten Sie unbedingt auch mit dem Auto das Landesinnere erkunden. Im Hinterland von Estepona liegt Casares, ein traditionelles Dorf auf einem Hügel mit weißen Häusern und steilen Gassen. Auf einem Felsen über dem Ort liegt eine alte Festung, von dort hat man eine wunderbare Aussicht. Sie können Ihr Auto an der Durchgangsstraße am Ortsrand abstellen und das Dorf zu Fuß besichtigen.

HOTEL HERMITAGE DE CASARES Wer Natur liebt und Wert auf etwas Luxus legt, ist hier gut aufgehoben. Dieses tolle Hotel hat 15 Zimmer, darunter ein paar Suiten und Doppelzimmer. Es ist bezahlbar, hat einen Pool, ein gutes Restaurant und bietet eine umwerfende Aussicht auf die Küste und das afrikanische Festland.
PARAJE DE LA CELIMA S/N, CARRETERA DE CASARES MO-8300 KM 10, WWW.HOTELHERMITAGE.ES, T 952 895639, PREIS: 77 €

GAUCÍN

Gaucín liegt noch etwas weiter landeinwärts als Casares. Auch hier hat man eine fantastische Aussicht auf die Küste. Bei klarem Wetter kann man Gibraltar und sogar Marokko sehen. Für seine Größe und Lage ist der Ort erstaunlich international ausgerichtet.

LA FRUCTUOSA ist ein geschmackvolles Hotel mit fünf Zimmern mitten im Dorf. Vom Bett aus blickt man auf zwei Kontinente, drei Länder, das Mittelmeer und den Atlantik. Wo gibt es das sonst noch? Das Frühstück wird auf der Terrasse serviert oder an der Stelle, an der früher der Wein gepresst wurde, die Weinpresse steht noch da. Von allen Zimmern aus hat man den gleichen atemberaubenden Blick, selbst von den großen Fenstern im Bad aus. Das Einzige, was hier im Sommer fehlt, ist ein Pool.
CALLE CONVENTO 67, WWW.LAFRUCTUOSA.COM, T 617 692784/952 151072, PREIS: 88 €

FUENGIROLA

Die Stadt Fuengirola hat nicht besonders viel zu bieten, am schönsten ist der Platz im Zentrum. Wer zum Strand möchte, kann am besten auf dem Boulevard nach links abbiegen, zum Stadtteil Los Boliches. Hier sind die Strände ruhiger als am Boulevard im Zentrum, wo es viele Engländer und zahlreiche internationale Bars und Restaurants gibt.

FLOHMARKT Am Samstagvormittag findet in Fuengirola der beliebteste und beste Trödelmarkt der Costa del Sol statt, und zwar auf dem *feria*-Gelände an der Durchgangsstraße.

AVENIDA DE JESUS SANTOS REIN

BIOPARC FUENGIROLA Der Tiergarten liegt mitten im Zentrum. Hier wurde ein tropischer Regenwald "nachgebaut", wofür das Klima an der Costa del Sol sehr hilfreich war. Die Tiere können so in einer möglichst natürlichen Umgebung leben. Im Sommer ist der Tiergarten bis in den späten Abend geöffnet. Es ist schon ein ganz besonderes Erlebnis, bei Mondlicht durch tropischen Regenwald zu streifen.

CALLE CAMILO JOSÉ CELA 8-10, WWW.BIOPARCFUENGIROLA.ES, T 952 666301, GEÖFFNET: TÄGLICH 10.00-20.00, JULI-AUG. 10.00-0.00, IM WINTER BIS 19.00, EINTRITT: 14,90 €

HOTEL LAS ISLAS Dieses Hotel ist der Beweis dafür, dass es auch an der Costa del Sol noch ganz besondere Unterkünfte gibt, denn es ist wirklich ein Paradies. Das Hotel hat zudem ein hervorragendes Restaurant, und der Strand liegt gleich vor der Tür. Achtung: Las Islas ist nur vom 1. Mai bis Mitte Oktober geöffnet und sehr beliebt, also buchen Sie frühzeitig.

CALLE DE LA CANELA 12, WWW.LASISLAS.INFO, T 952 475598, PREIS: 135 €

MIJAS PUEBLO

Der Name Mijas kann tatsächlich etwas Verwirrung stiften, es gibt nämlich Mijas, Mijas Costa und Mijas Pueblo. Und sie liegen alle um Fuengirola herum. Wenn man von Mijas spricht, meint man meistens Mijas Pueblo, den ältesten, bestbesuchten Ort im Hinterland der Costa del Sol. Die Vielzahl der Besucher erklärt sich dadurch, dass auch vollbesetzte Touristenbusse hierher fahren können. Mijas Pueblo ist wirklich reizend, vor allem der höher gelegene Teil an der Arena. Natürlich hat man auch einen tollen Blick auf die Küste. Tipp: Für kleine Kinder werden Eselstouren durch das Dorf angeboten.

BENALMÁDENA

Benalmádena wurde in den vergangenen zehn Jahren völlig mit Hotels und Appartementkomplexen zugebaut. Es ist neuer als Torremolinos und Fuengirola und sieht dementsprechend gepflegt aus. Der Ort ist bei Engländern sehr beliebt, die einzige Sehenswürdigkeit ist der kleine Hafen Puerto Deportivo (oder Puerto Marina) im maurischen Stil.

NERJA BALCON DE EUROPA

TORREMOLINOS

Torremolinos war einst ein kleines Fischerdorf, hat sich jedoch in den 1960er-Jahren zum Hauptort des Massentourismus an der Costa del Sol entwickelt. Etwa 20 Jahre war es bei den Deutschen ein beliebtes Urlaubsziel. Dennoch gibt es hier nicht an jeder Ecke eine Gaststätte mit deutschem Essen, wie man vermuten könnte, außer vielleicht in La Carihuela direkt am Strand. Dieses Viertel von Torremolinos liegt hinter dem Zentrum, Richtung Benalmádena. Aber natürlich findet man auch genügend spanische Bars und Restaurants.

Die Strände von Torremolinos sind im August sehr voll, denn dann haben die Spanier Urlaub. Das Zentrum des Ortes ist nicht schön, aber der Boulevard am Meer wurde renoviert, und die Strände sind toll. Der Boulevard ist kilometerlang, und wenn man aus dem Zentrum ein wenig in Richtung Málaga geht, ist es angenehm ruhig. Wer eine coole Lounge-Strandbar besuchen möchte, findet sie kurz vor dem Ende der großen Straße. Diese Strandbar wird neuerdings immer beliebter bei den jungen *malagueños*, die gern abends hier ausgehen. Man darf sein Auto übrigens überall am Strand parken. Wenn Sie Lust auf einen Spaziergang haben, können Sie Richtung Benalmádena laufen. Dann gehen Sie um die Felsenspitze herum nach Carihuela.

TABERNA MATAHAMBRE Dieses Lokal ist extrem beliebt. Es war das erste Lokal seiner Art. Das Konzept war jedoch so erfolgreich, dass es heute auch Filialen etwa in Córdoba, Jaén, Sevilla und Málaga gibt. Es wird eine große Auswahl an Gerichten angeboten, deren Namen einem oft gar nichts sagen, sie schmecken aber alle köstlich. Suchen Sie sich einfach etwas aus und lassen Sie sich überraschen. Die Preise sind moderat, und man kann alle Weine und Cavas, selbst die exklusivsten, auch glasweise bestellen.
CALLE LOS MERCEDES 14, WWW.MATAHAMBRE.COM, T 952 381242, GEÖFFNET: MO-SA 12.30-16.00 & 20.00-0.00, PREIS: 5 €

CASA JUAN LOS MELLIZOS Dieses Restaurant liegt, von Torremolinos aus gesehen, am Anfang von Carihuela in der ersten Parallelstraße zum Strandboulevard. Es ist ein traditionelles andalusisches Restaurant, das Speisen gehobener Qualität anbietet. Wer sich den Spaß machen will, kann einmal die Ober zählen, denn es gibt hier wirklich unglaublich viele!
CALLE SAN GINES 20, WWW.LOSMELLIZOS.NET/CASAJUAN, T 952 373512, PREIS: 14 €

HOTEL PICASSO Dieses kleine Hotel liegt in der Nähe des Flughafens, in Guadalmar, einem Außenbezirk von Torremolinos. Der ideale Ort, um hier vor dem Rückflug zu übernachten oder nach der Ankunft die erste Nacht zu verbringen, wenn man nicht gleich weiterreisen möchte. Nicht weit entfernt gibt es auch einen schönen Strand mit wenigen Touristen.
CALLE ACACIAS DE GUADALMAR 153, WWW.HOTEL-PICASSO.NET, T 952 176061/951 987059, PREIS: 69 €

NERJA

Nerja ist der bekannteste Küstenort östlich von Málaga. Hier gibt es zum Glück keine Hochhäuser, denn die maximale Höhe der Gebäude ist auf vier Stockwerke festgelegt. Nerja lebt fast ausschließlich vom Tourismus, es wohnen auch zahlreiche Ausländer hier, vor allem Engländer. In diesem Bereich der Costa del Sol liegen die schönsten Strände. Da es sich um eine Felsküste handelt, gibt es statt breiter Sandstrände von Felsen umschlossene Buchten.

SEHENSWÜRDIGKEITEN

Die Höhlen von Nerja sind die wichtigste Sehenswürdigkeit in diesem Teil der Costa del Sol. Auch lohnenswert ist der "Balkon Europas" mit seiner traumhaften Aussicht.

CUEVAS DE NERJA Am 12. Januar 1959 gingen fünf Jungen aus Nerja und Umgebung auf Fledermausjagd. Durch Zufall entdeckten Sie eine Art Schornstein im Boden, unter dem sich eine Höhle verbarg. Am nächsten Tag kehrten sie mit einer besseren Aus-

NERJA

rüstung zurück und stießen auf ein weitläufiges Höhlensystem, das über Jahrmillionen durch Wassererosion entstanden war. Das Höhlensystem ist fünf Kilometer lang, und es gibt bis zu 20 Meter hohe Stalaktiten. In den großen Hallen werden jedes Jahr im Juni Konzerte mit berühmten Artisten veranstaltet: Die Akustik ist sensationell. In den Höhlen wurden auch die wahrscheinlich ältesten Zeichnungen der Welt entdeckt, sie sind jedoch leider nicht zu besichtigen. Jedes Jahr findet hier in der zweiten Julihälfte das Festival Internacional de Música y Danza statt. Während des Festivals sind die Höhlen von 10 bis 18 Uhr für Besucher geöffnet.

CARRETERA DE MARO S/N, WWW.CUEVADENERJA.COM, T 952 529520, GEÖFFNET: TÄGLICH SEPT.-JUNI 10.00-14.00 & 16.00-18.30, JULI-AUG. 10.00-19.30, 1 JAN. & 15 MAI GESCHLOSSEN, EINTRITT: 7 €

BALCÓN DE EUROPA Als König Alfonso XII. im Jahr 1885 nach einem Erdbeben Nerja besuchte und über das Meer blickte, war er sehr beeindruckt und sagte: "Ich stehe hier auf dem Balkon Europas." Dieser Satz ist den Einwohnern von Nerja für immer im Gedächtnis geblieben, und seitdem hat der Balcón de Europa große Bekanntheit erlangt. Der Besuch des Aussichtspunktes lässt sich gut mit einem Spaziergang verbinden. Abends flanieren hier Einheimische und Touristen umher und genießen dabei ein Eis.

PASEO BALCÓN DE EUROPA

ESSEN & TRINKEN

Nerja ist zwar ziemlich touristisch, dennoch findet man immer noch einige originelle Lokale.

CHIRINGUITO DE AYO an der Playa Burriana ist vielen ein Begriff, vor allem weil in diesem Restaurant eine spanische Fernsehserie gedreht wurde. Es ist nur mittags geöffnet und immer voll. Auf einem offenen Feuer werden riesige Pfannen Paella zubereitet. Sobald die Paella fertig ist, flitzen die Ober durchs Lokal, um allen Gästen die gut gefüllten Teller zu bringen. Wer keine Paella möchte, kann frischen Fisch, Avocadosalat oder einen Auberginen-Auflauf bestellen. Seien Sie nicht zu enttäuscht, wenn es so voll ist, dass Sie keinen Platz bekommen: Die Paella in den Lokalen nebenan ist genauso gut.

PLAYA BURRIANA S/N, WWW.AYONERJA.COM, T 952 522289, GEÖFFNET: TÄGLICH 11.00-17.00, IM WINTER BIS 16.00, PREIS: 17,50 €

MERENDERO JIMENEZ In diesem Restaurant sollte man unbedingt den köstlichen gebackenen Fisch bestellen. Es liegt am Strand auf dem Weg von Nerja nach Torrox Costa. Das Restaurant selbst ist nichts Besonderes, aber dafür wird der Fisch sozusagen vor Ihrer Nase gefangen. Frischer geht's nicht.

CALLE DE PEÑONCILLO S/N, TORROX COSTA, T 952 530869, GEÖFFNET: MI-MO APR.-SEPT. 12.00-22.00, OKT.-MÄRZ 12.00-16.00, PREIS: 20 €

VITALIANO Die italienische Eisdiele hat superleckeres Eis und seit 2011 auch köstliche Pizzen und Nudelgerichte.

CALLE IGLESIA 2, T 952 524897, GEÖFFNET: APR.-OKT. 10.00-3.00, NOV.-MÄRZ 10.00-18.30, PREIS: 3 €

BAR REDONDA In der Calle del Almirante Ferrándiz liegen einige gemütliche Bars und Restaurants. An der Ecke zur Calle de la Gloria befindet sich die Bar Redonda. Ob Tourist oder Einheimischer, hier sitzen oder stehen alle an der großen runden Bar in der Mitte. Angeboten werden gute Tapas und Salate, die Spezialität des Hauses. Und natürlich kann man auch ein Gläschen Wein, mit einer kostenlosen Tapa, genießen.

CALLE DE LA GLORIA 10, GEÖFFNET: MO-SA 12.30-BIS NACH MITTERNACHT, SO AB 17.30, PREIS: DRINK AB 1,50 €

LA PUNTILLA Auch in Nerja gibt es originelle und traditionelle Lokale, die etwas abseits der am stärksten frequentierten Touristenzonen liegen. In dieser Bar in der Calle Bolivia, einer autofreien Straße in einem kleinen Wohnviertel, gibt es die besten Tapas. Etwas weiter, dort, wo die Straße in die Calle San Pedro übergeht, liegt eine andere Bar mit guten Tapas und einem schönen Innenhof: Dolores el Chispa.

CALLE BOLIVIA 1, T 952 528951, PREIS: 3 €

100% THERE

In Nerja dreht sich fast alles um den Strand. Es lohnt sich aber durchaus, mit dem Auto einen Ausflug in die Umgebung zu machen.

PLAYA BURRIANA ist der bekannteste und größte Strand von Nerja östlich des Zentrums (Richtung Almería) – ideal für einen Spaziergang oder zum Sonnenbaden. Andere schöne Strände finden Sie an der Küstenstraße nach Almería (siehe Seite 237).
PASEO DE LA BURRIANA

RELAXEN IN DER NATUR Etwa fünf Kilometer nördlich der Höhlen, im Parque Natural Sierra Tejada, Almijara y Alhama, liegt Fuente del Esparto. Das ist ein Erholungsgebiet mitten im Wald, wo die Einwohner von Nerja am Sonntag gern grillen. Unter den Tannen ist es immer kühl, hier und da stehen Picknicktische und steinerne Grills, und es ist nicht allzu viel los.
DER ZUGANG ZUM NATURPARK LIEGT VOR DEM EINGANG DER CUEVAS DE NERJA (SIEHE SEHENSWÜRDIGKEITEN)

WANDERUNG ZUR FUENTE DEL ESPARTO Wer genügend Zeit hat, kann von Frigiliana aus eine Wanderung durch den Naturpark zur Fuente del Esparto unternehmen. Die Tour ist nicht allzu anstrengend und dauert etwa vier Stunden. Der Weg beginnt kurz vor dem Eingang zur Cueva de Nerja, gehen Sie hier nach links und folgen Sie dem Weg etwa fünf Kilometer lang.

ÜBERNACHTEN

Es gibt reichlich Hotels in Nerja, und zum Glück sind darunter auch einige, bei denen keine Touristenbusse vor der Tür stehen.

HOTEL CARABEO Wer in diesem Hotel, einem der schönsten von Nerja, ein Zimmer bucht, wacht mit Meeresblick auf. In der ehemaligen Schule liegen 13 schöne Zimmer, alle mit Aussicht auf das Meer. Im dazugehörigen Restaurant, Restaurante 34, kann man gut zu Abend essen.
CALLE HERNANDO DE CARABEO 34, WWW.HOTELCARABEO.COM, T 952 525 444, PREIS: 110 €

HOSTAL CASA MERCEDES Der Name der Straße, in der das Hostal liegt, wird Sie vielleicht verwundern: Maria de Waard? Diese Straße wurde tatsächlich nach einer Niederländerin benannt, die viel für den Tourismus in Nerja getan hat. Inzwischen ist sie verstorben, und ihre Tochter hat die Leitung dieses preisgünstigen Hostals übernommen. Alle Zimmer verfügen über eine Terrasse, es gibt auch eine gemeinsame Sonnenterrasse und einen Pool. Zum Strand ist es nur eine Viertelstunde zu Fuß, und auch das Zentrum ist zu Fuß erreichbar.
CALLE MARIA DE WAARD, WWW.CASA-MERCEDES.DE, T 952 523164, PREIS: 45 €

RONDA STADT

GETEILTE STADT MIT TOLLEN AUSBLICKEN

Ronda gehört zu den meistbesuchten Orten in Andalusien und wird bei fast allen organisierten Rundreisen angelaufen. Lassen Sie sich nicht von dem Trubel abschrecken, Ronda ist wirklich etwas Besonderes.

Es liegt nämlich spektakulär um eine tiefe Schlucht (El Tajo), die die Stadt in zwei Hälften teilt. Tief unten fließt der Guadalevín durch die Schlucht. Ursprünglich gab es nur die von den Mauren gegründete Altstadt. Aufgrund der Lage war dies natürlich schon immer ein strategisch wichtiger Ort, aber die Stadt war auch ein bedeutendes Handelszentrum. Als sich so viele Händler hier niederließen, dass die Altstadt aus den Fugen zu platzen drohte, wurde eine Steuer erhoben. Wer in der Stadt Handel treiben wollte, musste ordentlich zahlen. Die Folge war, dass außerhalb der Stadt, auf der anderen Seite der Brücke, ein geschäftiger neuer Stadtteil entstand.

Man kann Ronda gut an einem Tag besuchen, die Altstadt ist nicht groß. Die wichtigste Einkaufsstraße liegt in dem neuen Stadtteil direkt gegenüber der Stierkampfarena, aber natürlich machen der alte Teil und die Schlucht den Reiz dieses Städtchens aus. Die zwei Stadtteile sind über eine alte Brücke miteinander verbunden, von der aus man eine wundervolle Aussicht auf die Schlucht und die umliegende Hügellandschaft hat.

Wenn man Pech hat, sind in Ronda gerade einige Touristenbusse angekommen, aber meistens ist es ruhig genug, um gemütlich durch die Altstadt zu schlendern.

RONDA STADT

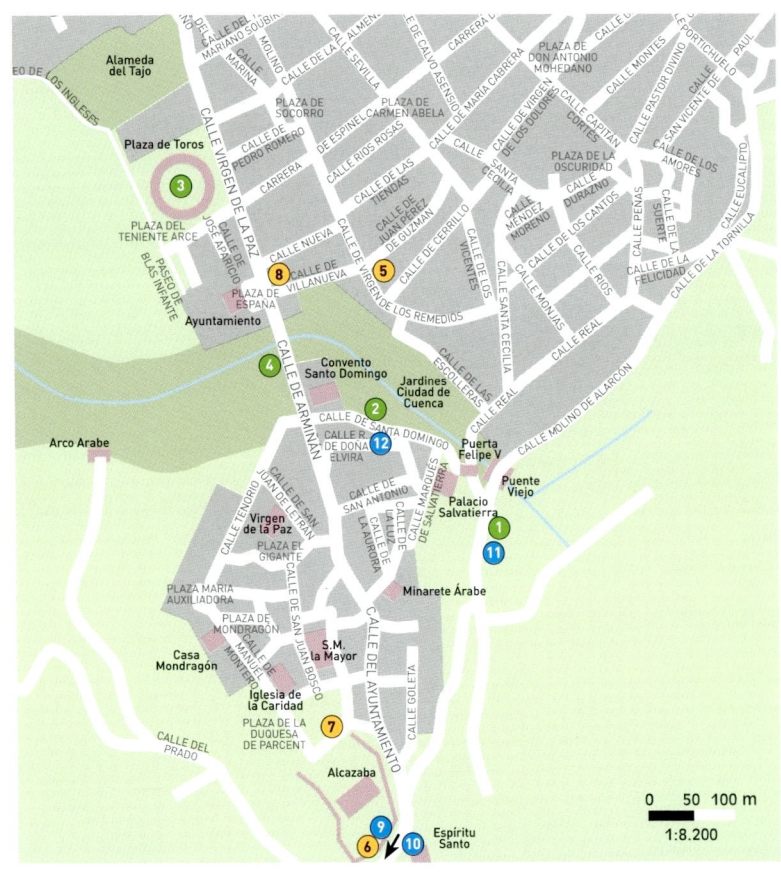

SEHENSWÜRDIGKEITEN

Ronda hat eine lange Geschichte. In der Altstadt sind einige sehenswerte Bauwerke zu bewundern.

PUENTE NUEVO Die bekannteste Brücke über die Schlucht ist die 98 Meter hohe Puente
Nuevo. Sie sollte ursprünglich die tiefer gelegene Puente Viejo ersetzen. Unter Leitung des Architekten Martín de Aldehuela arbeiteten Hunderte Männer 42 Jahre lang – bis 1793 – am Bau der Brücke, 50 verloren dabei ihr Leben. Gehen Sie unbedingt über die Brücke und blicken Sie über die Brüstung (nichts für Leute mit Höhenangst).

PLAZA DE TOROS Die Stierkampfarena von Ronda wurde 1784 erbaut und ist eine der ältesten noch erhaltenen Arenen Spaniens. Ronda gilt als Wiege des modernen Stierkampfes, und der berühmte Torero Pedro Romero war ein Sohn der Stadt. Das neoklassizistische Gebäude mit der doppelten Säulengalerie wird heute nur noch während der jährlichen Corrida Goyesca benutzt, die zu Ehren von Pedro Romero abgehalten wird. Zur Arena gehört auch ein Museum.
CALLE VIRGEN DE LA PAZ 15, WWW.RMCR.ORG, T 952 871539 (BÜRO), T 952 874132 (KASSE), GEÖFFNET: NOV.-FEBR. 10.00-18.00, MÄRZ & OKT. 10.00-19.00, APR.-SEPT. 10.00-20.00, EINTRITT: 6 €

CASA DEL REY MORO Auch wenn der Name etwas anderes vermuten lässt, hat in diesem Palast noch nie ein maurischer König gewohnt. Das Gebäude stammt aus dem 18. Jahrhundert, als die Mauren Andalusien schon lange verlassen hatten. Die prachtvollen Gärten sind sogar noch jünger, sie wurden 1912 von dem Franzosen Jean Claude Forestier entworfen. Im Palast befindet sich eine in den Felsen gehauene "geheime" Treppe mit 300 Stufen, die in die Schlucht führt. Sie stammt noch aus maurischer Zeit, und ihr ist es zu verdanken, dass Ronda nicht davon abhängig war, von außerhalb mit Wasser versorgt zu werden, und somit einer Belagerung lange standhalten konnte. Früher schleppten Sklaven täglich schwere Wasserschläuche die Treppe hinauf und hinunter. Im Jahr 1911 wurde die Treppe ausgebessert. Man kann auch heute noch hinauf- und hinabsteigen, auch ohne schweren Wasserschlauch ganz schön anstrengend.
CALLE DE SANTO DOMINGO 9, T 952 187200, GEÖFFNET: TÄGLICH 10.00-20.00, EINTRITT: 4 €

BAÑOS ÁRABES Dieses Badehaus aus dem 13. Jahrhundert ist einer der besterhaltenen Hamams in Spanien. Nach maurischer Sitte musste sich jeder vor Betreten der Stadt reinigen, daher liegt das Badehaus in der Nähe der kleinen Puente Árabe, damals der einzige Zugang zur Stadt. Der Komplex besteht aus drei gut erhaltenen und teilweise restaurierten Räumen mit maurischen Rundbögen. Es gibt die traditionellen Heiß-, Warm- und Kalträume. Durch die sternförmigen Fenster in der Decke fällt Licht. Es sind sogar noch die Überreste eines alten Kessels vorhanden.
CALLE SAN MIGUEL S/N, T 952 870818, GEÖFFNET: MO-FR 10.00-21.00, SA 10.00-13.45 & 16.00-20.00, SO 10.00-15.00, EINTRITT: 3 €

ESSEN & TRINKEN

In Ronda liegen zu beiden Seiten der Brücke gute Restaurants.

TOP 10

RESTAURANTE MESÓN CARMEN LA DE RONDA Wir können nicht genau sagen, wer diese Carmen war oder ist, aber sie stammt auf jeden Fall aus Ronda, und dieses Restaurant ist nach ihr benannt. Und darauf kann sie stolz sein, denn es ist ein sehr angenehmes Restaurant: gemütliche Einrichtung, gutes Essen und wunderschöne Lage an einem reizenden Platz im schönsten Teil der Altstadt.
PLAZA DUQUESA DE PARCENT 10, WWW.CARMENLADERONDA.ES, T 654 544300, GEÖFFNET: MO-SA 13.00-15.15 & 20.15-23.30, PREIS: 11 €

BAR CASA MORENO/EL LECHUGUITA Wer in Ronda eine Tapasbar mit großer Auswahl sucht, ist hier richtig. Man kreuzt die gewünschten Tapas auf einem Zettel an, gibt diesen ab und kann die Tapas dann auf der anderen Straßenseite an den zu Stehtischen umgewandelten Fässern verzehren. Die Tapas kosten fast alle 80 Cent, nur einige besondere wie Fleisch- oder Fischspießchen 2,50 Euro.
CALLE VIRGEN DE LOS REMEDIOS 35, T 952 878076, GEÖFFNET: MO-SA 13.00-15.15 & 20.15-23.30, PREIS: 0,80-2,50 €

TRAGATAPAS Das Restaurant Tragabuches neben der Stierkampfarena war das einzige Restaurant in Ronda, das einen Michelin-Stern besaß. Leider hat es diesen 2011 verloren. Vor ein paar Jahren eröffneten die Eigentümer in der Einkaufsstraße ein Tapas-Restaurant: Tragatapas, ein modernes Lokal mit leckeren Tapas.
CALLE NUEVA 4, T 952 877209, GEÖFFNET: MO-DI & DO-SO 13.00-15.15 & 20.15-23.30, PREIS: AB 3 €

CASA MARÍA ist wegen seiner traditionellen, stets frisch zubereiteten Speisen von hervorragender Qualität bekannt. Das Lokal ist auf spanische Weine spezialisiert, man kann zwischen 300 verschiedenen wählen. Das Restaurant liegt etwas außerhalb der Stadt, aber man kann es gut zu Fuß erreichen.
PLAZA RUEDO DE ALAMEDA 27, T 952 876212, GEÖFFNET: DO-DI 13.00-16.00 & 19.30-0.00, PREIS: 15 €

ÜBERNACHTEN

Sowohl in der Altstadt als auch im neueren Teil liegen einige gute Hotels. In der wunderschönen Umgebung von Ronda gibt es ebenfalls hervorragende Unterkünfte.

HOTEL ALAVERA DE LOS BAÑOS ist ein kleines Hotel mit neun Zimmern neben den Baños Árabes. Das Preis-Leistungs-Verhältnis ist gut. Das stimmungsvolle Hotel mit seiner maurischen Einrichtung bietet eine gute Aussicht auf die Umgebung, zum alten Zentrum sind es zu Fuß nur wenige Minuten. Die Wirtsleute sind hilfsbereit und freundlich. Es gibt einen schönen Garten mit einem kleinen Pool.
HOYO SAN MIQUEL S/N, WWW.ALAVERADELOSBANOS.COM, T 952 879143, PREIS: 85 €

PUENTE NUEVO

BOABDIL GUESTHOUSE Wenn man nicht allzu viel ausgeben möchte, aber trotzdem in der Stadt übernachten will, bietet sich das Boabdil Guesthouse an. Es ist gepflegt, hat schöne Zimmer und neue Badezimmer. Es befindet sich im tiefer gelegenen Teil der Altstadt, man kann jedoch gut zu Fuß das Zentrum erreichen.

CALLE ESPIRITU SANTO 35, WWW.BOABDILRONDA.COM, T 952 161460/638 908 139, PREIS: 60 €

HOTEL RONDA ist ein recht einfaches Hotel, aber dennoch fühlt man sich hier irgendwie wohl. Das hat etwas mit der traumhaften Lage und der Gastfreundlichkeit der Eigentümer zu tun. Es gibt hier zwar kein Frühstück, aber das sollte mitten in der Stadt kein Problem sein.

CALLE RUEDO DOÑA ELVIRA 12, WWW.HOTELRONDA.NET, T 952 872232, PREIS: 67 €

CASA DE CAMPO LOS PASTORES Wenn man lieber auf dem Land übernachten möchte, ist dies eine gute Option. Diese schöne Finca liegt mitten in der Natur etwas außerhalb des Städtchens. Schon von der Straße aus macht sie einen einladenden Eindruck, und wenn man erst einmal auf dem Gelände ist, wird man nicht enttäuscht. Es werden acht Doppelzimmer, vier Appartements und eine Suite angeboten.

CARRETERA DE ALGECIRAS KM 4,5, WWW.FINCALOSPASTORES.COM, T 952 114464/664 260634, PREIS: 75 €

RUND UM RONDA

Die Umgebung von Ronda ist wirklich sehenswert. Egal, aus welcher Richtung man sich der Stadt nähert, die Fahrt ist immer lohnend. Die meisten kommen über die Straße von Marbella nach Ronda, eine wirklich spektakuläre Strecke. Übrigens sehr kurvenreich, wem leicht schlecht wird, der sollte besser eine andere Route wählen. Auch von Málaga aus gibt es eine tolle Straße durch die Sierra de las Nieves und von Arcos de la Frontera oder Sevilla aus ist die Fahrt genauso schön: Dann durchquert man eine Hügellandschaft mit Seen und fantastischen Ausblicken.

SIERRA DE GRAZALEMA

Die Sierra de Grazalema bei Ronda bietet Natur pur. Sie ist, so unglaublich das auch klingen mag, der feuchteste Teil Spaniens und ein Mekka für Wanderer.

AL LAGO ist ein Restaurant mit Blick über den See von Zahara de la Sierra. Ein wunderschöner Ort zum Lunchen oder Abendessen, wenn man auf Durchreise ist. Man kann auch in einem der vier Zimmer übernachten. Die Speisekarte sieht auf den ersten Blick traditionell spanisch aus, die Gerichte werden jedoch mit modernem Touch zubereitet. Die Zutaten werden großteils auf eigenem Boden angebaut.
CALLE FELIX RODRIQUEZ DE LA FUENTE 11, ZAHARA DE LA SIERRA, WWW.AL-LAGO.ES, T 956 123032/662 052553, GEÖFFNET: TÄGLICH 12.30-16.30 & 20.00-23.00, MI- & SO-ABEND GESCHLOSSEN, PREIS: 13 €

WANDERN DURCH DIE SIERRA Es ist kaum vorstellbar, dass das feuchteste Gebiet Spaniens so nahe am südlichsten Zipfel Europas liegt. Die große Niederschlagsmenge erklärt sich dadurch, dass die warme Luft vom Atlantik an Land gegen diese Gebirgskette prallt, aufsteigt und dann hinter der Gebirgskette kondensiert. Dieser wunderschöne Grüngürtel mit bis zu 1700 Meter hohen Gipfeln ist ein Paradies für Wanderer. Insgesamt gibt es im Park 30 offizielle Wanderwege – einfache, kurze Routen, aber auch Wanderungen, die nur in Begleitung eines Guide gemacht werden können. Das wichtigste Besucherzentrum liegt im Ort El Bosque.
AVENIDA DE LA DIPUTACIÓN S/N, T 956 727 029, GEÖFFNET: MO-DO 10.00-14.00, FR-SA 10.00-14.00 & 16.00-18.00, EINTRITT: FREI

HOOPOE YURT HOTEL In Cortes de la Frontera schläft man nicht in einem normalen Zelt, sondern in einer luxuriösen Jurte. Diese Zelte sehen toll aus und haben sogar ein eigenes Badezimmer. Die einzige Gemeinsamkeit mit ihren mongolischen Vorbildern ist ihre Lage mitten in der Natur. Auf dem Gelände gibt es zwei Schwimmbäder, Terrassen und eine Bar, und man hat eine fantastische Aussicht auf die Sierra de Grazalema. Die Mindestmietdauer beträgt drei Nächte.
LAS PILAS 7, CORTES DE LA FRONTERA, WWW.YURTHOTEL.COM, T 660 668241, PREIS: 130 €

GRANADA, LAS ALPUJARRAS, COSTA TROPICAL,
ALMERÍA UND PARQUE NATURAL CABO DE GATA-NIJAR

OST-ANDALUSIEN

AUTOTOUR OST-ANDALUSIEN

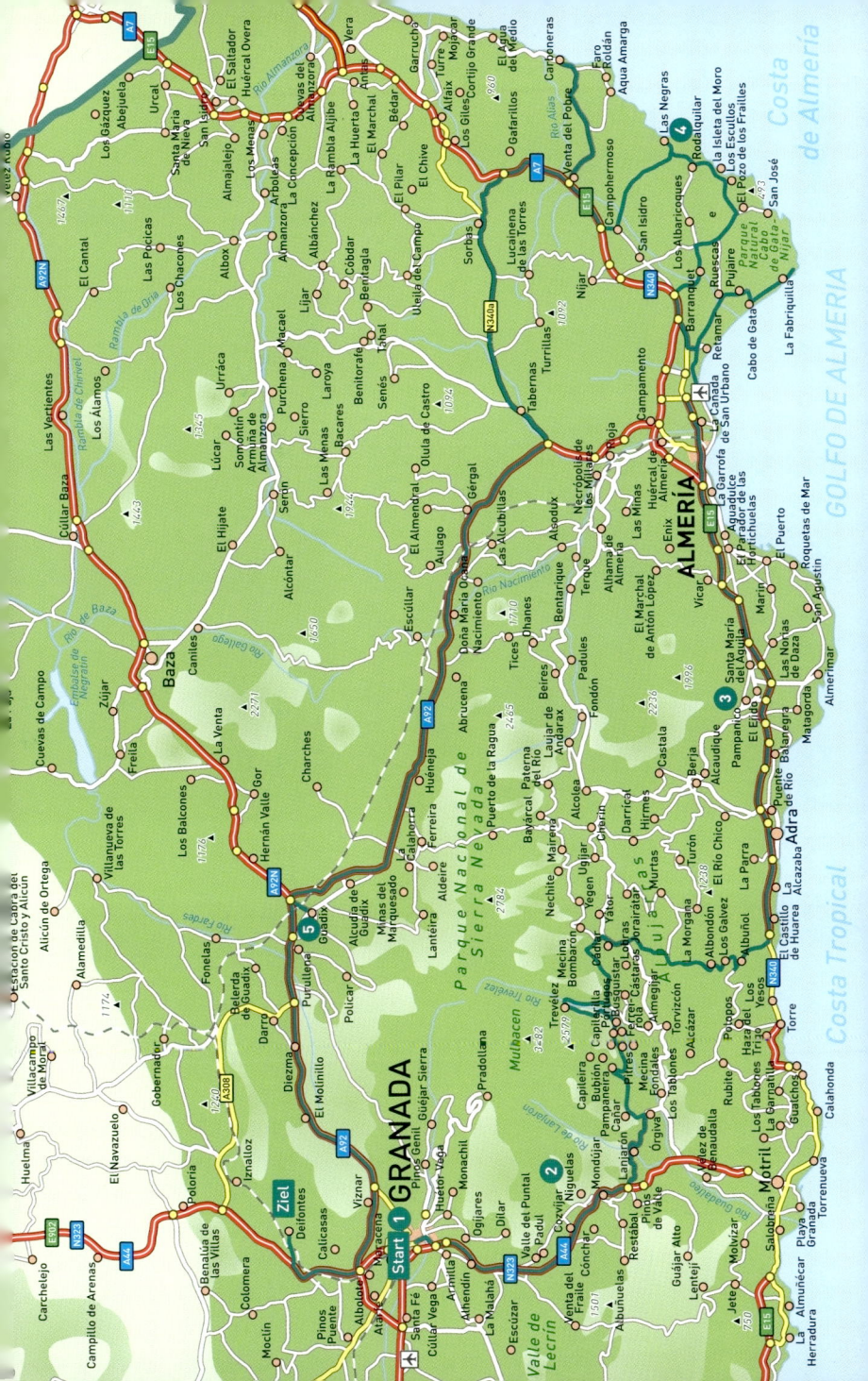

GRANADA STADT

ALHAMBRA, ALBAICÍN UND STUDENTENSTADT

Granada ist nicht nur bekannt für die Alhambra, sondern auch als Universitätsstadt. Dadurch leben hier, mehr als in anderen Städten im Süden Spaniens, viele junge Leute und werden gerade Rucksacktouristen angezogen. Wegen der Nähe zu den Skipisten in der Sierra Nevada ist die Stadt im Gegensatz zu anderen Orten auch im Winter beliebt. Granada ist eine überaus romantische Stadt. Sie wären erstaunt, wie viele Schriftsteller und Dichter sich poetisch dazu geäußert haben. Einer von ihnen war der Mexikaner Francisco de Icaza, der gegen Ende des 19. Jahrhunderts schrieb: "Oh, gib Almosen, Frau, denn nichts bereitet mehr Pein, als blind zu sein in Granada."

Granada ist die viertgrößte Stadt Andalusiens (nach Sevilla, Málaga und Córdoba) und hat etwa 240.000 Einwohner. Dazu zählen auch die etwa 60.000 Studenten, die in einer der ältesten und angesehensten Universitäten des Landes, der Universidad de Granada, studieren. Als Studentenstadt hat Granada ein reges Nachtleben und zahlreiche Bars und Restaurants aufzuweisen.

Auf der Karte hinten im Guide finden Sie einen Stadtspaziergang durch Granada.

Die bedeutendste Sehenswürdigkeit der Stadt ist natürlich die Alhambra, die maurische Festung in strategischer Lage auf dem Alhambra-Hügel. Hier gibt es kunstvolle Verzierungen, Fliesenmosaike, raffinierte Holzschnitzereien, Säulen, Bögen und Wasserspiele zu bewundern. Im Jahr 1492 befreiten Ferdinand und Isabella, die *reyes católicos* (die Katholischen Könige), nach jahrelangen Auseinandersetzungen Granada, das letzte große Bollwerk der Mauren, von der islamischen Herrschaft. Der Sieg wurde dementsprechend ausgiebig gefeiert, denn damit war die Reconquista, die Rückeroberung Spaniens, komplett vollzogen. Als ihr Enkel Karl Anstalten machte, die Alhambra christlicher zu gestalten und dafür zahlreiche arabische Elemente zerstören wollte, konnte seine Frau das – zum Glück – rechtzeitig verhindern. So blieb das größte maurische Bauwerk Europas und das wichtigste Relikt der maurischen Herrschaft in Spanien fast vollständig erhalten.

Wenn man den Alhambra-Hügel hinuntergeht, stößt man auf die Plaza Nueva, den zentralen Platz in der Altstadt. Auf der anderen Seite dieses Platzes, gegenüber der Alhambra, liegt der ebenfalls auf einen Hügel gebaute Stadtteil Albaicín. Schmale Gassen führen an mehr oder weniger prachtvollen *carmenes* vorbei, Villen mit grünen Innenhöfen. Vom Aussichtspunkt Mirador San Nicolas mitten in Albaicín hat man einen tollen Blick auf die Alhambra und, mit etwas Glück, auf die verschneiten Gipfel der Sierra Nevada.

Ein anderer interessanter Stadtteil ist Realejo, das ehemalige jüdische Viertel, in dem heute vor allem Studenten wohnen. Dieses Viertel liegt südlich der Plaza Nueva mit dem Platz Campo del Principe als Mittelpunkt.

GRANADA STADT

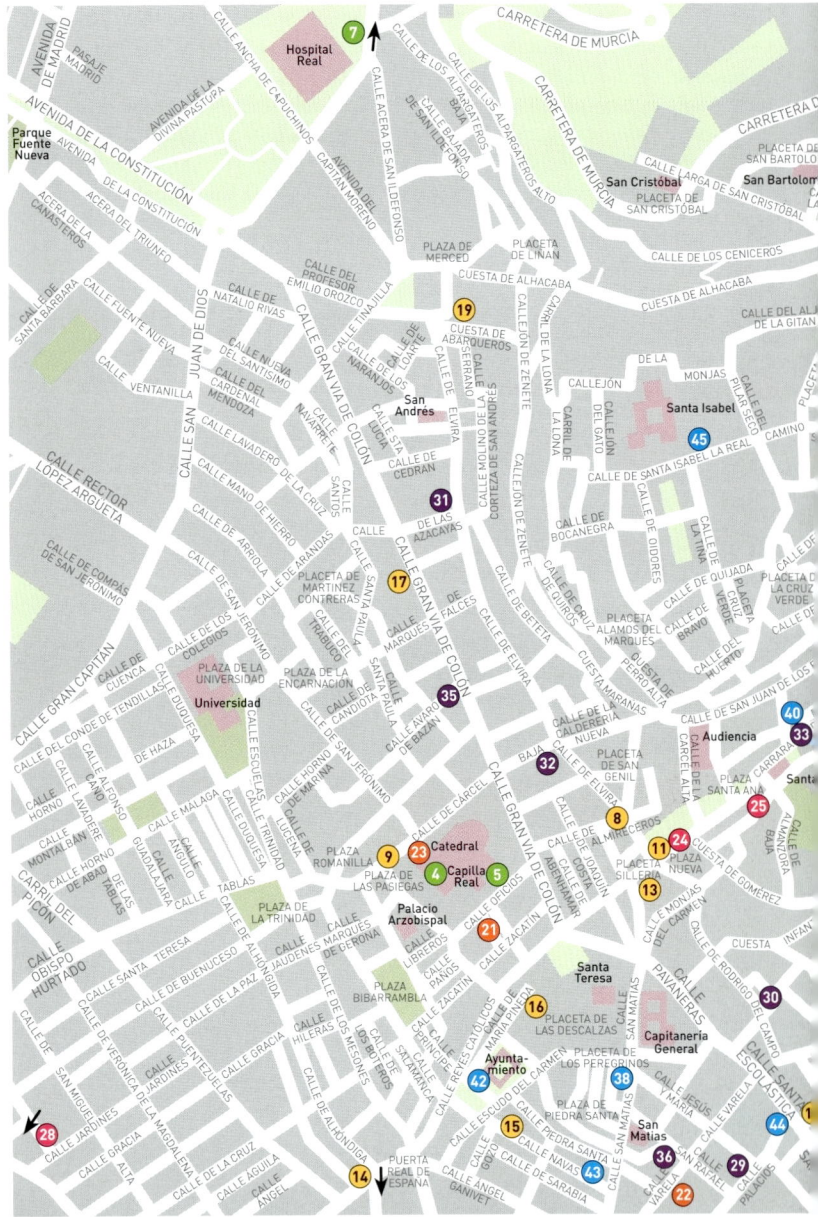

Zwei weitere bedeutende Sehenswürdigkeiten sind die Kathedrale und die Capilla Real, die königliche Kapelle, in der die sterblichen Überreste der Katholischen Könige ruhen.

Parken

Am besten stellt man sein Auto in Granada in ein Parkhaus. Sie können auch auf dem Parkplatz der Alhambra parken und die Stadt zu Fuß oder mit dem Bus erkunden. Die Buslinien 30 und 32 pendeln alle fünf bis zehn Minuten zur Alhambra und zurück.

SEHENSWÜRDIGKEITEN

Die Alhambra ist für die meisten Leute mit Abstand der wichtigste Grund, Granada zu besuchen. Und das zu Recht: Denn hier sind die Märchen aus Tausendundeiner Nacht Wirklichkeit geworden. Aber natürlich gibt es noch weit mehr zu sehen. Granada ist eine alte Stadt und für viele die arabischste Spaniens. Der maurisch geprägte Stadtteil Albaicín, der weniger bekannte Stadtteil Realejo, die Kathedrale und die Capilla Real lohnen unbedingt einen Besuch.

Stadtpass

Mit dem Stadtpass Bono Turístico erhalten Sie kostenlosen Eintritt zu einigen Sehenswürdigkeiten (Alhambra, Capilla Real, La Cartuja, Parque de las Ciencias) sowie neun Einzelfahrkarten für den Bus, dazu eine Tageskarte für den Granada City Sightseeing Bus (die bekannten roten Busse mit offenem Dach). Sie bekommen auch Ermäßigung in einigen Hotels und Restaurants. Der Bono Turístico kostet 30 Euro und ist unter anderem erhältlich im Parque de las Ciencias und bei der Bank Caja Granada an der Plaza Isabel La Católica (Kreuzung Gran Vía de Colón und Calle Reyes Católicos). Wenn Sie ein paar Tage hier bleiben, kann sich der Erwerb eines Stadtpasses lohnen, vor allem, wenn Sie die genannten Stätten besuchen möchten. Die Info-Hotline (Tel. 902 100095, auch Englisch) bzw. Website www.caja-granada.es geben weitere Auskunft.

ALHAMBRA

ALHAMBRA *Aal-qala'at al-hamra* oder die rote Festung war früher eine Militärfestung. Sie liegt auf einem Hügel über dem Fluss Darro im Schutz der Berge und Wälder. Wegen ihrer Lage war sie vom 13. Jahrhundert an die Residenz der Machthaber. Zur Zeit der Nasriden-Dynastie wurde die Alhambra um die Palacios Nazaríes erweitert, heute die größte Sehenswürdigkeit des Komplexes. Im 14. und 15. Jahrhundert wurden die Paläste und Gebäude weiter ausgebaut. Der Hof residierte in der Medina, hier wurde, nach Vertreibung der Mauren 1492, der Palacio Carlos V errichtet. Besonders sehenswert ist auch der Palacio de Generalife, der Sommerpalast der maurischen Könige, mit seinen herrlichen Gärten, Teichen und Brunnen.

Es gibt für jeden Tag nur eine beschränkte Anzahl von Eintrittskarten. Da die Alhambra natürlich von unzähligen Menschen besucht wird, empfiehlt es sich, sich schon einige Zeit im Voraus um Karten zu kümmern. Erhältlich sind sie über die Website oder telefonisch (man spricht Englisch), sie gelten entweder für den Vor- oder den Nachmittag (im Sommer gibt es auch Abendkarten). Auf der Website sind die genauen Zeiten angegeben. Auf jeder Karte steht eine Uhrzeit, das ist die jeweilige Zugangszeit zu den Palästen Los Palacios Nazaríes. Sie müssen sich also zu dieser Zeit am Eingang der Paläste einfinden und können dann so lange bleiben, wie Sie möchten. Das klingt vielleicht etwas überorganisiert, dafür hat man aber die Möglichkeit, sich die Alhambra ungestört anzusehen.

Wenn Sie es nicht geschafft haben, sich vor dem Besuch der Alhambra eine Eintrittskarte zu sichern, können Sie sich früh am Morgen in die Schlange einreihen, denn täglich werden noch einige Karten vor Ort verkauft. Denken Sie daran, dass das Gelände ziemlich weitläufig ist und man große Strecken zurücklegen muss, was in der Sommerhitze recht anstrengend sein kann. Zum Mittagessen kann man im Garten des *parador* in einem der besten Restaurants Granadas einkehren. Man kann auch im Patio des Hotels América zu Mittag essen, aber hier gibt es nur eine beschränkte Anzahl Plätze. Ansonsten gibt es kaum Gelegenheiten, eine Kleinigkeit zu konsumieren, nehmen Sie daher selbst etwas zu trinken und/oder zu essen mit.

CALLE REAL DE LA ALHAMBRA, WWW.ALHAMBRA-TICKETS.ES, T 902 888001

ALCAZABA Der älteste Teil der Alhambra, die Alcazaba, war früher eine Festung. Von hier aus, und insbesondere vom Turm Torre de La Vela, hat man eine fantastische Aussicht auf die Stadt, die umliegende Ebene und die verschneiten Gipfel der Sierra Nevada.

PALACIO DE CARLOS V Dieser Palast wurde von König Karl V. zu Ehren seiner selbst und der ganzen Christenheit errichtet. Karl wurde 1516 als Enkel der Katholischen Könige Ferdinand und Isabel im Alter von 16 Jahren zum König von Spanien gekrönt. Sein Vater Phillip I. starb schon früh und seine Mutter Johanna (die Wahnsinnige) hielt man für unfähig, das Land zu regieren. So wurde sie einfach in einem Palast eingesperrt. In Spanien wurde er auch Karl der I. genannt, in Deutschland heißt er jedoch Karl V. Für den Bau des Palastes ließ Karl einige maurische Paläste abreißen. Der Architekt Pedro Machuca, ein Schüler Michelangelos, hat ein perfektes klassizistisches

Renaissancegebäude errichtet: einen Kreis innerhalb eines Quadrates. Das Quadrat symbolisiert das Irdische und den Menschen, der Kreis steht für das Göttliche und den Himmel. Der Innenhof des Palastes bildet den Kreis, die Außenseite des Palastes das Quadrat. Darin befinden sich auch zwei Museen: Museo de Bellas Artes im Obergeschoss und Museo de la Alhambra mit zahlreichen Azulejos (Fliesenmosaiken) im Untergeschoss. An jedem anderen Ort wäre dieser Palast die Hauptattraktion, aber die Alhambra hat so viel zu bieten, dass er hier kaum auffällt.

PALACIOS NAZARÍES Dieser Palastkomplex ist die Kronjuwele und die Topattraktion der Alhambra. Die drei miteinander verbundenen Paläste wirken von außen wie ein robustes Bauwerk. Im Innern verzaubern die überaus raffinierte Baukunst, die Azulejos in allerlei prächtigen Farben und Formen, die Holzschnitzereien, die zahlreichen Säulen, verzierten Decken, die typisch maurischen Türen, Fenster und Bögen und das Zusammenspiel von Licht und Wasser. Überall fällt Sonnenlicht herein, man hört Wasserrauschen und entdeckt sorgfältig angelegte Teiche. Das alles hat eine überwältigende Wirkung. Übrigens gibt es in den Palästen keine Abbildungen von lebenden Wesen, dann das ist aus Glaubensgründen verboten. Es gibt nur eine schöne und sehr berühmte Ausnahme: die Löwen im Patio de los Leones.

GENERALIFE Nach so viel Schönheit sind die Gärten des Generalife sozusagen die Nachspeise. Der Sommerpalast der maurischen Könige besteht hauptsächlich aus Gärten und Teichen. Es gibt hier Buchsbäume in allerlei Formen, Zypressen und viele Blumen. Außerdem eine Reihe von Fontänen mit sich kreuzenden Wasserstrahlen und die wunderschöne Escalera del Agua, die Wassertreppe.
WWW.ALHAMBRA.ORG, WWW.ALHAMBRA-PATRONATO.ES, T 902 441221, GEÖFFNET: TÄGLICH MÄRZ-OKT. 8.30-20.00, NOV.-FEBR. 8.30-18.00, EINTRITT: 12 €

ALBAICÍN ist der älteste arabische Stadtteil Granadas und liegt gegenüber der Alhambra. Er wurde auf einem Hügel gebaut, dem Sacramonte, und besteht aus einem Gewirr von kleinen Gassen und Treppen. Laufen Sie von der Plaza Nueva zum Mirador de San Nicolas hinauf. Mit einem Plan und den Hinweisschildern kann eigentlich nichts schiefgehen. Die einst prachtvollen Villen, die *carmenes*, verweisen auf früheren Reichtum.
STADTTEIL OBERHALB DES FLUSSES

KATHEDRALE Als der maurische König Boabdil im Jahr 1492 vor den katholischen Königen kapitulierte, wurde vereinbart, dass Granada eine muslimische Stadt bleiben sollte. Trotzdem begann man schon im gleichen Jahr damit, in Moscheen und jüdischen Gebetshäusern katholische Gottesdienste abzuhalten, es wurden sogar schon Vorbereitungen für den Bau der Kathedrale getroffen, deren Fertigstellung allerdings noch zwei Jahrhunderte dauern sollte. Als die Muslime sich dagegen auflehnten, wurden sie vor die Wahl gestellt: entweder Haus und Hof verlassen oder sich zum Christentum bekehren. Die meisten entschieden sich widerwillig für die zweite Option. Wie schon so oft, musste auch diesmal die Hauptmoschee der Kathedrale weichen. Sie kann, wie der Palacio de

Carlos V in der Alhambra, als Symbol für den Sieg der Christen über die Mauren angesehen werden. Die Kathedrale hatte ursprünglich einen gotischen Entwurf, ist jedoch aufgrund der langen Bauzeit vorwiegend ein Renaissancebau geworden. Sie hat fünf breite Schiffe, einen Chorumgang und 13 kleinere Kapellen, von denen eine gern als Hochzeitskapelle genutzt wird, wie die vielen Reiskörner auf dem Boden verraten. Der eindrucksvolle Hauptchor befindet sich, wie in Spanien häufiger anzutreffen, mitten in der Kirche.

CALLE GRAN VIA DE COLÓN, T 958 222959, GEÖFFNET: MÄRZ-AUG. MO-SA 10.45-13.30 & 16.00-20.00, SO 16.00-20.00, SEPT.-FEBR. MO-SA 10.45-13.30, SO 16.00-19.00, EINTRITT: 3,50 €

CAPILLA REAL Bevor die Kathedrale gebaut wurde, musste erst die königliche Kapelle errichtet werden. Die katholischen Könige, Sieger über die Mauren und Gründer des großen katholischen spanischen Weltreiches, gaben den Auftrag, in der Stadt, die als letzte eingenommen wurde, eine Grabkapelle zu bauen. Es gibt hier zwei Grabmonumente: eines für die katholischen Könige Ferdinand und Isabella und eines für ihre Tochter Johanna die Wahnsinnige und ihren Mann Phillip den Schönen. Die sterblichen Überreste liegen in Bleisärgen in der kleinen Krypta unter den Grabstätten.

CALLE OFICIOS S/N, WWW.CAPILLAREALGRANADA.COM, T 958 227848, GEÖFFNET: MO-SA 10.15-13.30 & 16.00-19.30, SO & FEIERTAGE 11.00-13.30 & 15.30-19.30, EINTRITT: 3,50 €

MONASTERIO DE LA CARTUJA Für manche ist es ein barockes Meisterwerk, für andere absoluter Kitsch. Im Speisesaal hängen einige angsteinflößende Gemälde und in der Kirche dominiert schwelgerischer Barock. Dieses alte Kartäuserkloster liegt im Norden der Stadt und ist mit Buslinie 8 zu erreichen.

CALLE PASEO DE CARTUJA, T 958 161 932, GEÖFFNET: APR.-OKT. 10.00-13.00 & 16.00-20.00, NOV.-MÄRZ 10.00-13.00 & 15.00-18.00, EINTRITT: 3,50 €

EL REALEJO ist ein interessanter Stadtteil um den Platz Campo del Principe herum. Der Platz wird von Bars, Restaurants und Hotels umsäumt, und in der Mitte steht das Cruz de Favores. Am Karfreitag ist der Platz brechend voll mit Gläubigen, die die Freiluft-messe an diesem Kreuz mitfeiern. Wenn man drei Wünsche ausspricht und dann das Kreuz berührt, gehen die Wünsche angeblich in Erfüllung.

CAMPO DEL PRINCIPE

CARMEN DE LOS MÁRTIRES Wegen der Alhambra bleiben andere schöne Dinge in Granada leicht einmal unbeachtet. Diese Villa zum Beispiel wäre an einem anderen Ort eine wichtige Sehenswürdigkeit. Sie gilt als einer der schönsten *carmenes* (Villen mit begrünten Innenhöfen) und liegt inmitten von Gärten in verschiedenen Stilen. Die Anlage ist kostenlos zugänglich und liegt in der Nähe der Alhambra.

PASEO DE LOS MÁRTIRES S/N, T 958 227953, GEÖFFNET: MO-FR 10.00-14.00 & 17.00-19.00, SA-SO 10.00-19.00, NOV.-FEBR. BIS 18.00, EINTRITT: FREI

ESSEN & TRINKEN

Den *granadinos* zufolge hat Granada die höchste Bar- und Restaurantdichte des Landes, und damit könnten sie recht haben. Die Stadt lockt viele Besucher, und natürlich gehen auch die Studenten gern essen und etwas trinken. In Granada wird noch die gute alte Sitte in Ehren gehalten, zu einem Getränk eine kostenlose Tapa zu servieren. Und das ist nicht einfach eine Schale Oliven, es gibt wirklich die köst-lichsten Leckerbissen umsonst. Wenn man also ein paar Getränke bestellt, braucht man danach nichts mehr zu essen.

RESTAURANTE MIRADOR DE MORAYMA Wer jemanden richtig beeindrucken möchte, sollte hier essen gehen. Dieser *carmen* liegt nämlich etwas unterhalb des Mirador de San Nicolas und bietet einen fantastischen Blick auf die Alhambra. Beson-ders am Abend eindrucksvoll, wenn der angestrahlte Komplex sich gegen den dunklen Himmel abhebt. Wem das als Grund, hier essen zu gehen, nicht genügt, den überzeu-gen bestimmt die guten Weine, die Einrichtung mit Gemälden aus dem 19. Jahrhundert, das Essen und der Flamenco am Dienstagabend.

CALLE PIANISTA GARCIA CARRILLO 2, WWW.MIRADORDEMORAYMA.COM, T 958 224812, GEÖFFNET: MO-SA 13.00-17.00 & 21.00-0.00, RESERVIEREN WIRD EMPFOHLEN, PREIS: 20 €

LOS DIAMANTES Hier gibt es Fisch, Fisch und noch einmal Fisch, *frito* (frittiert) oder *a la plancha* (gebraten). Ein wahrer Genuss für den Gaumen. Das Restaurant gilt nicht umsonst als eines der besten Fischrestaurants der Stadt. Daher warten auch meist schon einige Hungrige vor der Tür auf Einlass. Preiswert ist es übrigens auch noch!
CALLE NAVAS 28, WWW.BARLOSDIAMANTES.COM, T 958 227070, GEÖFFNET: TÄGLICH 20.30-0.00, PREIS: AB 10 €

RESTAURANTE CORRALA DEL CARBÓN Hier kommt ab und zu ein Meister der Flamencogitarre zur Tür herein. Sie werden ihn wahrscheinlich nicht erkennen, aber die Einheimischen schon, das merken Sie dann am aufgeregten Getuschel. Die Straße liegt hinter der Calle Reyes Católicos, neben dem prächtigen Bauwerk Corral del Carbón, wo im Sommer das Flamencofestival stattfindet. Das erklärt vielleicht die Anwesenheit der Gitarrenkünstler. Die Spezialität des Hauses ist Schmorfleisch.
CALLE MARIANA PINEDA 8, LACORRALADELCARBON.COM, T 958 223810, GEÖFFNET: TÄGLICH 12.30-16.30, PREIS: 20 €

BODEGAS CASTAÑEDA ist eine klassische Tapasbar im Zentrum Granadas, die bekannt ist für ihren Sherry, den *vermut* (Wermut) und den *calicasas*, so heißt ein hauseigenes Spezialgetränk. Dieses Lokal ist nicht nur bei Touristen, sondern zweifellos auch bei den *granadinos* beliebt.
CALLE ALMIRECEROS 1, T 958 223222, GEÖFFNET: TÄGLICH 11.00-16.00 & 19.00-1.00, PREIS: AB 6 €

LOFT RESTAURANTE Dieses neue Café-Restaurant ist ideal für ein ausgiebiges Frühstück, das etwas mehr bietet als den traditionellen Toast mit Tomate. Es gibt aber auch Mittag- und Abendessen. Die Gerichte sind international: Fleisch- und Fisch-, Nudel- und Reisgerichte sowie eine große Auswahl an üppigen Salaten. Es gibt leider keine Terrasse, aber die Glaswand vermittelt fast das Gefühl, draußen zu sitzen.
CALLE SAN ANTÓN 6, WWW.LOFT-CAFE.COM, T 958 520938, GEÖFFNET: TÄGLICH 8.30-0.00, SA-SO 10.00-0.00, PREIS: 15 €

RESTAURANTE EL CLAUSTRO ist eines der besten Restaurants von Granada. Es gehört zum AC Hotel Palacio de Santa Paula. Der Chef wurde 2009 zum besten Koch Spaniens gewählt. Fassade und Entree des an der lebhaften Hauptstraße Gran Via de Colón gelegenen Hotels sind schlicht und modern. Wenn man die Treppe zum Restaurant hinuntergeht, wähnt man sich ein paar Jahrhunderte in der Zeit zurückversetzt. Denn plötzlich befindet man sich in einem ehemaligen Kloster. Das Restaurant ist passend zur Architektur und sehr geschmackvoll eingerichtet, die Tische stehen unter den den Patio umgebenden Rundbögen. Ein wunderbarer Ort, um ausgiebig zu genießen.
GRAN VÍA DE COLÓN 31, WWW.RESTAURANTEELCLAUSTRO.COM, T 958 805740, GEÖFFNET: MO-FR 7.00-11.00 & 13.30-16.00 & 20.30-23.30, SA-SO 8.00-12.00 & 13.30-16.00 & 20.30-23.30, PREIS: 25 €, MENÜ 60 €

DÖNER KEBAB AL-ANDALUS Wer keine Lust auf ein großes Essen hat und nur einen schnellen Snack sucht, ist hier richtig. Im Döner Kebab Al Andalus soll es nach Meinung von Insidern den besten Döner von Granada geben. Einmal etwas anderes als Tapas.
PLAZA NUEVA, GEÖFFNET: TÄGLICH 18.00-0.00, PREIS: 4 €

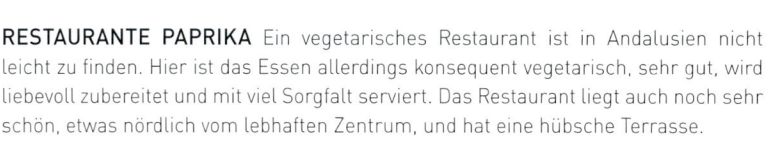

RESTAURANTE PAPRIKA

RESTAURANTE PAPRIKA Ein vegetarisches Restaurant ist in Andalusien nicht leicht zu finden. Hier ist das Essen allerdings konsequent vegetarisch, sehr gut, wird liebevoll zubereitet und mit viel Sorgfalt serviert. Das Restaurant liegt auch noch sehr schön, etwas nördlich vom lebhaften Zentrum, und hat eine hübsche Terrasse.
CUESTA DE ABERQUEROS 3 (AM ENDE DER CALLE ELVIRA), WWW.PAPRIKA-GRANADA.COM, T 958 804785, GEÖFFNET: TÄGLICH 13.00-16.00 & 20.00-23.30, PREIS: 12 €

JARDINES DE ZORAYA In diesem Lokal in Albaicín gibt es täglich Flamencoshows. Man kann natürlich nur deswegen herkommen, oder man isst erst zu Abend und verfolgt dann die Vorführung. Man kann hier übrigens auch Flamencounterricht nehmen.
CALLE PANADEROS 32, WWW.JARDINESDEZORAYA.COM, T 958 206266, SHOW TÄGLICH 20.00 & 22.30, SA-SO AUCH 15.00, PREIS: SHOW + GETRÄNK 15 €, SHOW + ESSEN 35 €

ERMITA CATEDRAL Hier serviert man traditionelle Tapas mit modernem Touch in ausgezeichneter Qualität. Das ansprechend eingerichtete Restaurant hat übrigens auch eine gemütliche Terrasse, von der aus man auf die Kathedrale blickt.
CALLE CARCEL BAJA 1, WWW.GRUPOERMITA.COM, T 958 270029, GEÖFFNET: TÄGLICH 13.00-16.00 & 21.00-0.00, PREIS: 15 €

RUTA DEL AZAFRÁN Dieses Restaurant gehört einem bekannten spanischen Ex-Basketballspieler. Zu Anfang war das natürlich das Besondere daran, aber inzwischen ist das Lokal in Granadas Gastronomie eine feste Größe. Kein Wunder, denn die Lage ist super und das Essen ebenso. Von der Terrasse aus hat man einen tollen Blick auf die Alhambra. *PASEO DEL PADRE MANJON 1, WWW.RUTADELAZAFRAN.ES, T 958 226882, GEÖFFNET: SO-DO 13.00-23.00, FR-SA 13.00-0.00, PREIS: 18 €*

LA BORRAJA Dieses neue Restaurant liegt gegenüber dem beliebten Hotel Portago Urbano. Es ist ein gewisses Risiko, ein so junges Lokal in einen Guide aufzunehmen, denn man weiß nie, wie lange es sich halten kann. Aber die Restaurants in dieser Gegend werden immer beliebter, darum vertrauen wir darauf, dass auch dieses sich durchsetzen wird. *PLAZA FORTUNY 1, WWW.LABORRAJA.COM, T 958 049915, GEÖFFNET: TÄGLICH 13.00-16.00 & 20.00-0.00, PREIS: 15 €*

LA TRASTIENDA Auf den ersten Blick sieht es aus wie ein Delikatessengeschäft, aber wer zum kleinen Speisesaal durchgeht, bekommt Tapas und einen Drink. *Trastienda* bedeutet "hinter dem Laden". Auch wenn das Lokal nahe der Plaza Nueva liegt, übersehen es die meisten Touristen. *PLAZA DE CUCHILLEROS 11, WWW.LATRASTIENDAGRANADA.COM, T 958 226965, GEÖFFNET: TÄGLICH 20.00-1.30, PREIS: 5 €*

TEE- UND KRÄUTERMARKT

SHOPPEN

Granada ist kein ausgesprochenes Shoppingmekka. Es gibt hier zwar alle großen und bekannten Marken, aber kaum besonders exquisite Boutiquen. Alle wichtigen Geschäfte befinden sich in den Hauptstraßen Gran Via de Colón und Calle Reyes Católicos mit der Calle Recogidas als Verlängerung oder in den Seitenstraßen der Calle Reyes Católicos. El Corte Inglés, Spaniens bekanntestes Kaufhaus, liegt im *centro comercial*, einem Einkaufszentrum an der Acera del Darro, einer Abzweigung der Calle Reyes Católicos.

LA OLIVA bietet feinste Produkte der Region an. Man kann hier allerdings auch allerlei Leckerbissen kosten – ausgesprochen empfehlenswert.
CALLE ROSARIO 9, T 958 228754/123 690, GEÖFFNET: MO-FR 11.00-14.30 & 19.00-22.00, SA 11.00-14.30

ALCAICERÍA liegt hinter der Capilla Real und der Kathedrale. Zur Zeit der Mauren war hier der Seidenmarkt, heute stößt man in den engen Gassen und Straßen auf viele touristische Geschäfte und Souvenirshops. Dennoch hat man den Eindruck, in einem marokkanischen Souk fern von Europa herumzuschlendern. Lässt sich gut mit einem Besuch der Capilla Real und der Kathedrale verbinden.
CALLE ALCAICERÍA, GEÖFFNET: TÄGLICH 10.00-14.00 & 17.00-21.00

TEE- UND KRÄUTERMARKT An den Marktständen bei der Kathedrale werden in Körben alle, aber auch wirklich alle Tee- und Kräuterarten angeboten. Das sieht alles nicht nur hübsch bunt aus, es duftet auch herrlich.
CALLE CARCEL BAJA

100% THERE

Wandern Sie zum Mirador de San Nicolás und genießen Sie die Aussicht. Oder steigen Sie – wenn Sie müde sind – an der Plaza Nueva in den Bus 35 und durchqueren Sie die Viertel Albaicín und Sacromonte. Kehren Sie auf einer der Terrassen am Fluss ein oder besuchen Sie den Hamam. Wenn Ihre Kinder von der Stadt genug haben, bietet sich zur Abwechslung ein Besuch des faszinierenden Wissenschaftsmuseums an.

PARQUE DE LAS CIENCIAS ist ein Wissenschaftsmuseum, in dem Besucher selbst einiges tun und ausprobieren können. Gerade für Kinder ausgesprochen interessant, aber natürlich auch für Erwachsene.
AVENIDA DEL MEDITERRÁNEO S/N, WWW.PARQUECIENCIAS.COM, T 958 131 900, GEÖFFNET: DI-SA 10.00-19.00, SO & FEIERTAGE 10.00-15.00, EINTRITT: MUSEUM 5,50 €, PLANETARIUM 2,50 €

MIRADOR DE SAN NICOLÁS Man kann sich kaum eine schönere Aussicht vorstellen als die vom Mirador: Sie blicken auf die Alhambra und die Gipfel der Sierra Nevada. Der Aussichtspunkt liegt im Norden des Stadtteils Albaicín und ist sowohl zu Fuß als auch mit Buslinie 32 zu erreichen. Aber Achtung: Hier tummeln sich auch gerne Taschendiebe oder junge Männer auf Motorrädern, die Ihnen im Vorbeifahren schnell den Rucksack stehlen.

PLAZA MIRADOR DE SAN NICOLÁS

PASEO DE LAS TRISTES Wenn Sie Albaicín besuchen, sollten Sie keinesfalls den Paseo de las Tristes am Fluss Darro verpassen. Von hier hat man einen guten Blick auf den Hügel mit der Alhambra.

HAMMAM AL ANDALUS Früher war der Besuch eines Bades in erster Linie ein Zeichen für Wohlstand, heute steht dabei die Entspannung im Vordergrund. Genießen Sie so noch etwas länger die arabische Atmosphäre. Das Hammam Al Andalus hat drei Becken: heiß, sehr heiß und kalt. Ein Badegang dauert etwa anderthalb Stunden. Es gibt auch eine Sauna. Sie bekommen zuckersüßen Tee serviert. Packen Sie Ihre Badehose ein und reservieren Sie am besten vorher.

CALLE SANTA ANA 16, WWW.HAMMAMALANDALUS.COM, T 958 229978, GEÖFFNET: TÄGLICH 10.00-0.00, PREIS: BAD 22 €, MIT MASSAGE 39 €

BUS 35 Von der Plaza Nueva aus bringt der Bus Linie 35 Sie über Albaicín zum Stadtteil Sacramonte. Zu Fuß ist es nach Sacramonte ziemlich weit, mit dem Bus können Sie ganz entspannt einen großen Teil beider Stadtteile erkunden. Sie können an der Endstation sitzen bleiben und wieder zurückfahren oder unterwegs irgendwo aussteigen.

PLAZA NUEVA, GEGENÜBER DEN TERRASSEN, SO-DO 7.48-23.00 JEDE 8-10 MIN., FR-SO BIS 1.09, PREIS: 1,20 €

AUSGEHEN

In der Studentenstadt Granada gibt es jede Menge Bars und Diskotheken, also genug Zerstreuung nach der ganzen Kultur. Im Gegensatz zu den Küsten, wo die Ausgehmöglichkeiten sehr verstreut liegen, konzentriert sich hier alles auf die Stadt. Das Publikum ist ganz unterschiedlich, von Studenten bis zu "jung gebliebenen Älteren". Die Flamencoszene trifft sich hauptsächlich im Stadtteil Sacramonte, aber auch in anderen Bereichen gibt es zahlreiche Flamencoshows.

AJO BLANCO bedeutet wörtlich "weißer Knoblauch" – eigentlich ein merkwürdiger Name für eine Weinbar, denn so heißt eine kalte andalusische Suppe. Die kleine Bar ist bekannt für ihre guten Weine. Man kann dort auch Weine kaufen und Bestellungen sogar nach Hause liefern lassen. Ajo Blanco, in einer kleinen Gasse im Stadtteil Realejo an der Plaza Santo Domingo gelegen, ist gerade bei den Einheimischen sehr beliebt.

CALLE PALACIOS 17, T 958 228128, GEÖFFNET: MO-SA 13.00-16.00 & 20.00-1.00

ALCAICERÍA

HOSTAL LA NINFA

GRANADA 10 ist tagsüber und abends ein Kino und später eine Diskothek – die älteste und gleichzeitig die modernste der Stadt. Hier werden die unterschiedlichsten Musik-stile aufgelegt: Disco, Hip-Hop, Funk, Latin und Salsa. Man muss selbstverständlich nicht tanzen, sondern kann auch nur etwas trinken. Oder Sie sehen sich hier einen Film an. Die Stühle stehen nicht in Reihen nebeneinander, stattdessen sitzt man gemütlich in Sesseln, auf Bänken oder auf dem Balkon. Während des Films kann man ein Getränk bestellen.

CALLE CARCEL BAJA 10, WWW.GRANADA10.COM, T 958 224126, GEÖFFNET: SO-DO 0.30-6.00, FR-SA 0.30-7.00, EINTRITT: 10 €

TANTRA BAR ist eine Diskothek mit orientalischer Einrichtung. Sie ist nicht ganz so einzigartig wie das Granada10, aber auch hier lässt sich gut ein Abend verbringen.

CALLE ALVARO DE BAZÁN 9 (QUERSTRASSE DER CALLE ELVIRA), GEÖFFNET: DO-SO 20.00-4.00, EINTRITT: FREI

VERDI COCTELERÍA ist ein kleines Lokal in einer schmalen Gasse, die von der Calle San Matias abgeht. Mit seinen griechischen Statuen, Sofas und kunstvoll drapierten Gardinen ist es besonders beliebt bei Studenten. Angeboten werden ausschließlich Cocktails.

CALLE SAN RAFAEL, GEÖFFNET: TÄGLICH 22.00-2.00

BAR POTEMKIN In der Nachtbar Potemkin werden japanische Tapas serviert – Sushi! Dieses Lokal befindet sich in Realejo in der Nähe der Plaza Nueva.

PLACETA HOSPICÍO VIEJO 3, GEÖFFNET: TÄGLICH 20.00-2.00, AUG. 22.00-2.00

CLUB EL ESHAVIRA ist vor allem ein Jazzclub, aber sonntags um 23 Uhr finden Flamencoaufführungen statt. An anderen Abenden kommt man hierher, um Jazz zu hören.

CALLE POSTIGO DE LA CUNA 2, T 958 294125, GEÖFFNET: TÄGLICH 21.00-5.00, PREIS: 10 €

PEÑA LA PLATERIA Hier sind die Flamencoshows nicht allzu touristisch. Suchen Sie auf der Website nach mehr Informationen zu den Auftritten. Normalerweise finden sie jeden Donnerstagabend, aber oft auch am Freitag und Samstag statt.

PLACETE DE TOQUEROS 7 (ALBAYCÍN), WWW.LAPLATERIA.ORG.ES, T 958 210650/227712, SHOWS 21.30, PREIS: 8 €

LE CHIEN ANDALOU Diese Bar in einer unterirdischen Höhle, die früher zur Was-serversorgung diente, bietet täglich Live-Aufführungen. Man kann währenddessen auch etwas essen. Um eine Eintrittskarte zu ergattern, sollten Sie vor 21 Uhr hier sein, die Auftritte beginnen um 21.30 Uhr.

CARRERA DEL DARRO 7, WWW.LECHIENANDALOU.COM, T 958 222059, SHOW TÄGLICH 21.30, EINTRITT: 6 €

ÜBERNACHTEN

An der großen Anzahl von Übernachtungsmöglichkeiten wird deutlich, dass Granada eine beliebte Stadt ist. Im Folgenden finden Sie eine Auswahl an Hotels und *hostals* in verschiedenen Preisklassen. Übrigens können die Preise jahreszeitlich stark schwanken. Hochsaison ist im April, Mai, September und Oktober. Denken Sie auch an die Parkgebühren, die können ganz schön ins Geld gehen und sind im Hotelpreis nicht inbegriffen (siehe auch die Tipps zum Parken auf Seite 196).

HOTEL AMÉRICA Was könnte romantischer sein als eine Übernachtung auf dem Gelände der Alhambra? Vor allem, wenn das Ganze auch noch bezahlbar ist und der Service ausgesprochen freundlich wie im Hotel América. Die 17 Zimmer sind einfach, aber gut. Manche Zimmer haben eine Terrasse. Man kann im Patio frühstücken und zu Mittag essen. Gäste können mit dem Auto zum Hotel fahren, dort ihre Koffer abstellen und danach – mit Ermäßigung – auf dem Parkplatz der Alhambra parken. Abends wird es hier schön ruhig, dann sind auch die Gärten des Generalife wunderbar beleuchtet. Hier werden Sie bestimmt gut schlafen. Sie sollten allerdings rechtzeitig reservieren, denn das Hotel ist sehr begehrt.
REAL DE ALHAMBRA 53, WWW.HOTELAMERICAGRANADA.COM, T 958 227441, DEZ.-FEBR. GESCHLOSSEN, PREIS: 90 €

HOTEL CASA DEL CAPITEL NAZARI Dieses Hotel ist in einem 1503 erbauten Palast untergebracht und bietet 17 Zimmer auf drei Etagen. Alle Zimmer liegen um den Patio herum. Das nicht besonders luxuriöse, aber gemütliche Hotel befindet sich in einer schmalen, autofreien Gasse im alten Stadtteil Albaicín. Die Lage ist günstig, denn die Plaza Nueva, der zentralste Platz der Stadt, ist bestens zu Fuß zu erreichen. Die Betten sind gut und das Frühstück ist ausgezeichnet.
CUESTA ACEITUNEROS 6, WWW.HOTELCASACAPITEL.COM, T 958 215260, PREIS: 105 €

HOSTAL LA NINFA liegt mitten im Stadtteil Realejo am Campo del Principe, einem Platz mit zahlreichen Restaurants und Bars. Die Fassade des Hauses ist bunt verziert mit Blumen und Sternen, man kann das Hotel eigentlich nicht verpassen. Die schönen Zimmer haben alle Balkon und Klimaanlage. Das Restaurant La Ninfa liegt auf der anderen Seite des Platzes.
CAMPO DEL PRINCIPE S/N, WWW.HOSTALLANINFA.NET, T 958 227985, PREIS: 55 €

PALACIO DE LOS NAVAS ist ein luxuriöser und großzügig angelegter Palast aus dem 16. Jahrhundert in zentraler Lage. Das Hotel hat nur 19 Zimmer, die um den Innenhof herum gruppiert sind. Die Calle Navas ist eine Seitenstraße der Calle Reyes Católicos, einer der beiden Hauptstraßen Granadas, von dort aus ist alles zu Fuß zu erreichen. Das gemütliche, in Weißtönen gehaltene Hotel stellt einen angenehmen Ruhepunkt im hektischen Zentrum dar. Wenn Sie zur Alhambra möchten, steigen Sie an der Plaza Nueva in den Bus.
CALLE NAVAS 1, WWW.PALACIODELOSNAVAS.COM, T 958 215760, PREIS: 135 €

ALHAMBRA

SANTA ISABEL LA REAL ist ein wunderbares Hotel im Stadtteil Albaicín neben dem gleichnamigen Kloster. Das restaurierte Gebäude aus dem 16. Jahrhundert beherbergt elf Gästezimmer. Nach Meinung vieler Leute ist es das schönste Hotel Granadas.

CALLE SANTA ISABEL LA REAL 17-19, WWW.HOTELSANTAISABELLAREAL.COM, T 958 294658, PREIS: 105 €

NEST STYLE GRANADA Wer etwas Preisgünstiges sucht, wird hier fündig. Das 2011 eröffnete Hotel liegt mitten im Zentrum. Neben Doppelzimmern gibt es auch Vierbettzimmer und Schlafsäle. Die Zimmer sind einfach, aber nett und bieten alles, was man braucht.

PLAZA DEL CARMEN 29, WWW.NESTSTYLEHOTELS.COM, T 958 058708, PREIS: 47 €

GAR-ANAT HOTEL DE PEREGRINOS Diese Pilgerherberge (peregrino bedeutet Pilger) ist mehr als nur ein Hotel, sie ist vollgefüllt mit Figuren und Geschichten, erfundenen oder echten. Das Hotel bleibt da selbst etwas unklar. Die Preise sind allerdings alles andere als vage, denn ein Zimmer ist nicht gerade billig. Es ist jedoch ein sehr schönes, stilvolles Haus, deshalb möchten wir es Ihnen nicht vorenthalten.

PLACETA DE LOS PEREGRINOS 1, WWW.HOTELDEPEREGRINOS.COM, T 958 225528, PREIS: 126 €

PORTAGO URBAN wurde Anfang 2012 eröffnet und ist ziemlich modern. Von außen wirkt es eher wie eine lässige Loungebar denn wie ein Hotel. Das Haus verfügt über 20 Zimmer und liegt etwas außerhalb des Zentrums im Stadtteil Realejo. Alle wichtigen Punkte der Stadt sind gut zu Fuß zu erreichen. Da die Preise moderat sind, empfiehlt es sich für alle, die etwas Bezahlbares und dennoch Angesagtes suchen.

PLAZA FORTUNY 6, WWW.PORTAGOURBAN.COM, T 958 223305, PREIS: 80 €

APARTAMENTOS PICASSO Wenn Sie statt eines Zimmers lieber ein Appartement mieten möchten, sind Sie hier richtig. Das nagelneue Gebäude hat nur drei Appartements, das teuerste mit eigener Terrasse. Es liegt am Tor, durch das man von der Stadt zur Alhambra kommt. Am Wochenende beträgt die Mindestmietdauer zwei Nächte und in der Hochsaison zum Teil vier Nächte.

CUESTA DE GOMEREZ, GRANADAINFO.COM/PICASSO, T 958 208892/657 751442, PREIS: 60 €

RUND UM GRANADA

Von der Stadt aus hat man fast immer die Sierra Nevada im Blick, das höchste Gebirge der Iberischen Halbinsel mit dem Mulhacén (3582 m) als höchstem Gipfel. In nur einer halben Stunde gelangt man mit dem Auto an die Talstation der Skipisten. Die Sierra Nevada ist ein beliebtes Skigebiet und lockt im Sommer viele Wanderer an. Am Fuß der Berge liegt Monachil, ein Ort, der zahlreiche Aktivitäten anbietet. Weiter östlich kommen Sie nach Guadix, wo etwa 20 Prozent der Bevölkerung in Höhlen leben. Nördlich von Granada liegt ein absoluter Geheimtipp zum Übernachten und südwestlich Alhama de Granada, ein reizendes Städtchen an einer tiefen Schlucht, das vor allem wegen der alten römischen Brunnen bekannt ist. Eine halbe Fahrstunde südlich von Granada liegt das ruhige Tal Valle de Lecrín. Ergötzen Sie sich hier am Duft der Orangenbäume.

SIERRA NEVADA

Die Sierra Nevada bietet schon von Granada aus einen beeindruckenden Anblick. Es ist auch faszinierend, dass man auf der Fahrt von der sonnigen und warmen Costa Tropical nach Granada rechts die verschneiten Gipfel der Sierra Nevada sieht. Wer will, kann nach einem wunderbaren Strandtag also gleich ein paar Stunden auf der Skipiste verbringen.

Die Sierra Nevada ist das größte Gebirge Spaniens, die höchste Erhebung ist der Mulhacén. Neben den Pyrenäen ist es das beliebteste Skigebiet der Spanier und das südlichste Skigebiet des europäischen Festlands. Man kann hier bis auf 3390 Meter Höhe hinauffahren und sich auf den 85 Pistenkilometern austoben. Allerdings liegt auch in der Sierra Nevada nicht immer genug Schnee, deshalb musste 1995 sogar die Ski-WM abgesagt werden. Um den Skibetrieb zu sichern und die für 1996 geplante Wiederauflage der WM durchführen zu können, wurde viel in Schneemaschinen investiert. Achtung: Gehen Sie nicht zum Skilaufen in die Sierra Nevada, wenn die Spanier Urlaub haben, zum Beispiel in der Weihnachtszeit. Dann ist hier so unglaublich viel los, dass es keinen Spaß mehr macht, und alles ist zudem sehr teuer. Idealerweise können Sie auch die Wochenenden meiden, denn unter der Woche ist es im Allgemeinen viel leerer auf den Pisten.

Von Málaga aus sind Sie in zwei Stunden in Pradollano, dem wichtigsten Skiort. Von Granada brauchen Sie über die Autobahn sogar nur eine halbe Stunde. Bei der Ankunft stoßen Sie gleich auf ein Parkhaus direkt neben der Piste. Im Ort kann man überall Ski, entsprechende Kleidung und Schuhe ausleihen. Genießen Sie einen schönen Skitag, danach können Sie ja wieder zu Ihrem Kultur- oder Entspannungsurlaub zurückkehren. Für weitere Informationen zu Hotels, Skiverleih und so weiter: *www.sierranevadaskiguide.com*

Die Sierra Nevada ist übrigens nicht nur im Winter beliebt, im Sommer zieht es auch zahlreiche Wanderer und Mountainbiker hierher.

MONACHIL

Monachil ist ein hübscher Ort, etwa sechs Kilometer südöstlich von Granada am Fuß der Sierra Nevada. Von hier aus kann man zahlreiche herrliche Wanderungen unternehmen.

WANDERN DURCH LOS CAHORROS Einer der beliebtesten Wanderwege – nicht zu schwer, jedoch sehr schön – führt durch Los Cahorros. Dabei handelt es sich um eine spektakuläre Schlucht, deren Wände an manchen Stellen so dicht beieinanderliegen, dass man gerade noch hindurchschlüpfen kann. Die Wanderung beginnt etwas außerhalb des Dorfes, die Strecke ist gut ausgeschildert. Im Sommer kann man vom Startpunkt vor Los Cahorros über eine sehr schmale Bergstraße zu der Straße weiterfahren, der zur Skistation führt. Im Winter ist die Straße schneebedingt oft gesperrt.
CARRETERA DE EL PURCHE S/N

MOUNTAINBIKES MIETEN Wer gern Rad fährt, kann bei Ride Sierra Nevada ein Mountainbike mieten. Dort werden übrigens auch ein schönes Ferienhaus und eine Höhle angeboten, in der man übernachten kann (nähere Informationen dazu finden Sie auf der Website).

CALLE CASCAJELES 2, PLAZA MIRAFLORES, WWW.RIDESIERRANEVADA.COM, T 958 501620/660 884073, PREIS: AB 30 €/TAG

HOTEL BOUTIQUE LA ALMUNIA DEL VALLE Ein wunderschönes Fleckchen Erde und ein herrliches Hotel. Es liegt auf einem Berg mit fantastischem Blick über das Tal und ist ein guter Ausgangspunkt für eine Erkundung Granadas, aber auch der Sierra Nevada.

CAMINO DE LA UMBRÍA S/N, WWW.LAALMUNIADELVALLE.COM, T 958 308010, PREIS: 125 €

ARROYO DE LA GREDA Dieses kleine Bed & Breakfast liegt etwas weiter östlich von Granada, in der Nähe der Ortschaft Güéjar Sierra. Es hat nur drei Gästezimmer, jeweils mit eigenem Bad. Es gibt auch eine Gemeinschaftsküche und einen Salon mit Fernseher.

CAMINO DE MAITENA 36, GÜÉJAR SIERRA, WWW.ARROYODELAGREDA.COM, T 958 484461/670 028339, PREIS: 52 €

GUADIX

Guadix liegt etwa 65 Kilometer südöstlich von Granada, an der Nordseite der Sierra Nevada. Sehenswert sind vor allem die Wohnhöhlen. An sich ist das noch nichts Besonderes, denn in der Provinz Granada gibt es noch zahlreiche Höhlen, die bewohnt sind. Verblüffend an Guadix jedoch ist, dass hier etwa 20 Prozent der Bevölkerung noch in einer Höhle wohnen. Eine moderne Wohnhöhle ist mit jeglichem Komfort ausgestattet, wie man an den Fernsehantennen auf den Dächern erkennen kann. Auch gehören wie in normalen Häusern mehrere Zimmer, ein Badezimmer und eine Küche zum Standard.

ALCAZABA Von der arabischen Festung aus dem 11. Jahrhundert aus bekommt man einen guten Eindruck von den Wohnhöhlen.

CALLE BARADAS 3, GEÖFFNET: DI-SA 11.00-14.00 & 16.00-18.30, SO 10.00-14.00, EINTRITT: 1,50 €

COMPLEJO LA TALA ist ein Komplex mit Wohnhöhlen, in dem man ein Appartement mieten kann. Man kann auch in einem *cortijo* (Gutshof) auf dem Gelände schlafen, aber eine Übernachtung in einer Höhle ist natürlich etwas Außergewöhnliches. Es gibt unterschiedlich große Höhlen, sowohl für zwei Personen als auch für Gruppen. Auf dem Gelände befinden sich auch ein Schwimmbad und Sporteinrichtungen und wandern gehen kann man sowieso.

A-92N KM 1,5, WWW.COMPLEJOLATALA.COM, T 638 720 056, PREIS: 75 €

NOMAD XPERIENCE

TOP 10

CORTIJO DEL MARQUÉS Der absolute Geheimtipp Granadas liegt nicht in der Stadt selbst, sondern 18 Kilometer nördlich. Dieses Landgut liegt an der Straße nach Jaén und blickt auf eine lange Geschichte zurück. Es war einst ein Kloster und danach ein bäuerliches Landgut, auf dem 30 Familien wohnten. Es war sozusagen ein eigenständiges Dorf mit allen Einrichtungen, es wurde sogar eine Kapelle dazugebaut. Das Gut wurde 2002 restauriert und ist einfach toll. Bei der Renovierung wurden viele Details im Original belassen, so hängen etwa in einem der Räume noch die Futterkrippen an der Wand. Hier zu übernachten ist wirklich ein einmaliges Erlebnis.

CAMINO DEL MARQUÉS S/N, DEIFONTES, WWW.CORTIJODELMARQUES.COM, T 958 340077/678 334884, PREIS: 90 €

ALHAMA DE GRANADA

Es gibt immer wieder Orte, die noch kaum vom Tourismus entdeckt wurden, obwohl sie sehr reizvoll sind. Dazu zählt Alhama de Granada. Es schwebt, wie Ronda, auf dem Rand einer tiefen Schlucht.

Alhama verdankt seinen Namen dem arabischen *al hamma* ("heiße Quelle"). Diese in römischer Zeit für ein Thermalbad genutzten Quellen gibt es immer noch. Die Thermalbäder sind in das Hotel Balneario, an der Straße nach Granada, integriert und über das Hotel zu betreten. Das arabische Viertel des Städtchens ist fast vollständig erhalten. Von hier aus hat man einen guten Blick in die Schlucht und kann auch gut zu einer Wanderung durch die Schlucht aufbrechen.

LA SEGUIRIYA *Seguiriya* heißt einer der ältesten Flamencostile. Dieses Hotel wurde von dem Flamencosänger Paco Moyano so genannt. Nach seinem Rückzug aus der Welt des Flamencos hat er zusammen mit seiner Familie dieses Haus renoviert. Es liegt im alten Zentrum von Alhama de Granada und hat auch ein Restaurant mit traditionellen Gerichten wie Kabeljau, Thunfisch oder Lamm aus dem Ofen. Die Terrasse bietet Aussicht auf die Schlucht.

CALLE LAS PEÑAS 12, WWW.LASEGUIRIYA.COM, T 958 360801, PREIS: 65 €

VALLE DE LECRIN

Wenn man auf der spektakulären Autobahn von Granada aus an die Küste fährt, biegen viele Touristen links ab, um die Alpujarras zu besuchen. Auf der anderen Seite der Straße liegt jedoch auch eine sehr schöne, weitaus weniger bekannte Gegend: das Lecrín-Tal. Dieses Gebiet ist lange nicht so wild wie die Alpujarras, es ist eher mediterran. Mitten im Tal stößt man auf einen großen See, der von Hügeln mit Zitrusplantagen umgeben ist.

CASA AIRE DE LECRÍN Dieses gemütliche Bed & Breakfast befindet sich in dem ruhigen Ort Pinos del Valle, der ein wenig französisch oder italienisch anmutet. Es gibt einen höher gelegenen und einen etwas niedriger gelegenen Teil, hier steht dieses B&B gleich bei der Kirche. Es hat sechs Zimmer und im Innenhof einen kleinen Pool. Pinos del Valle liegt sehr günstig, nur ein paar Minuten von der Autobahn nach Granada oder der Küste entfernt.

CALLE AIRE 2, PINOS DEL VALLE, WWW.CASA-AIRE-DE-LECRIN.COM, T 958 793937/616 390887, PREIS: 55 €

NOMAD XPERIENCE Übernachten in einer Jurte, einem Tipi oder einem Wohnwagen: Das alles ist hier möglich. Es gibt auch ein Schwimmbad, einen Garten und ein reiches Angebot an Aktivitäten. Ein unvergessliches Erlebnis!

CALLE OLMO 13, VENTA DEL FRAILE, PADUL, WWW.NOMADXPERIENCE.ES, T 958 347085/677 404351, PREIS: 70 €

WANDERN MIT FERNBLICK

Las Alpujarras, oder auch La Alpujarra, bilden die Südflanke der Sierra Nevada. Das Gebiet beginnt unterhalb von Granada und erstreckt sich in östlicher Richtung bis über Almería hinaus. Von der Autobahn aus fährt man über Lanjarón erst in das Poqueira-Tal. Danach folgen auf dem Weg nach Trevélez einige kleinere Dörfer, in denen die Zeit stillzustehen scheint, und über eine bergige Straße mit schönen Ausblicken geht es weiter zum berühmtesten Ort der Region: Trevélez, vor allem bekannt für seinen *jamón serrano* (Serrano-Schinken), der hier getrocknet wird. Nach dem Besuch von Trevélez kehren die meisten Touristen wieder an die Küste zurück. Je tiefer man in die Region hineinfährt, desto ursprünglicher wird die Landschaft, und auf den Dorfstraßen sieht man immer mehr Esel als Autos. Man kann auch über den Bergpass Puerta de la Ragua durch die Sierra Nevada nach Guadix im Norden fahren.

Die Alpujarras werden von Wanderern sehr geschätzt und sind seit Jahren auch bei einem eher alternativ angehauchten Publikum beliebt.

Zu Zeiten der Rückeroberung Andalusiens durch die Spanier waren die Alpujarras ein wichtiger Zufluchtsort für die Mauren auf der Flucht vor den Christen. Spuren maurischer Kultur finden sich noch heute an vielen Stellen in den Dörfern. Beispiele dafür sind gerade die quadratischen Häuschen mit Flachdach, die an die Felswand gebaut wurden. Auch die *jarapas*, Decken, die überall zum Kauf angeboten werden, erinnern stark an Decken der Berber.

Sie erreichen die Alpujarras über die Autobahn Granada–Motril. Nehmen Sie je nach Reiseziel die Ausfahrt Lanjarón oder Órgiva. Wenn Ihr Ziel etwas weiter südlich liegt, dann empfiehlt sich die Ausfahrt Órgiva. Fahren Sie dann über Los Tablones weiter.

....

Planen Sie genug Zeit ein!
Die Alpujarras sind von der Ausdehnung her nicht besonders groß, von Lanjarón nach Trevélez zum Beispiel sind es nur 44 Kilometer. Sie sollten dafür aber durchaus eine Stunde Fahrtzeit einrechnen, denn die Straßen sind schmal und kurvenreich. In einer Stunde schaffen Sie im Durchschnitt 40 bis 50 Kilometer. Außerdem sollten Sie der Versuchung nicht widerstehen, ab und zu anzuhalten, um ein Dorf zu besichtigen oder die Aussicht zu genießen.

Einige Angaben zu Streckenlängen und Dauer:
Lanjarón–Trevélez: 44 km, 1 Stunde; Trevélez–Cadiar: 27 km, 40 Minuten; Trevélez über Puerto de la Ragua nach La Calahorra: 80 km, 1 Stunde und 50 Minuten; Trevélez–Adra: 78 km, 1 Stunde und 35 Minuten.
....

LAS ALPUJARRAS REGION

🟢 **SEHENSWÜRDIGKEITEN**

1. CASTILLO DE LA CALAHORRA

🟡 **ESSEN & TRINKEN**

2. CASA IBERO
3. MESÓN RESTAURANTE LA FRAGUA
4. RESTAURANTE CASA DE PILAR Y PACO
5. RESTAURANTE L'ATELIER

🔴 **100% THERE**

6. AKTIVITÄTEN IN LAS ALPUJARRAS

🔵 **ÜBERNACHTEN**

7. CASA LA SEVILLANA
8. CASA RURAL LAS CHIMENEAS
9. EL CASTAÑAR NAZARI

10. HOTEL ALQUERÍA DE MORAYMA
11. HOTEL RURAL ESTRELLA DE LAS NIEVES
12. HOTEL VILLA TURISTICA DE BUBIÓN
13. SIERRA Y MAR

POQUEIRA-TAL – PAMPANEIRA

Das erste Tal, in das Sie kommen, wenn Sie von der Autobahn Granada-Motril in die Alpujarras hineinfahren, ist das Poqueira-Tal. Erst fahren Sie an dem wegen seines Mineralwassers bekannten Ort Lanjarón vorbei, und dann passieren Sie Órgiva. Im Poqueira-Tal liegen drei Ortschaften am Hang übereinander: Pampaneira, Bubión und ganz oben Capileira. Die Gegend eignet sich vor allem zum Wandern, sonst kann man hier nicht viel machen. Und täuschen Sie sich nicht, man braucht länger als man denkt, um nach Granada oder an die Küste zu fahren.

Am tiefsten liegt in diesem Tal das Dorf Pampaneira. Es ist auch das touristischste, wahrscheinlich weil es an der Durchgangsstraße liegt. Trotzdem ist es ein schöner Ort, der sich für eine Rast anbietet. Wie in anderen Orten gibt es auch hier einen öffentlichen Parkplatz außerhalb des Dorfes, von dem aus man zu Fuß ins Dorf laufen kann. Es gibt zahlreiche Bars und Restaurants.

AKTIVITÄTEN IN LAS ALPUJARRAS Man kann hier wandern, reiten oder Radtouren unternehmen. Mehr Details dazu erhalten Sie im Informationszentrum Nevadensis am Platz hinter der Kirche.
PLAZA DE LA LIBERTAD S/N, WWW.NEVADENSIS.COM, T 958 763127, GEÖFFNET: IM SOMMER DI-SA 10.00-14.00 & 16.00-18.00, SO-MO 10.00-14.00, IM WINTER TÄGLICH 10.00-14.00

HOTEL RURAL ESTRELLA DE LAS NIEVES Wenn Sie in Pampaneira übernachten möchten, bietet sich dieses nagelneue Hotel an. Es hat 21 Zimmer, einen Parkplatz, einen Garten und einen Pool mit wunderschöner Aussicht. Zum Hotel gehört auch ein Restaurant.
CALLE HUERTO 21, WWW.ESTRELLADELASNIEVES.COM, T 958 763981/671 420833, PREIS: 70 €

POQUEIRA-TAL – BUBIÓN

Bubión ist das mittlere Dorf im Poqueira-Tal. Dieses verschlafen wirkende Dorf ist ein guter Ausgangspunkt für Wanderungen.

HOTEL VILLA TURISTICA DE BUBIÓN liegt oben im Dorf, und die frisch renovierte Anlage ist beinahe so groß wie der Rest des Dorfes. Alles ist schön und weitläufig angelegt und sehr gepflegt. Es gibt Gärten, Terrassen und einen kleinen Pool. Man übernachtet in Appartements mit abgeteilter Sitzecke und Schlafzimmer. Das Hotel hat keine eigene Website, man kann also nur über Buchungsplattformen wie *www.booking.com* oder *www.expedia.com* Zimmer reservieren.
BARRIO ALTO S/N, WWW.VILLASDEANDALUCIA.COM/EN/NODE/19, T 958 763973, PREIS: 110 €

CASA LA SEVILLANA Dieses schöne, gastfreundliche Bed & Breakfast liegt im Zentrum von Bubión an der Durchgangsstraße. Der Name hat übrigens nichts mit Sevilla zu tun, das Haus war früher Eigentum des Regionalmanagers der Sevillana, einer spanischen Stromgesellschaft.

CARRATERA DE LA SIERRA 3, BUBIÓN, WWW.CASALASEVILLANA.ES, T 958 763153/628 132357, PREIS: 55 €

POQUEIRA-TAL – CAPILEIRA

Capileira liegt auf 1400 Metern Höhe. Sie können Ihr Auto auf dem großen öffentlichen Parkplatz abstellen und einen schönen Spaziergang am Dorfrand entlang machen, der Sie zu verschiedenen Aussichtspunkten führt. Wenn Sie in den Alpujarras wandern möchten, erkundigen Sie sich am besten in Ihrem Hotel oder einem der Besucherzentren nach geeigneten Wegen oder kaufen sich einen Führer zum Beispiel von Editorial Alpina. Viele der Wanderungen beginnen in Capileira.

CASA IBERO In einem andalusischen Dorf ein vegetarisches Restaurant zu finden, ist nicht selbstverständlich, aber hier in den Alpujarras gibt es das. Es passt irgendwie auch gut zur umgebenden Natur. Allerdings wird nicht ausschließlich vegetarisch gekocht, dennoch ist die Auswahl an vegetarischen Gerichten, oft mit arabischen Einflüssen, groß.

CALLE PARRA 1, WWW.CASAIBERO.COM, T 653 935056, GEÖFFNET: TÄGLICH APR.-OKT. 19.00-23.00, NOV.-MÄRZ 18.30-22.30, PREIS: 13 €

RESTAURANTE CASA DE PILAR Y PACO Wenn Sie das Dorf an der Nordseite verlassen, kommen Sie am Restaurante Casa de Pilar y Paco vorbei. Es hat einen hübschen Garten mit traumhaftem Talblick, auch wenn man drinnen sitzt. Serviert werden hier Spezialitäten der Region wie *embutido* (Wurst) und *choto* (Kalb).

CARRETERA DE LA SIERRA 16, T 958 763 061, GEÖFFNET: TÄGLICH APR.-OKT. 13.30-15.30 & 20.00-23.00, NOV.-MÄRZ 13.30-15.30, PREIS: 15 €

DER WEG NACH TREVÉLEZ

Wer vom Poqueira-Tal aus nach Osten Richtung Trevélez fährt, kommt an Pitres vorbei. Unterhalb von Pitres liegen fünf Weiler, die man leicht übersieht. Das Leben scheint in diesen Dörfern seit Jahrhunderten stillzustehen. Man kann hier herrliche Wanderungen unternehmen, aber auch einige ausgezeichnete Lokale entdecken.

RESTAURANTE L'ATELIER In dem kleinen Dorf Mecina Fondales, weit weg vom Rest der Welt, liegt das vegetarische Restaurant l'Atelier, das man über einen schmalen, unscheinbaren Weg erreicht. Der Franzose, der dieses Restaurant führt, hat als vegetarischer Koch in England zahlreiche Preise gewonnen. Er bietet auch Kochkurse an und hat ein paar Gästezimmer. Sie sollten unbedingt vorher reservieren.

CAPILEIRA

CALLE ALBERCA 21, MECINA FONDALES, WWW.IVU.ORG/ATELIER, T 958 857501, GEÖFFNET: MI-MO 19.00-23.00, SA-SO OOK 13.00-16.00, PREIS: 12 €

SIERRA Y MAR Dieses Bed & Breakfast im Dorf Ferreirola ist der ideale Ausgangs-punkt für Wanderungen in die Umgebung. Aufgrund seiner Lage oben im Dorf hat man einen tollen Blick auf Ferreirola und die umliegenden Berge. Das Sierra y Mar besteht aus ein paar Häuschen, die durch den Garten und Terrassen miteinander verbunden sind. Es gibt eine Gemeinschaftsküche und Internet über WLAN. Ihr Auto müssen Sie auf dem Kirchplatz abstellen.

CALLE ALBAICÍN 16, FERREIROLA, WWW.SIERRAYMAR.COM, T 958 766171, PREIS: 62 €

TREVÉLEZ

Wenn Sie der Straße hinter Pitres weiter folgen, kommen Sie zu einem der bekann-testen Orte der Alpujarras: Trevélez. Die Bewohner dieses Bergortes behaupten, dass er der höchstgelegene Ort Spaniens sei. Wenn man den Mulhacén mitrechnet, der Berg, der hinter Trevélez aufragt, haben sie sogar recht. Aber Trevélez ist nicht nur deshalb berühmt, sondern vor allem wegen seines *jamón serrano*, des Serrano-

Schinkens. Die Schinken werden von nah und fern angeliefert, um dann in der kühlen Bergluft zu trocknen. Während man in Jaén in den endlosen Olivenhainen die Oliven fast schmecken kann, riecht Trevélez buchstäblich nach Schinken. Wenn man nach Trevélez fährt, sieht man in den Dörfern ringsherum einige große Gebäude – da hängen die Schinken zum Trocknen.

Trevélez besteht aus drei Teilen: dem touristischen Teil *barrio bajo* (unterer Bereich), dem *barrio medio* (mittlerer Bereich) und dem *barrio alto* (oberer Bereich). Man kann zu Fuß alle drei Teile durchlaufen. Die meisten Wanderrouten, auch die zum Gipfel des Mulhacén, beginnen im oberen Bereich. Wie wäre es mit einer kombinierten Wander- und Fahr-Tagestour (mit Geländewagen) zum Gipfel?

TIPP: Checken Sie vor Beginn einer längeren Wanderung den Wetterbericht und Ihre Ausrüstung. Sie sollten auch immer einen Führer dabeihaben. Wenn Sie in einer Hütte übernachten möchten, sollten Sie sich vorher anmelden (dann wird auch nach Ihnen gesucht, wenn Sie nicht wie geplant ankommen). Sie können zur Vorbereitung Ihrer Tour auch die Agentur Nevadensis in Pampaneira zurate ziehen (siehe Seite 225).

TREVÉLEZ Ⓛ   EL CASTAÑAR NAZARI Ⓡ

MESÓN RESTAURANTE LA FRAGUA Haben Sie von dem vielen Schinkenduft Appetit bekommen oder sind Sie müde vom Wandern? Dann empfehlen wir Mesón Restaurante La Fragua (die alte Schmiede) im *barrio medio*, gleich neben dem Rathaus. Von Ihrem Tisch aus haben Sie eine wunderbare Aussicht und können dabei regionale Gerichte kosten – natürlich auch Schinken. Zum Restaurant gehören seit Kurzem auch zwei Hotels, das neuere der beiden liegt ganz in der Nähe des Lokals. Es ist einfach, aber die Zimmer sind geräumig, haben eine Terrasse und der Preis ist fair.

CALLE SAN ANTONIO, WWW.HOTELLAFRAGUA.COM, RESTAURANT T 958 858573, HOTEL T 958 858626, GEÖFFNET: TÄGLICH 12.30-16.00 & 20.00-22.30, PREIS: ESSEN 10 €, ZIMMER 69 €

EL CASTAÑAR NAZARI Aufgrund seiner Adresse könnte man annehmen, dass dieses Hotel vor Trevélez, in Busquistar, liegt. Doch lassen Sie sich davon nicht in die Irre führen, fahren Sie nach Trevélez weiter über die A4132 in Richtung Osten. Das Hotel hat nur fünf Zimmer, einen hübschen Patio, liegt mitten in der Natur und bietet einen traumhaften Blick auf die Berge. Der einzige Nachteil: Es gibt kein Restaurant, sodass man ein Stück mit dem Auto fahren muss, um etwas zu essen zu bekommen, aber das ist die Sache wert.

CARRETERA A-4132 KM 39, CORTIJO LA ROZA, BUSQUISTAR, WWW.CASTANARNAZARI.COM, T 958 343613, PREIS: 105 €

HINTER TREVÉLEZ

Hinter Trevélez wird die Landschaft immer karger und unwirtlicher, hier beenden die meisten Reisenden daher auch ihren Trip in die Gegend. Sie können umkehren und auf der gleichen Strecke nach Granada zurückfahren oder an die Costa Tropical abbiegen. Fahren Sie, um nach Granada zu gelangen, Richtung Lanjarón und zu einem Abstecher an die Küste Richtung Motril/Órgiva. Sie können auch erst nach Osten fahren, Richtung Cadiar. Dann auf der A348 weiter nach Granada oder Motril. Von Trevélez aus können Sie direkt an die Küste hinunterfahren und von da weiter nach Almería. Dazu fahren Sie über die A348 Richtung Osten bis zur Kreuzung mit der A347, auf dieser Straße nach Adra und dann weiter nach Almería.

Wenn Sie hinter Trevélez in östlicher Richtung weiterfahren, kommen Sie in immer ruhigere Dörfer der Alpujarras. In einem dieser Dörfer, Yegen, hat sich der englische Schriftsteller Gerald Brenan in den 1920er-Jahren niedergelassen und ein wunderbares Buch über sein Leben hier verfasst: Südlich von Granada. *Darin werden zahlreiche lokale Bräuche beschrieben und interessante Geschichten über das ländliche Spanien vor 100 Jahren erzählt. Brenan wurde von berühmten Landsleuten besucht, etwa der Schriftstellerin und Feministin Virginia Woolf.*

HOTEL ALQUERÍA DE MORAYMA Außerhalb der Ortschaft Cádiar liegt ein nettes Hotel mit 20 Zimmern. Es gehört dem gleichen Eigentümer wie das Restaurante Mirador de Morayma in Granada und ist mindestens genauso stimmungsvoll. In einem alten Bauernhof kann man zudem noch kleine Appartements mieten. Hier zu logieren lohnt sich – nicht nur wegen der vielen schönen Wanderungen, die man in der Umgebung unternehmen kann, sondern auch aufgrund des riesigen Schwimmbads, der typischen Gerichte der Alpujarras, die im Restaurant angeboten werden, und wegen des Weinkellers mit exzellenten Weinen. Wer will, kann auch einen Tai-Chi-, Reiki- oder Flamencokurs besuchen.

3 KM VON CÁDIAR ENTFERNT, AN DER A348 RICHTUNG TORVIZCÓN, WWW.ALQUERIAMORAYMA.COM, T 958 343303, PREIS: 72 €

CASA RURAL LAS CHIMENEAS liegt noch weiter in den Alpujarras im Ort Mairena. Hier gibt es immer noch mehr Esel als Autos, ideal für Naturliebhaber. Reisende können sich ein Zimmer mit Frühstück nehmen oder ein Appartement mieten. Die Eigentümer haben sich auf Wandertouren in der Umgebung spezialisiert und bieten verschiedene Arrangements an. Sie haben auch einen Gemüsegarten angelegt und kochen mit Produkten aus eigenem Anbau.

CALLE AMARGURA 6, MAIRENA, WWW.ALPUJARRA-TOURS.COM, T 958 760089, PREIS: 85 €

PUERTO DE LA RAGUA

Hinter Trevélez können Sie über den Puerto de la Ragua fahren, den 2000 Meter hohen Pass durch die Sierra Nevada – eine besonders schöne Strecke mit vielen Kurven und tollen Ausblicken. Die Straße führt bis nach La Calahorra. Besonders auf dem letzten Teil der Strecke ist die Straße sehr schmal – und es gibt keine Leitplanke. Im Winter kann Schnee die Durchfahrt behindern. Am Puerto de la Ragua beginnen Langlaufpisten, und es gibt einige Skipisten (*www.puertodelaragua.com*).

CASTILLO DE LA CALAHORRA La Calahorra wird von einer beeindruckenden Burg überragt. Sie wurde zwischen 1509 und 1512 auf den Überresten einer alten arabischen Burganlage erbaut und war das erste Gebäude in Spanien mit Merkmalen des Renaissancestils. Von der Plaza del Ayuntamiento aus ist die Burg leicht zu erreichen.

LA CALAHORRA, GEÖFFNET: MI 10.00-13.00 & 16.00-18.00, GRATIS

TREVÉLEZ, EL CASTAÑAR NAZARI

FELSENKÜSTE MIT BUCHTEN

Die Küste Granadas, insbesondere der westliche Teil, wird Costa Tropical genannt. Hier liegen zwei schöne Badeorte: Salobreña und La Herradura. Die Altstadt von Salobreña befindet sich auf einem Hügel und ist so schon von Weitem zu sehen. Der Badeort La Herradura ist aufgrund der reichen Vegetation entlang der Küstenlinie und unter Wasser bei Tauchern sehr beliebt.

SALOBREÑA

Dieses Dorf sieht man schon von Weitem. Der eng bebaute alte Stadtkern liegt auf einem Hügel und darüber erhebt sich eine alte arabische Burg. Sie können mit dem Auto in den *casco antiguo* (alten Stadtkern) fahren, aber Achtung: Die Straße wird nach oben hin immer enger und steiler, und man kann nicht wenden. An der Küste finden Sie Restaurants und schöne Strände.

CASTILLO ÁRABE Diese Burg wurde einst als Festung angelegt, diente jedoch auch eine Zeit lang als Gefängnis. Von der Burg aus hat man zur einen Seite einen fantastischen Blick auf das Städtchen und die Küstenlinie der Costa Tropical und zur anderen Seite auf die Gipfel der Sierra Nevada. Am besten steigt man zu Fuß zur Burg hinauf.
PLAZA GOYA S/N, T 958 610314, GEÖFFNET: DI-SO APR.-OKT. 10.30-14.00 & 18.00-21.30, NOV.-MÄRZ 10.30-13.30 & 16.00-19.00, EINTRITT: 2,85 €

HOSTAL JAYMA Auch wenn die Einrichtung dieses Hotels nicht sehr ansprechend ist, ist alles sauber und gepflegt. Das Personal ist freundlich und der Preis angemessen. Wer in dieser Gegend eine gute Unterkunft zu einem günstigen Preis sucht, ist hier richtig.
CALLE DEL CRISTO 24, WWW.HOSTALJAYMA.COM, T 958 610231, PREIS: 55 €

LA HERRADURA

Dieser Badeort liegt 15 Kilometer von Salobreña entfernt. Zwischen den Hügeln, die sich bis ins Meer erstrecken, warten einige schöne Strände auf sonnenhungrige Besucher. Sie können natürlich auch in einem der örtlichen Lokale eine Ruhepause einlegen. Außerhalb von La Herradura, auf der anderen Seite des Hügels, befindet sich ein kleiner Jachthafen. Um ihn zu erreichen, fahren Sie die Straße am Meer entlang und schließlich über den Hügel.

EL CHAMBAO DE JOAQUÍN In diesem Restaurant am Strand von La Herradura bekommen Sie köstliche Paella. Wenn Sie von La Herradura kommend links auf den Boulevard einbiegen, ist es das letzte Lokal – eine Strandbar mit einer Strandterrasse mit herrlichem Blick auf die Bucht. Ein wunderbarer Ort, um am späten Nachmittag, wenn die Sonne nicht mehr so heiß ist, oder kurz vor Sonnenuntergang einen Drink mit Tapas zu genießen.

PASEO ANDRES SEGOVIA S/N, WWW.ELCHAMBAODEJOAQUIN.COM, T 958 640044/678 871174, GEÖFFNET: TÄGLICH 10.00-16.30 & 19.00-23.00, PREIS: 12 €

PLAYA CANTARRIJÁN Einer der schönsten Strände liegt außerhalb von La Herradura, einige Kilometer in Richtung Nerja, und ist von der N340 aus über einen schmalen bergab führenden Weg zu erreichen. Es gibt hier auch einen Parkplatz. In den Sommermonaten darf man allerdings nicht mit dem Auto zum Strand hinunterfahren, sondern muss den Bus nehmen. An der Playa Cantarriján treffen sich vor allem Anhänger des FKK, aber wer will, darf die Badehose auch anbehalten. In zwei netten Strandlokalen werden gute Fischgerichte angeboten.

SURFEN, KITEN ODER SEGELN Am Hauptstrand von La Herradura können Sie segeln, windsurfen, kiten und Kanu fahren. Das benötigte Material können Sie bei Windsurf La Herradura mieten. Wenn es Ihnen an Übung fehlt, erhalten Sie hier auch Unterricht. Informationen über Preise, Material und Kurse finden Sie auf der Website.

PASEO MARITIMO 34, WWW.WINDSURFLAHERRADURA.COM, T 958 640143

TAUCHEN La Herradura ist bei Tauchern ausgesprochen beliebt. Dank der Felsen, die bis ins Meer hineinreichen, kann man unter Wasser viele Pflanzen und Fische bewundern. Wenn Sie Näheres über Kurse, Scheine und Material wissen möchten, können Sie sich an die Tauchschule im Jachthafen auf der anderen Seite des Berges wenden. Preise und Angebote stehen auch auf der Website.

BUCEO LA HERRADURA, MARINA DEL ESTE (JACHTHAFEN) S/N, WWW.BUCEOLAHERRADURA.COM, T 958 827083, GEÖFFNET: TÄGLICH AB 9.00 (IM WINTER ERST KLINGELN)

EL CHAMBAO DE JOAQUÍN

MAURISCHES FORT UND TRUTZIGE KATHEDRALE

Die Provinz Almería mit der gleichnamigen Hauptstadt ist noch nicht so bekannt wie andere Teile Andalusiens, doch langsam, aber sicher gewinnt auch Almería touristisch an Bedeutung. Die Umgebung der Stadt ist die Gemüsekammer Andalusiens. Tomaten, Gurken und Paprika, die im Supermarkt angeboten werden, stammen oft von hier. Zu den wichtigsten Sehenswürdigkeiten der Stadt gehören die Alcazaba und die Kathedrale.

Wenn man sich gegen andere Provinzhauptstädte wie Sevilla, Málaga, Córdoba und Granada behaupten muss, dann ist das natürlich nicht so einfach. So erging es zumindest lange Zeit Almería. Die Stadt lag schon immer etwas ab vom Schuss in einer sehr trockenen Region. Durch die Einführung moderner Agrartechniken und die große Anzahl an *invernaderos* (Gewächshäusern), die die Stadt umgeben, ist Almería heute das Zentrum des Obst- und Gemüsebaus. Vieles aus unseren Supermärkten kommt aus dieser Region. Leider bieten die Gewächshäuser rings um die Stadt nicht gerade einen schönen Anblick. Insbesondere durch den beliebten Parque Natural Cabo de Gata-Nijar hat der Tourismus in letzter Zeit ziemlich zugenommen. Dank der wachsenden Bekanntheit und Beliebtheit der Stadt hat Almería an Selbstvertrauen gewonnen und konzentriert sich jetzt mehr auf eigene Stärken, als sich mit anderen Städten zu vergleichen.

Almería ist ein angenehmer Ort zum Verweilen, und weil es hier noch relativ wenige Touristen gibt, hat die Stadt ihren ursprünglichen Charakter bewahren können. Wenn man abends durch die Straßen schlendert, wirkt alles gemütlich und sogar romantisch, aber tagsüber entdeckt man durchaus einige weniger schöne, heruntergekommene Bereiche. Deutliches Zeichen dafür, dass die Stadt auch weniger wohlhabende Zeiten hinter sich hat. Im Zentrum stehen neben schönen alten Gebäuden oft hässliche Hochhäuser. Dennoch ist die Atmosphäre ansprechend, und man kann an vielen Ecken sehen, dass die Stadt in der Entwicklung begriffen ist. So wurde kürzlich eines der schönsten Stadthotels in Andalusien hier eröffnet, und es gibt einige beeindruckende Sehenswürdigkeiten. Außerdem kann man den Stadtbummel mit einem Sonnenbad am Strand abschließen. Schlendern Sie einfach am Ufer entlang und suchen Sie sich ein schönes Fleckchen.

SEHENSWÜRDIGKEITEN

Die Stadt ist weniger touristisch als andere andalusische Städte, aber das hat auch einen gewissen Charme. Es gibt ein paar lohnende Sehenswürdigkeiten wie die Alcazaba, die von vielen Stellen in der Stadt zu sehen ist, und die Kathedrale, die eher einer Festung als einer Kirche gleicht.

ALMERÍA STADT

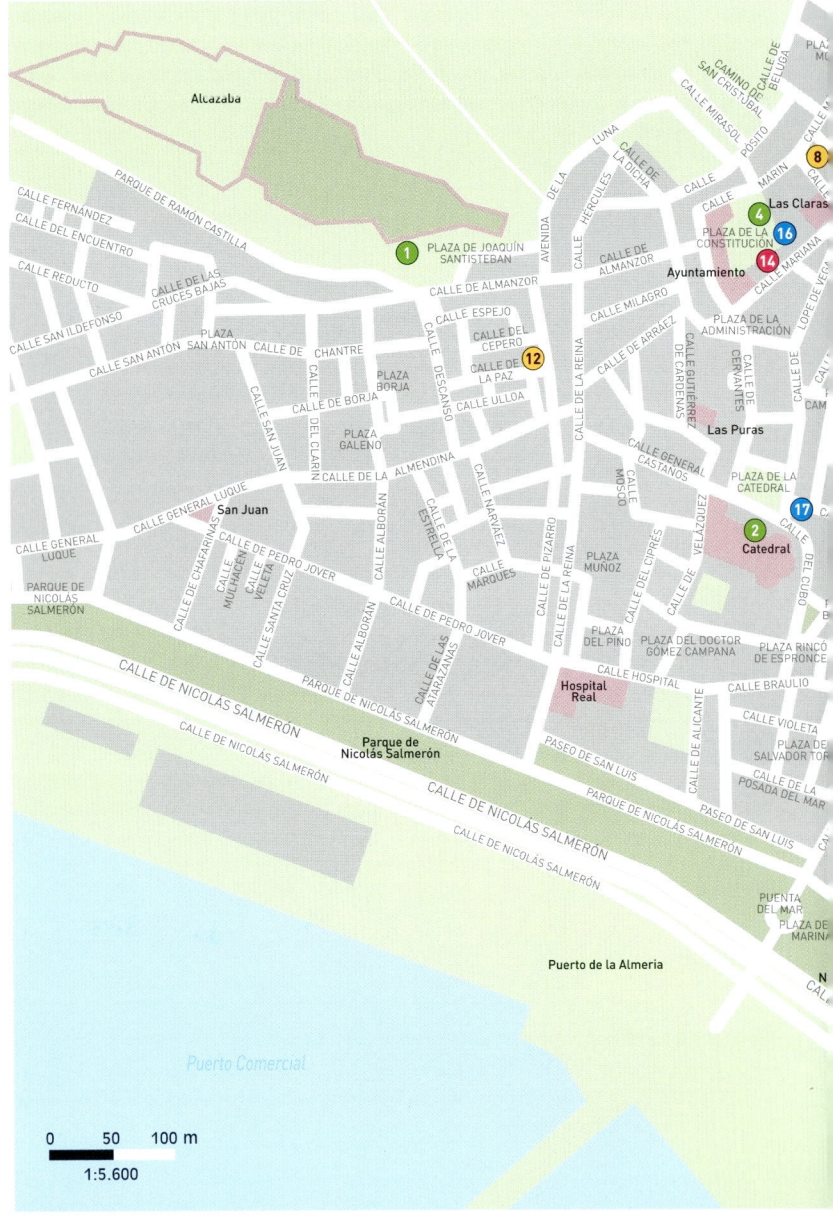

Alcazaba

Parque de Ramón Castilla

CALLE FERNÁNDEZ
CALLE DEL ENCUENTRO
CALLE REDUCTO
CALLE SAN ILDEFONSO
CALLE DE LAS CRUCES BAJAS
PLAZA SAN ANTÓN
CALLE SAN ANTÓN
CALLE DE
CHANTRE
CALLE SAN JUAN
CALLE DEL CLARÍN
CALLE GENERAL LUQUE
San Juan
CALLE GENERAL LUQUE
PARQUE DE NICOLÁS SALMERÓN
CALLE DE CHAFARINAS
CALLE MULHACÉN
CALLE VELETA
CALLE DE PEDRO JOVER
CALLE SANTA CRUZ
CALLE ALBORÁN
CALLE DE LA ESTRELLA
CALLE DE LA ALMEDINA
CALLE DE BORJA
PLAZA BORJA
PLAZA GALENO
CALLE DE LA ALMENDINA
CALLE ALBORÁN
CALLE DE LAS ATARAZANAS
CALLE DE PEDRO JOVER
PARQUE DE NICOLÁS SALMERÓN

① PLAZA DE JOAQUÍN SANTISTEBAN
CALLE DE ALMANZOR
CALLE ESPEJO
CALLE DEL CEPERO
CALLE DE LA PAZ
CALLE DE DESCANSO
CALLE ULLOA
CALLE NARVÁEZ

⑫

AVENIDA DE LA LUNA
CALLE DE LA DICHA
CALLE HÉRCULES
CALLE
CALLE DE ALMANZOR
CALLE MILAGRO
CALLE DE ARRÁEZ
CALLE DE LA REINA
Las Claras
PLAZA DE LA CONSTITUCIÓN
Ayuntamiento
PLAZA DE LA ADMINISTRACIÓN
CALLE GUTIÉRREZ
CALLE DE CÁRDENAS
CALLE DE CERVANTES
Las Puras
④ ⑯ ⑭

CAMINO DE SAN CRISTÓBAL
CALLE DE BELUGA
CALLE MIRASOL
POSÍO
MARÍN
⑧
CALLE MARIANA
LOPE DE VEGA

PLAZA MUÑOZ
CALLE MOSCO
CALLE GENERAL CASTAÑOS
PLAZA DE LA CATEDRAL
CALLE VELÁZQUEZ
② Catedral
⑰
CALLE DEL CUBO

CALLE DE PIZARRO
CALLE DE LA REINA
CALLE DEL CIPRÉS
PLAZA DEL PINO
PLAZA DEL DOCTOR GÓMEZ CAMPANA
PLAZA RINCÓN DE ESPRONCE

Hospital Real
CALLE HOSPITAL
CALLE DE ALICANTE
CALLE BRAULIO
CALLE VIOLETA
PLAZA DE SALVADOR TOR
CALLE DE LA POSADA DEL MAR

CALLE DE NICOLÁS SALMERÓN
CALLE DE NICOLÁS SALMERÓN
Parque de Nicolás Salmerón
PARQUE DE NICOLÁS SALMERÓN
PASEO DE SAN LUIS
CALLE DE NICOLÁS SALMERÓN
PASEO DE SAN LUIS

PUENTA DEL MAR
PLAZA DE MARINA

Puerto de la Almeria

Puerto Comercial

0   50   100 m
1:5.600

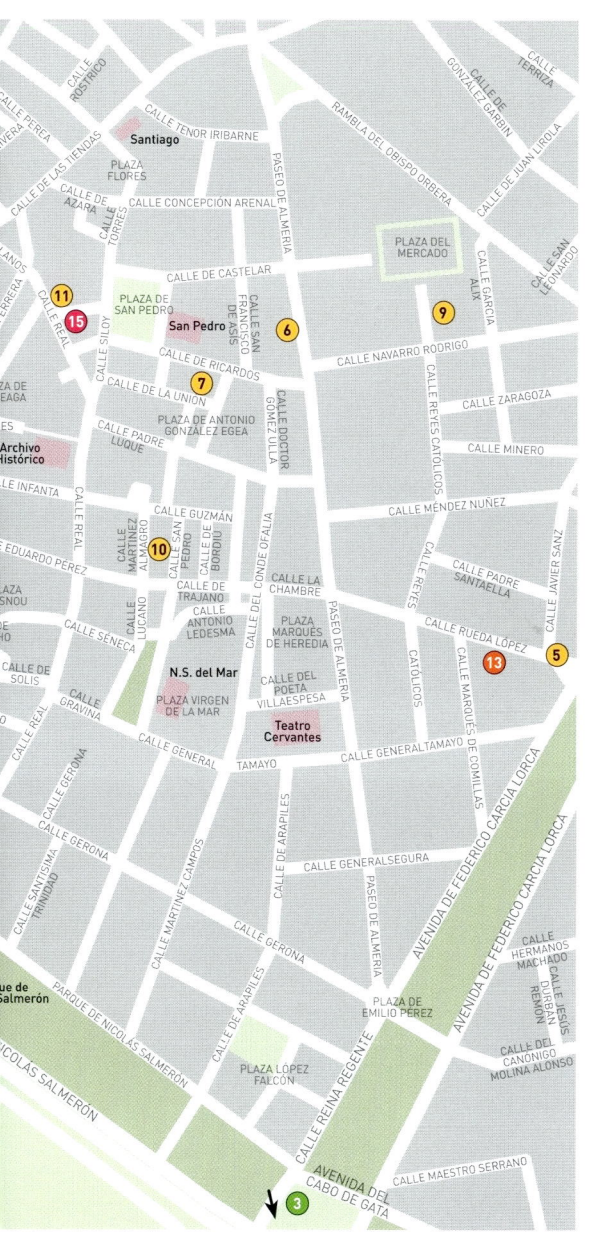

ALCAZABA Die Alcazaba ist der Stolz der Stadt. In dieser riesigen maurischen Festung aus dem 10. Jahrhundert waren zu Spitzenzeiten 20.000 Soldaten stationiert. Sie besteht aus drei Ebenen. Auf dem *primer recinto* (dem ersten Niveau) standen früher die Häuser der Bürger und Lagerräume. Heute gibt es hier schöne Gärten und einige *aljibes*, Reservoirs für die Wasserversorgung. Auf der zweiten Ebene, dem *segundo recinto*, befindet sich die alte Palaststadt, von der noch einige Gebäude erhalten sind. Auf der höchsten Ebene, dem *tercer recinto*, steht der Torre del Homenaje. Er wurde von den Katholischen Königen zum Gedenken an den Sieg über die Mauren errichtet. Von hier aus, aber eigentlich von überall in der Alcazaba, hat man einen fantastischen Blick auf die Stadt und den Hafen. An der Nordseite führt eine (wegen Renovierung gesperrte) befestigte Mauer, die Muralla de Jairán, zu den Ruinen einer alten Kirche und einer riesigen Jesusstatue.
CALLE ALMANZOR S/N, T 950 271617, GEÖFFNET: APR.-JUNI & SEPT. DI-SA 9.00-20.30, JULI-AUG. DI-DO 9.00-20.30, FR-SA 9.00-23.00, OKT.-MÄRZ 9.00-18.30, SO 9.00-15.00, ENTRITT: FREI

CATEDRAL DE LA ENCARNACIÓN Die Kathedrale von Almería ist von außen ein wehrhaftes Gebäude mit Zinnen und gewaltigen Türmen. Auf den ersten Blick wirkt sie eher wie eine Burg denn wie eine Kirche. In der Vergangenheit wurde sie auch tatsächlich als zusätzliches Bollwerk bei der Verteidigung gegen heranrückende Piraten genutzt. Im Inneren präsentiert sich die Kathedrale eher schlicht, ohne die übertriebene Pracht und den Prunk anderer katholischer Gotteshäuser, aber dennoch eindrucksvoll.
PLAZA DE LA CATEDRAL, GEÖFFNET: MO-FR 10.00-17.00, SA 10.00-13.00, EINTRITT: 2 €

PLAZA VIEJA, oder auch Plaza de la Constitución, ist der älteste Platz von Almería und liegt zwischen der Kathedrale und der Alcazaba. Hier stehen das Rathaus und ein Denkmal für die Aufständischen, die im Jahr 1824 gegen den damaligen König Ferdinand VII. rebellierten. Der Platz wird schon seit Jahren saniert. Die Renovierung ist in großen Teilen beendet, aber es ist fraglich, ob sie jemals ganz zum Abschluss kommen wird. Hoffentlich, denn dann wird dieser Platz wieder die Zierde der Stadt sein.

EL CABLE INGLÉS Was am Hafen von Almería ins Auge fällt, ist die weit ins Meer gebaute stählerne Landungsbrücke El Cable Inglés (das Englische Kabel). Dieses Stahlmonster wurde 1902 von einer englischen Minengesellschaft (daher der Name) aufgebaut, um Mineralien aus der Nähe von Almería von den Waggons direkt in die Schiffe verladen zu können. Wenn Sie die größte Avenida bis zum Hafen hinuntergehen, kommen Sie zu diesem bemerkenswerten Bauwerk.
EINDE AVENIDA DE FEDERICO GARCÍA LORCA

ESSEN & TRINKEN

Auch in Almería braucht man nicht lange nach einer Gaststätte zu suchen. Es gibt noch nicht so viele moderne, bekannte Lokale, aber wir haben einige gute für Sie gefunden.

EL CABLE INGLÉS Ⓛ   **CATEDRAL DE LA ENCARNACIÓN** Ⓡ

CASA PUGA In der Nähe der Plaza Vieja liegt die beste Tapasbar der Stadt: Casa Puga. Hier hängen die Schinken an der Decke, die Wände sind mit maurischen Fliesen verziert, und es gibt eine große Auswahl an Tapas.

CALLE JOVELLANOS 7, WWW.BARCASAPUGA.ES, T 950 231530, GEÖFFNET: MO-SA 12.00-16.00 & 20.00-0.00, PREIS: 4 €

RESTAURANTE REAL Dieses Restaurant ist in einem alten Herrenhaus aus dem 19. Jahrhundert untergebracht. Die verschiedenen Salons sind alle als Speisesäle stilvoll eingerichtet. Ein schickes Restaurant mit einer umfangreichen Speisekarte.

CALLE REAL 15, T 950 280243, GEÖFFNET: MO-SA 13.30-16.00 & 20.30-23.30, PREIS: 20 €

TETERÍA ALMEDINA Einen Steinwurf von der Plaza Vieja entfernt erstreckt sich das arabische Viertel am Fuß der Alcazaba. Es ist nicht die wohlhabendste Gegend Almerías, und man hat eher das Gefühl, in Nordafrika zu sein als auf dem europäischen Festland. Mitten in diesem Viertel liegt eine nette *tetería*, in der, außer Tee, auch arabische Gerichte wie Couscous und Tajine serviert werden. Mama steht in der klitzekleinen Küche, Oma sitzt auf einem Stühlchen im Lokal und beobachtet die Gäste, die Kinder schauen neugierig um die Ecke – und der Vater bedient.

CALLE PAZ 2, WWW.RESTAURANTETETERIAALMEDINA.COM, T 697 932911/629 277827, GEÖFFNET: DI-SO 14.00-17.00 & 20.00-1.00, PREIS: 15 €

TETERÍA ALMEDINA Ⓛ   AIRE DE ALMERÍA, BAÑOS ÁRABES Ⓡ

CAFETERÍA COIMBRA Hier gibt es Eis oder *churros*, in Öl ausgebackene süße Teigstangen, die gern zum Frühstück oder als Snack gegessen werden. Keine Lust auf Süßes? Dann trinken Sie nur einen Kaffee oder gönnen Sie sich einen Drink mit einer Tapa. Die älteren Bewohner der Stadt kommen gern hierher und beobachten in aller Ruhe das Treiben auf dem *paseo* – insbesondere am Sonntag nach dem Kirchgang.
PASEO DE ALMERÍA 4, WWW.CAFETERIACOIMBRA.COM, T 950 258115, GEÖFFNET: TÄGLICH 7.00-22.00, PREIS: AB 2 €

RESTAURANTE PIZZERÍA DA BRUNO Die Adresse, wenn Sie in Almería Pizza oder Pasta essen wollen. Das Restaurant ist immer voll, und das aus gutem Grund: Es ist modern und doch gemütlich, man bekommt die besten Pizzen der Stadt, die Bedienung ist flink und freundlich, und außerdem gibt es zum Essen eine Flasche Limoncello gratis. Die Spanier wissen das offenbar zu schätzen.
MARTINEZ ALMAGRO 8, T 950 277209, GEÖFFNET: TÄGLICH 13.30-16.00 & 20.00-0.00, PREIS: 10 €

EL QUINTO TORO liegt in der Nähe des Marktes und ist kaum als Bar zu erkennen. Draußen hängt kein Schild, und die Fenster sind klein und so beklebt, dass man kaum hineinsehen kann. Aber sobald man die Tür aufmacht, weiß man, dass man hier richtig ist. Die Tapas sind ausgezeichnet. Probieren Sie zum Beispiel die *patatas* *a la pobre con huevo* (Bratkartoffeln mit Ei) oder den *pulpo con alioli* (Tintenfisch mit Knoblauchmayonnaise).

CALLE REYES CATÓLICOS 6, T 950 239135, GEÖFFNET: MO-SA 9.30-16.00 & 19.00-0.00, PREIS: AB 4 €

BOTANIA Dieses beliebte Bar-Restaurant liegt an der breitesten Avenida im Zentrum, einer der besten Plätze für ein Straßencafé in Almería. Man hat eine schöne Aussicht auf die Gärten, die die Avenida vom Hafen trennen. Natürlich kann man auch innen im Restaurant essen, aber am schönsten ist es, auf der Terrasse einen Drink mit Tapas zu genießen. Am Wochenende ist die Bar ideal, um den Tag abzuschließen oder die Nacht einzuläuten.

AVENIDA FEDERICO GARCÍA LORCA S/N, T 950 251302, GEÖFFNET: DI-FR 8.00-0.00, SA-SO 13.00-2.00, PREIS: 17 €

CALLE PADRE ALFONSO TORRES Diese kleine Gasse liegt in der Nähe der Avenida Federico García Lorca und ist voll mit Straßencafés. Der ideale Anlaufpunkt, um einen Abend bei schmackhaften Tapas zu verbringen. Das Sträßchen ist bei den Einheimischen ausgesprochen beliebt, schauen Sie einfach, wo Sie noch Platz finden, denn gut sind hier alle Lokale.

SHOPPEN

Der Paseo de Almería ist die wichtigste Einkaufsstraße der Stadt. Am *paseo* selbst finden Sie die Läden bekannter Modeketten wie Mango, Cortefiel oder Zara. In einer der Seitenstraßen gibt es einen schön renovierten Gemüse- und Obstmarkt und südlich davon einige Straßen mit kleineren Boutiquen. Andere interessante Einkaufsstraßen sind die Calle Mendez Nunez, Reyes Católicos und die Rueda Lopez.

DROP liegt an der Kreuzung der Calle Rueda Lopez mit der Calle Marqués de Comillas. In dieser Filiale gibt es sowohl Herren- als auch Damenmode von beliebten Labels wie Sienna Miller, G-Star, Boss, Scotch and Soda oder Ugg. Der Laden hat sogar einen eigenen Webshop. Etwas weiter in der Straße können Sie noch ein paar Boutiquen mit gehobener Markenkleidung besuchen.

CALLE MARQUÉS DE COMILLAS 1, WWW.BYDROP.COM, T 950 277145, GEÖFFNET: MO-FR 10.00-14.00 & 17.00-20.30, SA 9.30-14.00 & 17.30-20.30

100% THERE

Ein Aufenthalt in der Stadt Almería wird oft mit einem Besuch des Naturparks Cabo de Gato-Nijar verbunden, aber auch in der Stadt selbst lässt sich einiges unternehmen.

OLIVENÖL KOSTEN Unter dem Restaurante Real befindet sich ein Olivenölmuseum, das Museo de Aceite de Oliva. Es ist nicht besonders groß, man bekommt jedoch gute Erklärungen zu alten und modernen Herstellungstechniken. Und natürlich kann man Olivenöl von nah und fern kaufen, so auch Öl aus der Wüste bei Tabernas, das in tollen Flaschen verkauft wird. Selbstverständlich darf man vorher probieren.

CALLE REAL 15, T 950 620002, GEÖFFNET: MO-FR 10.00-13.00 & 17.30-20.00, SA 10.00-13.30, EINTRITT: 3 €

AIRE DE ALMERÍA, BAÑOS ÁRABES Im 15. Jahrhundert wurde das letzte öffentliche Badehaus in Almería geschlossen, aber heute kann man sich wieder in den arabischen Bädern erholen. Sie liegen neben dem Plaza Vieja Hotel & Lounge. Sie sind täglich geöffnet, Einlass ist alle zwei Stunden. Reservierung empfohlen.

PLAZA DE LA CONSTITUCIÓN (PLAZA VIEJA) 5, WWW.AIREDEALMERIA.COM, T 950 282095, GEÖFFNET: TÄGLICH 10.00-14.00 & 18.00-22.00, PREIS: AB 20 €

ÜBERNACHTEN

Dass die Stadt in Entwicklung ist, merkt man am Hotelangebot. Wir haben einige gute Häuser für Sie aufgelistet. Ein großer Vorteil: Die Hotels sind hier nicht so teuer wie anderswo in Andalusien.

PLAZA VIEJA HOTEL & LOUNGE Allein dieses Hotels wegen kommt man gern nach Almería. Es ist eines der schönsten Design-Stadthotels in Andalusien. In einer anderen Stadt würde eine Übernachtung wohl ein Vermögen kosten, aber da Almería nicht so touristisch ist, ist es hier noch bezahlbar. Alles an diesem Hotel ist schön und die Zimmer sind fabelhaft. Wenn man ein Zimmer zur Vorderseite nimmt, hat man einen fantastischen Blick auf die Alcazaba. Gemütlich sind die Lounge-Sitzelemente aus Paletten im Säulengang um den Platz. Wirklich schade, dass der Platz noch nicht fertig ist, denn so wirkt er etwas trostlos. Aber dafür ist es hier ruhig.

PLAZA DE LA CONSTITUCIÓN (PLAZA VIEJA) 4, WWW.PLAZAVIEJAHL.COM, T 950 282096, PREIS: 85 €

HOTEL CATEDRAL Ein weiteres gutes Hotel im Zentrum ist das Hotel Catedral. Wie der Name schon verrät, liegt es in Toplage an dem Platz, an dem die Kathedrale steht. Vom Pool am Dach hat man eine herrliche Aussicht auf die Stadt. Das Hotel hat eine Terrasse zum Platz hin und eine empfehlenswerte Speisekarte. Sie können also zum Mittag- oder Abendessen an einer der schönsten Stellen der Stadt sitzen. Übrigens können Sie sich zu einem Getränk auch eine kostenlose Tapa von der Karte aussuchen!

PLAZA DE LA CATEDRAL 8, WWW.HOTELCATEDRAL.NET, T 950 278178, PREIS: 50 €

HOTEL CATEDRAL

FELSEN UND TOLLER FERNBLICK

Felsen, verborgene Strände, Buchten mit azurblauem Wasser und ein fantastischer Fernblick: Der Parque Natural Cabo de Gata-Nijar ist einfach atemberaubend. Das mag erstaunen angesichts der Tatsache, dass er in der trockensten Zone Spaniens, ja sogar in der trockensten Zone des europäischen Festlands liegt. Die herrlichsten Wanderwege führen allerdings an der Küste entlang, aber sobald man sich ins Landesinnere wendet, sieht man, wie trocken es hier ist. Die Gegend verdankt ihre Schönheit dem vulkanischen Ursprung – erkennbar vor allem an den bizarren Felsgebilden, die bis ins Meer hineinreichen, und dem teilweise grauen Sand.

Diese Region ist bei den meisten Touristen noch nicht so bekannt wie andere Gebiete in Andalusien, aber Ruhesuchende und Naturliebhaber kommen immer häufiger hierher. Erstaunlich für den relativ geringen Bekanntheitsgrad: Die Unterkünfte sind ziemlich teuer. Der Grund dafür ist vor allem das beschränkte Angebot und die wachsenden Besucherzahlen vor allem in den Sommermonaten.

Interessant ist, wie gesagt, vor allem der Küstenstreifen. Wir beschreiben das Gebiet und die Ortschaften von Süd, etwa auf Höhe von Almería, nach Nord. Der Naturpark beginnt etwa bei Cabo de Gata. Leider gibt es keine durchgehende Küstenstraße. Man kann teilweise am Meer entlangfahren, dann muss man sich ins Landesinnere wenden, um danach wieder an die Küste zurückzukehren.

CENTRO DE VISITANTES LAS AMOLADERAS Zwischen den Orten Retamar und Cabo de Gata liegt das Besucherzentrum Las Amoladeras, hier erhalten Sie Informationen über Naturpark, Klima, Landschaft und Vegetation. Sinnvoll, wenn Sie Ihren Besuch planen und sich mit Karten und Plänen versorgen wollen.
CARRETERA AL-3115, TRAMO RETAMAR-PUJAIRE KM 7, WWW.CABODEGATA-NIJAR.COM, T 950 160435, GEÖFFNET: TÄGLICH AB 10.00, JAN.-FEBR. BIS 14.00, MÄRZ-MAI & OKT.-NOV. BIS 15.00, 1 JUNI-15 JUNI & 16 SEPT.-30 SEPT. BIS 17.00, 16 JUNI-15 SEPT. BIS 14.00 & 17.00-20.00

FARO DE CABO DE GATA Der Ort Cabo de Gata ist an sich nicht besonders lohnend, aber acht Kilometer weiter steht der Leuchtturm Faro de Cabo de Gata. Je näher man dem Leuchtturm kommt, desto schöner werden die Strände und die Strecke. Die Aussicht vom Mirador las Sirenas beim Leuchtturm ist spektakulär. Kurz davor liegt eine Siedlung, von der aus man eine Bootsfahrt (Veranstalter El Cabo a Fondo) machen kann. Dabei fährt man um das Kap herum, sodass man die Felsen und die sich tief ins Land hineinragenden Buchten gut erkennen kann. Direkt vor dem Leuchtturm führt links ein Weg hinauf zur Aula del Mar. Von hier aus gelangt man zu einigen traumhaften Stränden (über einen schmalen Weg mit Schlaglöchern). Da die Strände am Fuß der Klippen liegen, kann man mit dem Auto nicht ganz heranfahren. Parken Sie an der Straße und gehen Sie dann noch fünf bis zehn Minuten zu Fuß, bis der Weg aufhört.
FARO DE CABO DE GATA, MIRADOR LAS SIRENAS

RESTAURANTE LA GALLINETA

MACHEN SIE EINE BOOTSFAHRT entlang der Küste um das Kap mit dem Leuchtturm herum. Sie müssen unbedingt vorher reservieren. Ein Boot startet im Sommer
alle 75 Minuten an der Playa La Fabriquilla. Die erste Abfahrt ist um 9.45 Uhr, die
letzte um 19.45 Uhr.

PLAYA LA FABRIQUILLA, WWW.ELCABOAFONDO.ES, T 637 449170, GEÖFFNET: MITTE JUNI-MITTE SEPT., PREIS: 20 €

SAN JOSÉ

**San José ist ein angenehmer Ort und außerdem der wichtigste der Umgebung mit
den meisten Angeboten. Früher war er ein Fischerdorf, heute lebt man hauptsächlich
vom Tourismus. San José eignet sich als Ausgangspunkt für einen Besuch des
Naturparks, außerdem kann man hier allerlei Arten von Wassersport treiben.**

Die meisten Besucher kommen wegen der traumhaften Strände hierher, ein paar
davon haben wir für Sie ausgewählt. Eine tolle Unternehmung ist auch eine Kajakfahrt
auf dem Meer. Die meisten Gaststätten liegen am Platz und im Hafen, und kurz vor
San José gibt es ein Restaurant, das weit über diesen Ort hinaus bekannt ist.

RESTAURANTE LA GALLINETA Dieses Restaurant liegt einige Kilometer vor San
José in der kleinen Ortschaft Pozos de los Frailes, an der Durchgangsstraße nach San
José. Von außen sieht es eher wie ein Haus aus denn wie ein Restaurant, darum fällt
es nicht besonders auf. Es ist ein für diesen Ort etwas teureres Restaurant, aber Gäste
kommen eigens aus Almería zum Essen hierher.

CARRETERA DE SAN JOSE S/N, POZO DE LOS FRAILES, T 950 380501, GEÖFFNET: DI-SO 13.30-15.30 & 21.00-23.00,
PREIS: 17 €

PIZZERIA ITALIANA IL BRIGANTINO In den meisten Orten gibt es nicht viele Möglichkeiten, auch einmal etwas anderes als spanische Kost zu bekommen. Wer längere Zeit
in Andalusien unterwegs ist, hat daher vielleicht einmal Lust auf etwas Italienisches. In
dieser Pizzeria gibt es leckere Pizzen, aber auch Pasta und Risotto. Inzwischen hat
derselbe Eigentümer auch ein Restaurant an der Durchgangsstraße im Dorf, aber hier
im Hafen ist es viel schöner.

PUERTO 11 (AM ENDE), WWW.ILBRIGANTINO.ES, T 950 380270, GEÖFFNET: TÄGLICH 14.00-17.00 & 20.00-0.00,
PREIS: 10 €

STRAND VON GENOVESES UND MÓNSUL In der Nähe von San José empfehlen sich
zwei wunderschöne Vulkanstrände. Um zu ihnen zu gelangen, biegen Sie, wenn Sie in
den Ort hineinkommen, auf einen unbefestigten Weg nach rechts ab. Am besten gelangt
man jedoch zu Fuß zu diesen Stränden, eine schöne Wanderung zwischen Agaven. Da
die Strände nicht so leicht zu erreichen sind, gibt es hier noch keine Menschenmassen.
Erst kommen Sie zum Strand von Genoveses und dann zum Strand von Mónsul.

HAPPY KAYAK Was könnte schöner sein, als mit einem Kajak auf das herrlich blaue Meer hinauszupaddeln und die herrliche Ruhe zu genießen? Happy Kayak bietet sowohl Ausflüge als auch Kurse an. Es gibt im Naturpark mehrere Standorte, in San José ist einer davon.

PLAYA DE SAN JOSE, WWW.HAPPYKAYAK.COM, T 690 644722/636 280767, PREIS: 38 €

HOSTAL EL DORADO San José ist ein gemütliches Dorf, daher bietet es sich auch an, hier die Nacht zu verbringen. Dieses angenehme Haus verfügt über alle nötigen Einrichtungen, und das zu einem fairen Preis. Alle Zimmer haben einen Balkon oder eine Terrasse, die meisten bieten Aussicht auf das Meer oder das Dorf. Beides ist zu Fuß zu erreichen. Es gibt verschiedene Sitzecken, ein Restaurant und einen Pool mit schönem Blick.

CAMINO DE AGUAMARINA S/N, WWW.HOSTALELDORADO.COM, T 950 380118, PREIS: 70 €

LA ISLETA DEL MORO

La Isleta del Moro ist ein kleines Fischerdorf mit einigen Häuschen und einem schönen Strand. Wenn Sie in nordöstliche Richtung weiterfahren, kommen Sie nach Las Negras. Danach endet die Küstenstraße.

AUSSICHTSPUNKT Am Mirador la Amatista ist man oft ganz allein und kann den Blick über das endlos scheinende Meer, auf die Buchten und Felsen entlang der Küste in vollen Zügen genießen.

CALLE MOHAMED ARRAEZ

CASA-CAFÉ LA LOMA Ein einfaches, jedoch stimmungsvolles Hotel in La Loma, ganz nah beim Dorf. Das Hotel hat sechs Zimmer für zwei bis fünf Personen. In den Sommermonaten ist das zugehörige Restaurant ab 19 Uhr geöffnet. Von der Terrasse bietet sich eine tolle Aussicht auf Meer und Strand.

CALLE MOHAMED ARRAEZ 28, WWW.CASACAFELALOMA.COM, T 950 289 831, PREIS: 55 €

RODALQUILAR

Der Ort Rodalquilar liegt auf dem Weg von San José nach Las Negras. Es ist ein ungewöhnlicher Ort, anders als die anderen Dörfer in der Umgebung. Aus der Richtung von San José kommend führt die Straße, bevor Sie ins Dorfzentrum gelangen, durch ein Viertel, das leer steht. Man hat den Eindruck, ein Geisterdorf zu passieren, und das stimmt auch, denn es soll wohl abgerissen werden. Kurz darauf gelangt man schließlich in einen gepflegten, hübschen Ort. In Rodalquilar und Umgebung gibt es auch einige sehr gute Unterkünfte.

FARO DE CABO DE GATA

EL JARDIN DE LOS SUEÑOS

MINAS DE ORO Die Straßenschilder nach Minas de Oro, also zu den Goldminen, regen die Fantasie an. Die Minen liegen oberhalb des Dorfes und können besichtigt werden. Im Naturpark wurden verschiedene Mineralien gefördert, auch Gold. Der Höhepunkt des Goldfiebers in Rodalquilar war Ende der 1950er-Jahre, im Jahr 1967 wurden die Minen endgültig geschlossen. In den 1980er-Jahren hat man es noch einmal versucht, allerdings mit wenig Erfolg. Der Ort hatte einen großen Zulauf von Goldgräbern, die aber alle wieder wegzogen, als der erhoffte Reichtum ausblieb. Das erklärt das "Geisterviertel" am Dorfeingang.

ALP 824, RODALQUILAR (OBERHALB DES DORFES), EINTRITT: FREI

EL JARDIN DE LOS SUEÑOS Nicht weit vom Dorf entfernt liegt dieser "Garten der Träume". Wie der Name schon vermuten lässt, wurde um die Häuser ein prächtiger Garten angelegt. Er wirkt wie eine Oase inmitten einer wüstenartigen Gegend. Die Zimmer und Suiten sind auf verschiedene Gebäude verteilt, alles ist ansprechend gestaltet, und obendrauf gibt es einen großen Pool.

RISCO DE LAS AGUILAS, RODALQUILAR, WWW.ELJARDINDELOSSUENOS.ES, T 950 525214/669 184118, PREIS: 96 €

LAS NEGRAS

Wenn man zum Ort hereinfährt, kommt man zunächst an modernen, aber durchaus nicht hässlichen Häusern vorbei. Doch wenn man weiterfährt, entpuppt sich Las Negras als alter Fischerort, der zudem an einer herrlichen Bucht liegt.

PLAYA CALA SAN PEDRO Dieser idyllische Sandstrand befindet sich, von Bergen umschlossen, nördlich von Las Negras. Um dort hinzukommen, muss man etwa eine Dreiviertelstunde über einen Felsweg wandern. Man kann auch für zwölf Euro mit dem Boot von Las Negras dorthin fahren.

RESTAURANTE LA PALMA Wer gern in traumhafter Umgebung Fisch isst, der sollte hier einkehren. Die Terrasse bietet eine fantastische Aussicht auf die Bucht von Las Negras. Das Essen ist zwar etwas teurer als sonst, aber das ist der Blick auf jeden Fall wert. In La Bodeguiya, einer gemütlichen Bar unter dem Restaurant, kann man auf kleinen Hockern etwas trinken und das Panorama genießen.
BAHIA DE LAS NEGRAS S/N, WWW.RESTAURANTELAPALMA.COM, T 950 388042, GEÖFFNET: DI-SO 14.00-17.00 & 20.00-0.00, PREIS: 17 €

APARTAMENTOS BITACORA Diese komfortablen Appartements liegen am Rand von Las Negras, einen Kilometer außerhalb des Dorfes, alle bieten Blick auf das Meer und das Dorf. Es gibt Appartements mit einem Schlafzimmer für vier Personen und mit zwei Schlafzimmern für sechs Personen. Außerdem kann man auch ein Ferienhaus für sechs Personen mieten. Zu den Appartements gehören ein gutes Restaurant und ein Pool.
CALLE BITÁCORA 1, WWW.BITACORA-CABODEGATA.ES, T 950 388 155, PREIS: 89 €

AGUA AMARGA

In der Umgebung von Agua Amarga ist deutlich zu erkennen, dass man sich in den letzten Jahren mit neuen Hotels und Restaurants der gehobenen Kategorie immer mehr auf den Tourismus ausrichtet.

Etwas weiter, bei Carboneras, endet der Naturpark. Hier steht eine riesige Zementfabrik. Danach windet sich der Weg durch Felsen und Klippen nach unten.

LA ALMENDRA Y EL GITANO "Wenn man die Welt einmal vergessen möchte, um in die Stille einzutauchen, in die Ruhe einer unberührten Gegend, wenn man Frieden sucht." So hat ein Gast dieses Hotel beschrieben, und wer möchte das nicht auch selbst erleben? Das hat allerdings seinen Preis. Das Hotel liegt übrigens nicht direkt im Dorf.
CAMINO DE CALA PLOMO S/N, NIJAR, WWW.LAALMENDRAYELGITANO.COM, T 678 502 911, PREIS: 110 €

PLAYA DE LOS MUERTOS Dieser Strand soll einer der schönsten in Spanien sein. Ob das nun stimmt oder nicht, es ist auf jeden Fall ein traumhafter Strand mit feinen, grauen Kieseln und Felsen, die ins kristallklare Meer hineinragen. Da man nicht mit dem Auto herkommen kann, bleibt er auch so schön, still und unberührt. Sie müssen Ihr Auto auf dem Parkplatz an der Straße oder einfach am Straßenrand abstellen und dann etwa eine Viertelstunde zu Fuß zum Meer laufen. Es ist zwar offiziell kein FKK-Strand, aber wie an vielen Stränden in der Umgebung trifft man in der Nebensaison öfter mal auf Badegäste ohne Badehose oder Bikini.

....

Wenn man von Agua Amarga Richtung Carboneras fährt, fällt einem unweigerlich ein Gebäude auf. Denn obwohl man sich hier mitten in einem Naturschutzgebiet befindet, wurde am Strand El Algarrobico ein riesiges Hotel gebaut. Dieser gewaltige Betonklotz zieht sich von der Klippe direkt ins Meer. Ökologen und Naturschützer sind gegen diesen Bau Sturm gelaufen, doch vermutlich war hier – wie oft in Spanien, wenn es um Baugenehmigungen geht – Korruption im Spiel. Die Errichtung eines Hotelgiganten mitten in einem Naturschutzgebiet übertrifft aber wirklich alles. Inzwischen wurde der Bau für illegal erklärt - der Rückbau soll über sieben Milllionen Euro kosten.

....

LAS NEGRAS, RESTAURANTE LA PALMA

RUND UM DEN PARQUE NATURAL CABO DE GATA-NIJAR

Der Parque Natural Cabo de Gata-Nijar liegt im trockensten Gebiet Spaniens und umfasst auch eine der wenigen Wüsten Europas. Viele amerikanische Westernszenen wurden in Tabernas gedreht, die Filmsets sind immer noch zu besichtigen. In Sorbas kann man durch Höhlen klettern, und an der Grenze zu Murcia liegen Los Vélez, drei weiße Dörfer, jedes mit dem Zusatz "Vélez" im Namen.

Einige Jugendliche haben die Initiative ergriffen und organisieren jährlich Anfang April einen *spring break*, der im ganzen Land zunehmend bekannter wird. Ob das die Anwohner freut, ist allerdings fraglich, denn eine ganze Woche lang feiern, trinken und schlafen Jugendliche am Strand, was dem Image des Ortes schadet und wenig Geld in die Kassen bringt. Auf der anderen Seite macht es Mojacar bekannt. Wer eine Woche lang durchfeiern möchte, kann sich auf *www.mojacarspringbreak.com* informieren. Ansonsten sollten Sie bei Ihrer Planung berücksichtigen, wann Sie den Ort besser meiden.

EL NACIMIENTO DEL RINCÓN Manchmal stößt man noch auf ursprüngliche, unberührte Flecken wie diesen. Auf dem Weg nach Mojacar müssen Sie beim Ort Turre ins Landesinnere abbiegen. Ein guter Orientierungspunkt ist der Golfplatz außerhalb des Dorfes, da müssen Sie vorbeikommen. Es sieht hier beinahe wie in Nordafrika aus, aber der Weg zum Landgut ist mit kleinen grünen Schildern einigermaßen gut bezeichnet. Wer hierherkommt, will die Natur genießen. Hier kann man einfach faulenzen, eine Wanderung machen oder ab und zu einen der traumhaften Strände in der Umgebung besuchen. Auf dem Gelände liegen zwei große Brunnenwasserbassins, in denen man schwimmen kann (mit den Fischen). Die Eigentümer bereiten am Abend eine Mahlzeit mit biologischen Produkten aus eigenem Garten zu.
SIERRE CABRERA, TURRE, T 950 528090, PREIS: 45 €

DAS HINTERLAND DER PROVINZ ALMERÍA

Von der Küste kommend gelangen Sie zunächst in ein Naturschutzgebiet. Danach kommt ein Landstrich, in dem immer mehr Gewächshäuser auftauchen. Hin und wieder beschleicht einen hier das Gefühl, durch ein afrikanisches Land zu fahren, das sich nicht gerade durch Schönheit auszeichnet. Wenn man dann ins Landesinnere weiterfährt, folgt eine ansprechendere Gegend, die jedoch extrem trocken ist.

TABERNAS

Die Umgebung des Dorfes Tabernas wurde in den 1960er- und 1970er-Jahren vor allem durch die amerikanischen Filmstudios bekannt, die hier ihre Western drehten.

MINI-HOLLYWOOD Haben Sie sich schon einmal gefragt, wo all die Western aus den 1960er- und 1970er-Jahren entstanden sind? Wo der Western *Zwei glorreiche Halunken* mit Clint Eastwood gedreht wurde? Nicht in Amerika, wie man wohl vermuten würde, sondern in der Wüste von Almería, in Mini-Hollywood. Es ist hier trocken, ja knochentrocken, und die hellbraunen Berge mit den dunklen Flecken erinnern an das Fell einer gefleckten Hyäne. Heutzutage werden hier kaum mehr Filme produziert, aber die Drehorte sind noch zu besichtigen. Jeden Tag reiten auch Cowboys ins Dorf und Männer fallen vom Dach in den Wassertrog. Kurz und gut: Der Wilde Westen ist hier noch zu Hause.
MINI-HOLLYWOOD, PARQUE TEMÁTICO OASYS, N 340 KM 464, WWW.FORTBRAVO.ES, T 950 365236, GEÖFFNET: DI-SO APR.-OKT. 10.00-21.00, NOV.-MÄRZ 10.00-19.00, EINTRITT: 17 € (INKL. EINTRITT ZUR: RESERVA ZOOLÓGICA)

SORBAS

Die Ortschaft Sorbas im Hinterland von Almería ist vor allem wegen der Tonwaren bekannt, die hier hergestellt werden.

CUEVAS DE SORBAS Das Höhlensystem Cuevas de Sorbas ist über Jahrmillionen durch Wassererosion entstanden. Wenn Sie die Höhlen besuchen, bekommen Sie als Ausstattung einen Helm und eine Lampe. Sollte die Lampe ausgehen, dann merken Sie erst, wie dunkel es hier tatsächlich ist. Es werden verschiedene Touren angeboten. Die Basistour ist bequem zu absolvieren und dauert anderthalb Stunden.
PARAJE BARRANCO DEL INFIERNO, WWW.CUEVASDESORBAS.COM, T 950 364704, GEFÜHRTE TOUREN APR.-OKT. 10.00-20.00, PREIS: BASISTOUR 12 €

LOS VÉLEZ

Los Vélez besteht aus drei weißen Dörfern: Vélez Rubio, Vélez Blanco und Vélez María.

CASTILLO DE LOS VÉLEZ Schon von Weitem sieht man die Burg Castillo de los Vélez, oder auch Castillo de los Fajardo, die sich über Vélez Blanco erhebt. Diese Burg aus dem 16. Jahrhundert hatte einen schönen Patio aus Marmor im Renaissancestil. Aber das war einmal, denn der komplette Patio wurde 1904 verkauft und ist inzwischen im Metropolitan Museum in New York aufgebaut, wo man ihn immer noch bewundern kann. Die Ortschaften liegen an der A317. Zur Burg nehmen Sie die zweite Ausfahrt Vélez Blanco.
VÉLEZ BLANCO, T 950 456488, GEÖFFNET: DI-SA 10.00-14.00 & 17.00-19.00, SO 10.00-14.00, IM WINTER ABWEICHENDE ÖFFNUNGSZEITEN, EINTRITT: 1,50 €

MINI-HOLLYWOOD

BAR UND HOSTAL LA SOCIEDAD Parken Sie bei der Burg, besichtigen Sie die Burg und schlendern Sie dann durch die schmalen Gassen ins Dorf. Halten Sie sich Richtung Kirche als Orientierungspunkt. Unten angekommen, biegen Sie rechts ab zum Platz. Hier liegt die nette Bar Sociedad. Das dazugehörige Hostal La Sociedad hat einfache, aber gute Zimmer.

CALLE CORREDERA 5, T 950 414027, BAR GEÖFFNET: TÄGLICH 7.00-0.00, PREIS: HAUPTSPEISE 8 €, PREIS: DOPPELZIMMER 35 €

CORTIJADA LOS GÁZQUEZ Aus fünf Bauernhäusern ist dank der englischen Eigentümer ein stilvolles, ökologisches und wunderschönes Ganzes entstanden. Bei der Renovierung wurde die ursprüngliche Architektur der Gebäude so gut wie möglich erhalten. Da vieles eher schlicht, aber mit Liebe zum Detail gestaltet wurde, hat alles heute eine sehr moderne Ausstrahlung. Ganz klar, dass hier sehr kreative Menschen am Werk waren: Beide Eigentümer haben in der Tat einen künstlerischen Hintergrund und organisieren verschiedene Kurse. Sie können also wunderbar mit der eigenen Kreativität experimentieren. Allerdings können Sie in diesem Traumgehöft auch übernachten, ohne an einem Kurs teilzunehmen.

LA HOYA DE CARRASCAL, VÉLEZ BLANCO, WWW.LOSGAZQUEZ.COM, T 690 873526, PREIS: 85 €

CÓRDOBA, SIERRA SUBBÉTICA, BAEZA UND ÚBEDA

NORD-ANDALUSIEN

AUTOTOUR NORD-ANDALUSIEN

TAG **1** **CÓRDOBA** > vormittags den Alcázar de los Reyes Cristianos besuchen (S. 270) > einen Spaziergang durch den Stadtteil Judería machen und die Synagoge besichtigen (S. 272) > im Zyriab zu Mittag essen (S. 277) > nachmittags die Kathedrale (S. 268) bewundern > über die prachtvolle Brücke Puente Romano gehen (S. 269) > bei Regadera speisen (S. 277) > im Viento 10 nächtigen (S. 282) >

TAG **2** **CÓRDOBA** > morgens einen Stadtrundgang machen > unterwegs im Straßencafé La Cávea einen Kaffee trinken (S. 274) > die herrlichen Patios des Palacio de Viana und die Kirche Santa Marina bewundern (S. 274) > Zeit für Tapas auf der Plaza de la Corredera (S. 281) > in den Läden unter den Arkaden vorbeischauen > die Plaza del Potro mit den Museen Julio Romero de Torres und Posada del Potro besuchen (S. 281) > abends ein traditionelles Abendessen im Bodegas Campos genießen (S. 277) > den Tag im Café Sojo ausklingen lassen (S. 282) > wieder im Viento 10 die Nacht verbringen (S. 282) >

TAG **3** **MEDINA AZAHARA, BAEZA UND ÚBEDA** > die Ruinen der Medina Azahara, der imposanten maurischen Palaststadt etwas außerhalb Córdobas, besuchen (S. 286) > Richtung Baeza, zwei Stunden östlich von Córdoba, fahren > im Mesón Restaurante la Góndola etwas essen (S. 298) > durch die Altstadt mit ihren prachtvollen Renaissancegebäuden schlendern (S. 295) > nach Úbeda, ebenfalls eine Renaissance-Stadt, fahren > bei Taberna la Imprenta, einer ehemaligen Druckerei, tafeln (S. 300) > im Hotel Afán de Rivera wohnen (S. 300) >

TAG **4** **ÚBEDA UND CAZORLA** > bei El Mirador einfallen, um köstlich zu frühstücken oder Kaffee zu trinken (S. 300) > die Hotspots der wunderschönen Stadt, vor allem an der Plaza Vázquez de Molina, entdecken (S. 300) > nach Cazorla fahren > das Auto im oberen Teil des Dorfes parken und zu Fuß zur Plaza de la Santa María hinuntergehen > auf einer der Terrassen etwas essen (S. 305) > das Castillo de la Yedra gegenüber besuchen (S. 305) > zum Auto zurückgehen, um einen Ausflug in den Naturpark zu machen > im Convento Rural Santa María Sierra im Park speisen und übernachten (S. 307) >

TAG **5** **SIERRA SUBBÉTICA** > eine herrliche Wanderung durch die Natur machen > nach Jaén fahren > die imposante Kathedrale besuchen (S. 302) > in einem der schönsten *paradores* Andalusiens etwas essen (S. 302) > nach Sierra Subbética fahren und den Ort Priego de Córdoba entdecken (S. 292) > Richtung Iznájar fahren > unterwegs in der Finca Las Encinas tafeln und logieren (S. 293) >

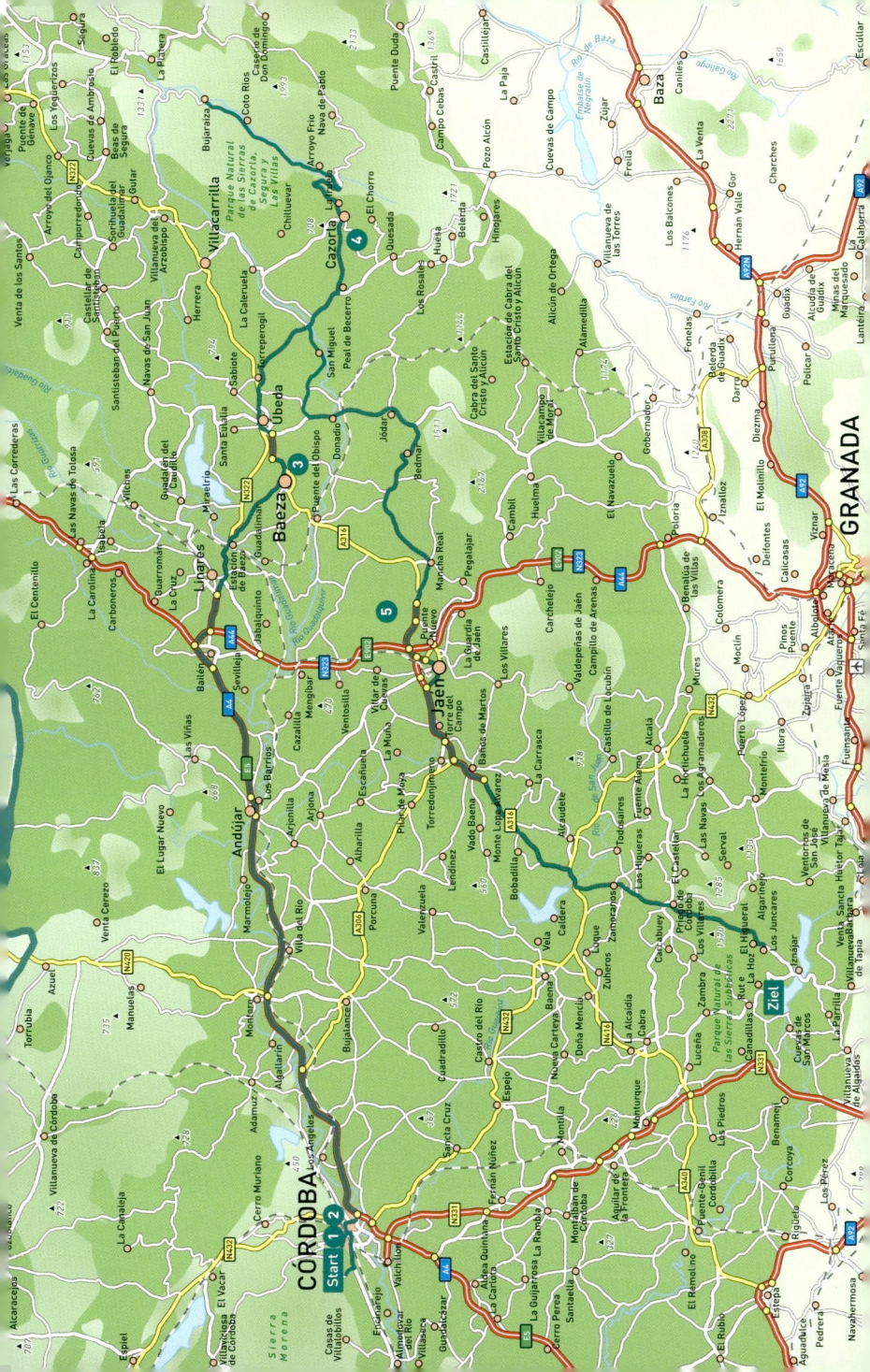

CÓRDOBA STADT

MEZQUITA UND PATIOS

Córdoba ist eine sehr alte Stadt mit einer reichen Geschichte. Römer, Araber, Juden und Christen haben hier ihre Spuren hinterlassen. Zwei von diesen Kulturen kommen auf wundervolle Weise in der Mezquita-Catedral zusammen, der riesigen Moschee, in deren Herzen die reich verzierte Kathedrale liegt. Ein großer Teil der Altstadt ist autofrei – die Gassen sind einfach zu schmal zum Autofahren –, sodass man hier in aller Ruhe herumschlendern, die Sehenswürdigkeiten besichtigen und natürlich auch hin und wieder in einem Straßencafé einkehren kann.

Im Jahr 200 v. Chr. wurde die Stadt erstmals in einem Dokument erwähnt. Damals hieß sie noch Karduba. Nacheinander fiel sie in römische, arabische, jüdische und christliche Hände. Diese wechselvolle Geschichte spiegelt sich in den verschiedenen Bauwerken und Sehenswürdigkeiten wider. So stammen die Brücke Puente Romano und der Templo Romano aus römischer Zeit. Auch das Museo Arqueológico präsentiert zahlreiche Gegenstände aus dieser Phase, darunter Mosaike. Die jüdische Geschichte manifestiert sich in der Synagoge, einer der wenigen erhaltenen alten Synagogen in Europa. Auch die Judería, das jüdische Viertel, stammt aus den Jahren, in der die Juden eine wichtige Stellung in der Gesellschaft von Córdoba innehatten. Das alte jüdische Viertel liegt neben der Mezquita.

Das bei Weitem markanteste Gebäude der Stadt und in seiner Art einzigartig ist die Mezquita-Catedral, eine riesige, märchenhaft schöne Moschee mit einer Kathedrale in der Mitte. Die Kathedrale wurde nach dem Sieg der Christen über die Mauren in das Bauwerk eingefügt. Es ist weltweit einzigartig, dass eine Kathedrale in eine bestehende Moschee hineingebaut wurde. Eine Besonderheit der Stadt ist auch der noch klar erkennbare römische Einfluss auf die Architektur. Katholische Prachtentfaltung ist eine Symbiose mit Baustilen der Muslime eingegangen – eine faszinierende Mischung, die man einfach mit eigenen Augen gesehen haben muss.

Sowohl unter den Römern als auch unter den Mauren war Córdoba die Hauptstadt eines Reichsteils. Daher konnte es sich zu einer der größten Städte der Welt entwickeln und galt als wichtiges Kultur- und Finanzzentrum. Neben den Blütezeiten gab es vor allem im 18. und 19. Jahrhundert aber auch schlechte Phasen, in denen die Einwohnerzahl rapide sank und der Stadt ihre einstige Pracht und Bedeutung zunehmend abhandenkamen. Im Laufe der Jahre hat Córdoba zu neuem Selbstbewusstsein gefunden und blickt voll Stolz auf seine multikulturelle Geschichte und die zahlreichen imposanten historischen Bauwerke.

CÓRDOBA STADT

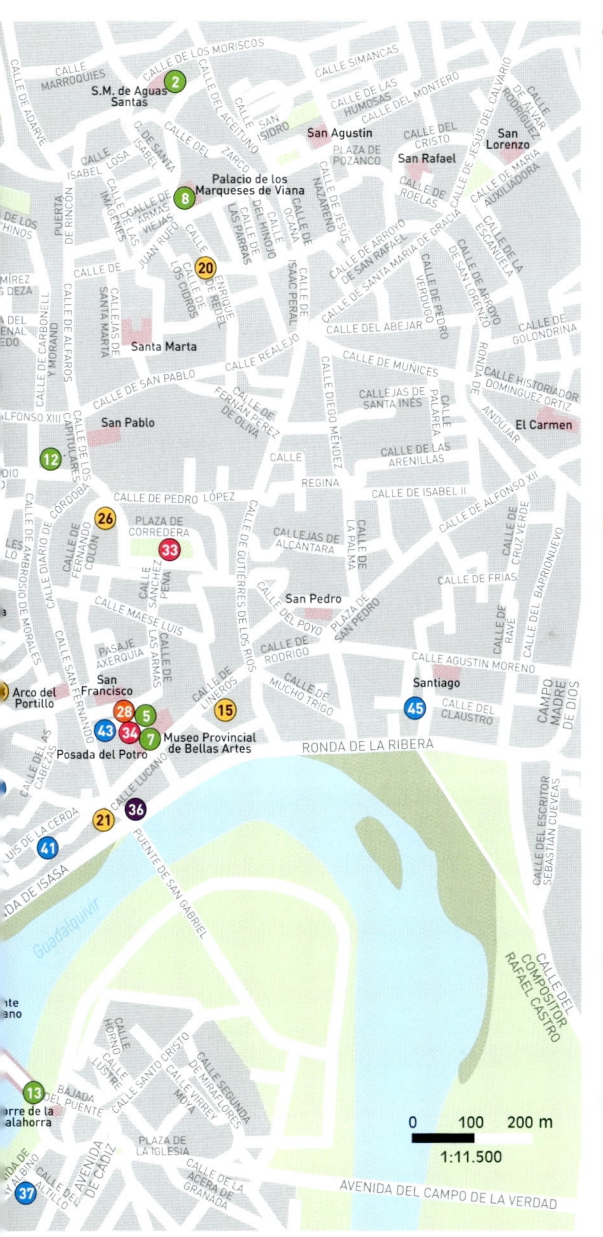

SEHENSWÜRDIGKEITEN

Córdoba ist gut zu besichtigen, denn alle Sehenswürdigkeiten liegen in Gehweite beieinander. Im Zentrum liegt die Moschee-Kathedrale (oder wie die Spanier sie nennen: die Mezquita-Catedral). Schlendern Sie von hier durch die schmalen Gassen des alten jüdischen Viertels La Judería, das die Mezquita umgibt. Die Juden hatten unter arabischer Herrschaft in Córdoba viel Einfluss und bekleideten wichtige Positionen. Einer von ihnen war der berühmte Rabbiner, Gelehrte, Philosoph und Arzt Maimonides. In der Calle de los Judios erinnert eine Statue an ihn.

Vergessen Sie nicht, auf Ihrem Streifzug durch die Gassen einen Blick auf die verborgenen Schätze der Stadt zu werfen: die Patios. Sie sind immer mit Azulejos, den gefärbten maurischen Fliesen, verziert – und oft stehen hier üppig blühende Pflanzen. Auch das sehr sehenswerte Museo Arqueológico, unter anderem mit schönen römischen Mosaiken, und die Plaza de Potro mit dem Museum für Córdobas berühmtesten Maler, Julio Romero de Torres, sind zu Fuß erreichbar.

. . . .

Mit dem Auto
Sie können Ihren Wagen kostenlos an der Avenida de la República Argentina abstellen. Rund um das Zentrum finden sich überall genügend Parkplätze. Sie können das Auto auch am Hotel stehen lassen und die Stadt zu Fuß erkunden. Wenn Ihnen die Strecken zu weit sind oder Sie am späten Abend den Rückweg scheuen, dann nehmen Sie einfach ein Taxi. Eine Fahrt kostet etwa fünf Euro.

. . . .

MEZQUITA-CATEDRAL In der spanischen Geschichte kam es öfters vor, dass eine Kirche an einer Stelle erbaut wurde, an der zuvor ein Gotteshaus einer anderen Religion stand. So war es auch bei der Mezquita. Im Jahr 785 ernannte der damalige Machthaber Abd ar-Rahman I. die Stadt Córdoba zur Hauptstadt seines Reiches al-Andalus und begann mit dem Bau der Mezquita. Die westgotische Kathedrale, die vorher an dieser Stelle gestanden hatte, musste dafür weichen. In den nächsten neun Jahrhunderten wurde immer wieder umgebaut, neu aufgeteilt, angebaut und manchmal wieder abgerissen, das Ergebnis ist letzten Endes die heutige Moschee-Kathedrale. Zum Glück haben die katholischen Machthaber beim Bau der Kathedrale nicht alles zerstört, sondern einfach auf dem Gelände der Moschee weitergebaut. Trotzdem soll Kaiser Karl V. den Bischof von Córdoba angefahren haben: "Warum haben Sie etwas zerstört, das auf der Welt einzigartig war, nur um es durch etwas zu ersetzen, das man überall auf der Welt hätte bauen können?" Die Moschee ist aber noch aus einem anderen Grund einzigartig. Die prächtige *mihrab*, die Nische in der Wand einer Moschee, die normalerweise die Gebetsrichtung angibt, zeigt nicht Richtung Mekka. Der Grund dafür ist unbekannt.

Wenn man die Mezquita betritt, kommt man in einen Wald von Säulen oder, wie es oft heißt, einen "Palmenwald". Aufgrund der Säulen und Bögen in verschiedenen Höhen kann man sich mit ein bisschen Fantasie wirklich mitten unter Palmen wähnen. Das Licht am Eingang ist ziemlich diffus, was den Effekt noch verstärkt. Weiter im Inneren der Moschee wird es heller. An den Seiten befinden sich etwa 50 prachtvoll ausgestaltete Kapellen. Die Kathedrale selbst ist kein separater Raum, sie stammt aus dem 16. Jahrhundert und wurde um 1700 noch erweitert. Der Kontrast zwischen der Renaissance- und Barock-Architektur einerseits und der um Jahrhunderte älteren arabischen Baukunst andererseits verleiht der Mezquita-Catedral ihren einzigartigen Charakter.

CALLE CARDENAL HERRERO 1, WWW.MEZQUITACATEDRAL.COM, WWW.MEZQUITADECORDOBA.ORG, T 957 470512, GEÖFFNET: MÄRZ-OKT. MO-SA 10.00-19.00, SO & FEIERTAGE 8.30-10.00 & 14.00-19.00, NOV.-FEBR. MO-SA 8.30-18.00, SO & FEIERTAGE 8.30-10.00 & 14.00-18.00, EINTRITT: 8 €

....

Unter dem Namen El Alma de Córdoba, "die Seele Córdobas", ist ein Projekt mit nächtlichen Besuchen der Mezquita gestartet. Ein solcher abendlicher Rundgang ist sehr eindrucksvoll, daher sollten Sie ihn auf jeden Fall mitmachen, wenn Sie die Möglichkeit dazu haben. Auf der Website www.elalmadecordoba.com finden Sie Informationen dazu, auch die Daten und Zeiten der nächtlichen Visiten. Die Eintrittskarten werden bei den Fremdenverkehrsämtern oder in der Mezquita verkauft. Die Online-Reservierung von Karten ist etwas kompliziert (man braucht einen Login-Code, und es ist nicht klar, wie man den bekommt).

....

TRIUNFO DE SAN RAFAEL Für viele *cordobeses* ist der Engel Rafael ein wichtiger Schutzheiliger. Ihm fiel diese Ehre zu, weil er im Mittelalter die Stadt von der Pest befreit haben soll. Darum gibt es in der Stadt auch immer wieder Statuen von ihm. Die größte und bekannteste Statue, Triunfo de San Rafael, steht direkt auf der Brücke Puente Romano auf einem hohen Sockel.

PLAZA DEL TRIUNFO

PUENTE ROMANO Die römische Brücke verbindet schon seit dem 1. Jahrhundert die Ufer des Río Guadalquivir, wenn auch nicht in der heutigen Form. Die Brücke war 2000 Jahre lang die einzige feste Verbindung zwischen Córdoba und dem Süden. Inzwischen wurde sie gründlich saniert und so gut wie möglich in alter Pracht wiederhergestellt, wie man unter anderem am Pflaster aus glatten Granitsteinen erkennt. Der größte Vorteil der Renovierung besteht darin, dass die Brücke jetzt nur noch für Fußgänger zugänglich ist. An der Westseite der Brücke sieht man noch einige Reste von Wassermühlen. In der Mitte der Brücke steht die Rafael-Statue. Davor werden zu seinen Ehren ständig brennende Kerzen deponiert, wie die Wachsflecken auf dem Boden beweisen. Die Brücke liegt auf der Höhe der Mezquita.

PUERTA DEL PUENTE Dieses Tor war früher in die Wallanlage integriert und führte zur Brücke, aber durch die Umgestaltung der Umgebung ist es heute ein relativ frei stehendes Gebäude. Man kann auf das Tor hinaufsteigen. Von dort hat man eine schöne Aussicht auf den Fluss, die Brücke und den Turm Torre de la Calahorra. Außerdem kann man sich den Triunfo de San Rafael genau anschauen. Im Inneren hängen Fotos des Tors und der Brücke aus früheren Zeiten.

PLAZA DEL TRIUNFO, GEÖFFNET: MO-DO 10.00-15.00, FR-SA 10.00-14.00 & 16.00-18.30, SO 10.30-15.00, EINTRITT: 1 €

TORRE DE LA CALAHORRA Der Turm an der Ostseite der Brücke Puente Romano bestand ursprünglich aus zwei Türmen, die miteinander verbunden wurden. Danach diente er nacheinander als Gefängnis, Kaserne und Mädchenschule. Heute ist hier das Museo Vivo de al-Andalus untergebracht. Mithilfe eines Audioguides erfährt man bei einem Rundgang einiges über die Geschichte Córdobas. Man kann auch ein Modell bestaunen, das die Mezquita vor dem Bau der Kathedrale zeigt, sowie ein Modell der Alhambra in Granada. Ein anderer (wortwörtlicher) Höhepunkt ist die Terrasse mit Aussicht auf die Brücke Puente Romano und die Mezquita.

PUENTE ROMANO S/N, WWW.TORRECALAHORRA.COM, T 957 293929, GEÖFFNET: TÄGLICH MAI-SEPT. 10.00-14.00 & 16.30-20.30, OKT.-APR. 10.00-18.00, EINTRITT: 4,50 €

. . . .

Das Jahr 1492 war in der spanischen Geschichte sehr bedeutsam. Denn in diesem Jahr waren alle von den Mauren besetzten spanischen Gebiete zurückerobert, und Kolumbus entdeckte im Auftrag der katholischen Könige Amerika. Dem Gedenken an dieses Ereignis ist immer noch jedes Jahr in ganz Spanien der 12. Oktober gewidmet.

. . . .

ALCÁZAR DE LOS REYES CRISTIANOS In diesem Palast residierten die katholischen Könige Ferdinand und Isabella, bevor sie nach dem Abschluss der Reconquista nach Granada zogen. Hier fand auch das erste Treffen zwischen ihnen und Kolumbus statt, ein wichtiges Ereignis, das letztlich im Jahr 1492 zur Entdeckung Amerikas führen sollte. Später übernahm die Inquisition, deren Ziel es war, Ketzer ausfindig zu machen und zu bestrafen, den Alcázar. Danach diente er bis 1951 als Gefängnis. Das Schönste am Alcázar sind die alten Mosaike im großen Saal sowie die Gärten, die mit den Fontänen, Teichen und Orangenbäumen an den Generalife erinnern, den Garten der Alhambra.

CAMPO SANTO DE LOS MÁRTIRES, WWW.ALCAZARDELOSREYESCRISTIANOS.CORDOBA.ES/?ID=3, T 957 420151, GEÖFFNET: DI-FR 8.30-19.30, SA 9.30-16.30, SO 9.30-14.30, EINTRITT: 4 €

MEZQUITA-CATEDRAL Ⓛ   PUENTE ROMANO Ⓡ

Manolete

Córdoba hat zahlreiche Stierkämpfer hervorgebracht, denen im Museo Taurino (leider schon seit Jahren wegen Renovierung geschlossen) viel Aufmerksamkeit gewidmet ist und auf die man in Córdoba ausgesprochen stolz ist. Der größte Stierkämpfer war ohne Zweifel Manuel Rodriquez Sanchéz oder auch Manolete. Gleich nach dem Spanischen Bürgerkrieg stieg er mit seinem schlichten, eleganten Bewegungsstil zum berühmtesten Stierkämpfer aller Zeiten auf. Mit 30 Jahren starb er in der Arena von Linares (in der Provinz Jaén), nachdem ein Stier ihn auf die Hörner genommen hatte. Zweifellos hat auch das zu seinem Heldenstatus beigetragen. Noch heute sprechen die Einheimischen von diesem Ereignis.

SINAGOGA In ganz Spanien sind nur drei mittelalterliche Synagogen erhalten, von denen zwei in Toledo stehen. Diese Synagoge stammt aus dem Jahr 1315. Das kleine Gebäude mit prächtigen Stuckverzierungen ist mit hebräischen Inschriften versehen. Frauen konnten den Gottesdienst vom Balkon aus verfolgen.

CALLE JUDÍOS 20, T 957 202928, GEÖFFNET: DI-SA 9.30-14.00 & 15.30-17.30, SO 9.30-13.30, EINTRITT: FREI

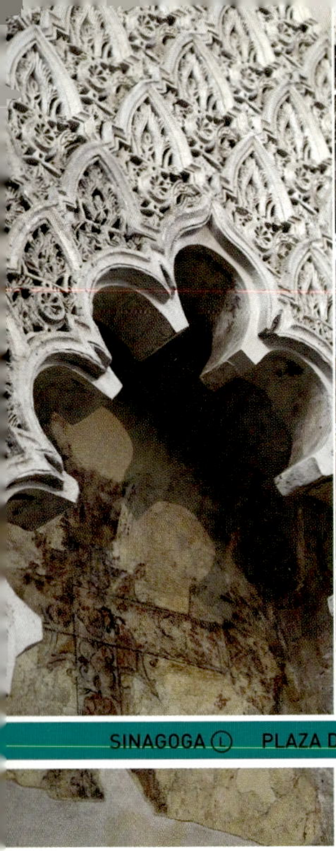

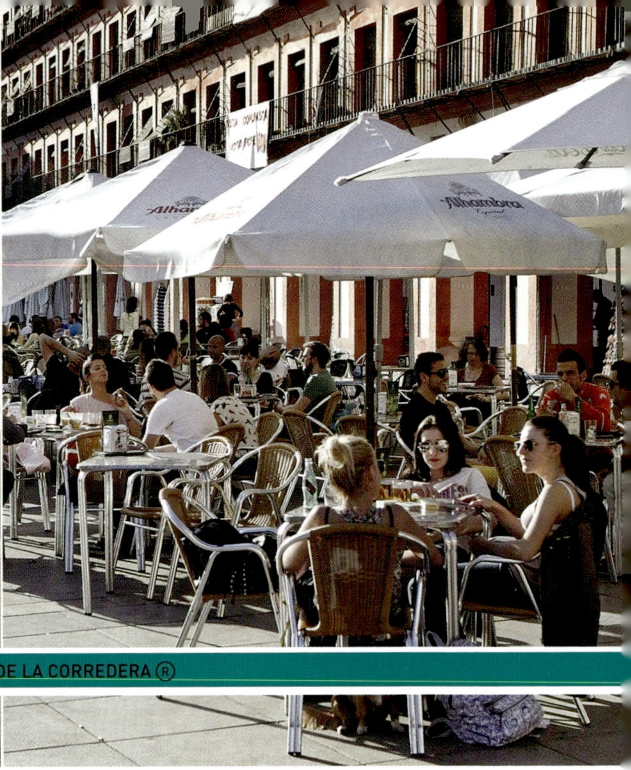

SINAGOGA (L) PLAZA DE LA CORREDERA (R)

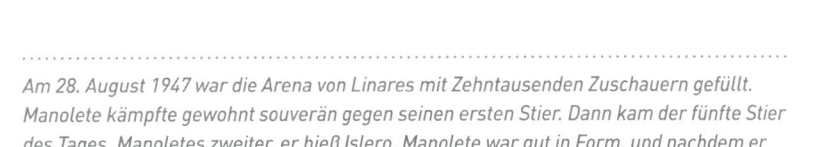

Am 28. August 1947 war die Arena von Linares mit Zehntausenden Zuschauern gefüllt. Manolete kämpfte gewohnt souverän gegen seinen ersten Stier. Dann kam der fünfte Stier des Tages, Manoletes zweiter, er hieß Islero. Manolete war gut in Form, und nachdem er Islero müde gemacht hatte, wurde es Zeit für den Todesstoß. Das Publikum hielt den Atem an. Manoletes Degen versank tief im Nacken des Stieres. Völlig unerwartet gelang es diesem jedoch, sein Horn in den rechten Oberschenkel des Toreros zu stoßen. Als Manolete auf Drängen des Publikums dennoch zwei Ohren (die abgeschnittenen Ohren des Stieres) als höchste Auszeichnung erhielt, kämpften Ärzte im Sanitätsraum der Arena bereits um sein Leben. Er bekam mehrere Bluttransfusionen, aber es nutzte alles nichts. Nach einer Stunde war er tot und hinterließ Spanien im Schockzustand. Franco rief daraufhin eine dreitägige Staatstrauer aus. Im Museo Taurino ist das Fell des Stieres Islero ausgestellt.

MUSEO DE LA CASA ANDALUSÍ liegt in der Nähe der Synagoge und zeigt, wie die Menschen in der Blütezeit Córdobas im 10. Jahrhundert gelebt haben. Das Haus beherbergt einige Zimmer, einen schönen Patio und im Keller befindet sich ein römisches Mosaik.

CALLE JUDÍOS 12, WWW.LACASAANDALUSI.COM, T 957 290642, GEÖFFNET: TÄGLICH 10.00-19.30, EINTRITT: 2,50 €

MUSEO ARQUEOLÓGICO Die Orangenbäume, Fontänen, Palmen und die Stühle und Bänke aus alten Felsblöcken machen aus dem Platz um das archäologische Museum einen herrlichen Ort, um sich etwas auszuruhen oder eine Tasse Kaffee zu trinken. Aber auch das Innere des Museums enttäuscht nicht. Im Obergeschoss sind Fundstücke aus prähistorischen und römischen Zeiten ausgestellt. Es gibt auch drei prachtvolle Innenhöfe und einige tadellos erhaltene römische Mosaike. Im Untergeschoss sind maurische Ausgrabungen zu sehen. Hier gibt es Funde aus der Medina Azahara, der Palaststadt des arabischen Kalifen in der Nähe von Córdoba (siehe Seite 286).

PLAZA DE JERÓNIMO PAEZ 7, T 957 355517, GEÖFFNET: DI 14.30-20.30, MI-SA 9.00-20.30, SO 9.00-14.30, EINTRITT: FREI

TEMPLO ROMANO Einige Hundert Meter vom Museum entfernt sind noch die Überreste von elf Säulen eines römischen Tempels erhalten. Die Funde aus diesem Tempelbereich sind im Museo Arqueológico zu besichtigen.

KREUZING CALLE CLAUDIO MARCELO UND CALLE DE LOS CAPITULARES

MUSEO DE BELLAS ARTES liegt an der Plaza del Potro, hier werden Arbeiten von spanischen Meistern aus dem 14. bis 20. Jahrhundert ausgestellt. Besondere Aufmerksamkeit gilt den Malern aus der Region Córdoba.

PLAZA DEL POTRO 1, T 957 355550, GEÖFFNET: DI 14.30-20.30, MI-SA 9.00-20.30, SO 9.00-14.30, EINTRITT: FREI

MUSEO JULIO ROMERO DE TORRES ist dem gleichnamigen Maler gewidmet. Romero de Torres wurde in Córdoba geboren und wohnte und arbeitete fast sein ganzes Leben lang hier. Am liebsten malte er schöne andalusische Frauen, vorzugsweise leicht bekleidet und mit großen, ausdrucksstarken Augen. Sein Gemälde *Naranjas y Limones* ist ziemlich bekannt. Das Museum ist zwar klein, doch es lohnt sich.

PLAZA DEL POTRO 1, T 957 491909, GEÖFFNET: DI-SA 8.30-14.30, SO 9.30-14.30, EINTRITT: 4 €, FR FREI

- -

Córdoba ist bekannt für seine herrlichen Patios. Jedes Haus hat einen – und manchmal sind es wirklich verborgene Meisterwerke oder sogar kleine Museen. Verborgen deshalb, weil sie sich oft in Privathäusern befinden und so nicht immer für Besucher zugänglich sind. Jedes Jahr im Mai findet ein "Patiofestival" statt, bei dem verschiedene Häuser ihre Patios für Besucher öffnen. Einige prachtvolle Exemplare sind im Palacio de Viana ganzjährig zu besichtigen.

- -

PALACIO DE VIANA Natürlich kann man sich im Palacio de Viana alle Räume mit Kunst und Antiquitäten ansehen, aber vor allem kommt man wegen der zwölf Patios hierher, von denen einer schöner ist als der andere. Der Palast war in den 1980er-Jahren im Besitz der adligen Familie Marqueses de Viana. Leider ist er sonntags nicht geöffnet, denn dann finden hier Hochzeiten statt.

PLAZA DE DON GOME 2, WWW.PALACIODEVIANA.COM, T 957 496741, GEÖFFNET: SEPT.-JUNI DI-FR 10.00-19.00, SA-SO 10.00-15.00, JULI-AUG. DI-SO 9.00-15.00, EINTRITT: 6 €, NUR PATIOS 3 €

IGLESIA DE SANTA MARINA ist eine wunderschöne, eher schlichte Kirche. Sie wurde aus rohen Steinen erbaut und hat farbige Glasfenster. Sie ist eine der sieben Kirchen, die im 13. Jahrhundert errichtet wurden, um nach der Reconquista den Katholizismus wieder zu verbreiten. Auf dem Vorplatz steht ein Denkmal des berühmtesten Stierkämpfers von Córdoba, Manolete, der aus diesem Viertel stammte und in der Iglesia Santa Marina getauft wurde.

PLAZA DE SANTA MARINA S/N, GEÖFFNET: TÄGLICH 10.00-14.00 & 17.00-19.00

ESSEN & TRINKEN

Kulinarisch betrachtet ist Córdoba vor allem bekannt für seine *salmorejo*, eine Variante der kalten Suppe Gazpacho mit einem hart gekochten Ei und einem Streifen Serrano-Schinken als Garnierung. Die Suppe ist köstlich, aber etwas sämiger als Gazpacho und daher auch sehr sättigend. Das beliebteste Hauptgericht ist *rabo de toro*, Ochsenschwanz. Die *cordobeses* sind auch sehr stolz auf ihren eigenen Sherry, der in Montilla und Moriles produziert wird. Nach diesen Städten sind die jeweiligen Sherry-Sorten auch benannt. Die süße, nach Rosinen schmeckende Variante heißt "Pedro Ximénez" oder kurz "PX".

BODEGA GUZMÁN ist die beste Bar, um Córdobas Sherrys zu kosten, insbesondere den trockenen Amargoso oder den dunklen, duftenden Abuelo. Es ist auch der beste Ort, um über Stierkampf zu reden. Die Einrichtung steht nämlich völlig im Zeichen der Corrida. Die Bar liegt in der Nähe der Synagoge und des Museo Taurino.

CALLE DE LOS JUDÍOS 7, T 957 290 960, GEÖFFNET: TÄGLICH 13.00-0.00, PREIS: AB 4 €

LA CÁVEA Ein ideales Plätzchen für eine Verschnaufpause, zum Beispiel nach dem Besuch des archäologischen Museums. Der Platz vor dem Museum ist wirklich wunderschön. Oder mit anderen Worten: Das ist der Ort, "donde el visitante puede reponer fuerzas", an dem Besucher wieder zu Kräften kommen.

PLAZA DE JERÓNIMO PAEZ S/N, T 957 484532, GEÖFFNET: DI-SO MAI-SEPT. 9.00-16.30 & 20.00-1.00, OKT.-APR. 9.00-23.00, PREIS: 9 €

SALÓN DE TÉ Möchten Sie nach dem Besuch der Mezquita noch etwas mehr arabische Atmosphäre schnuppern? Dann kehren Sie im Salón de Té etwas nordöstlich von der Moschee ein. Sie können sich in einem stimmungsvoll beleuchteten Patio mit vielen Blumen, Kissen, Sitzkissen und niedrigen Bänken niederlassen und sich wie in den Märchen aus Tausendundeiner Nacht fühlen. Einen ganzen Nachmittag hier zu verbringen ist kein Problem.

CALLE BUEN PASTOR 13, WWW.LACASAANDALUSI.COM, T 957 487 984, GEÖFFNET: TÄGLICH 11.00-23.00, PREIS: AB 2

REGADERA Ⓛ

TABERNA SALINAS stammt aus dem Jahr 1879 und ist somit eine der ältesten *tabernas* der Stadt. Die ursprüngliche Einrichtung wird liebevoll gepflegt. Es gibt verschiedene Räume mit Holzstühlen, großen Weinfässern und bunten Fliesen. Hier ist es immer voll, ein gutes Zeichen. Die regionalen Gerichte sind aber auch wirklich köstlich. Taberna Salinas liegt in der Nähe der Plaza de la Corredera.

CALLE TUNDIDORES 3, WWW.TABERNASALINAS.COM, T 957 480135, GEÖFFNET: MO-SA 12.30-16.00 & 20.00-23.30, AUG. GESCHLOSSEN, PREIS: 7 €

....

Rezept für Salmorejo nach Art der Taberna Salinas

Zutaten > 750 g zerkrümeltes Weißbrot vom Vortag > 125 ml Olivenöl Virgen (erste Pressung) > 500 g reife Tomaten, entkernt und geschält > 2 Knoblauchzehen > Eiswasser > Salz und Sherry-Essig > 2 Eier, hart gekocht> 200 g Serrano-Schinken, in Streifen geschnitten

Zubereitung > Das Brot ein wenig anfeuchten, eventuell etwas abtupfen und mit Olivenöl, Tomaten und Knoblauch in den Mixer geben > 3 bis 4 Min. zu einer glatten Masse mischen > Eiswasser hinzufügen > Achtung: Die Suppe sollte cremig bleiben > mit Salz und Essig abschmecken, mit den Eiern und Schinken garnieren, kalt servieren.

....

ZYRIAB TABERNA GASTRONÓMICA

RESTAURANTE LA FRAGUA liegt in einer Gasse am Anfang der Calle Tomas Conde. Das Restaurant befindet sich in einem über 500 Jahre alten Gebäude, und durch die steinernen Wände, die alten Holztüren und die gesamte Ausstattung fühlt man sich in der Zeit zurückversetzt. Hier wird typisch andalusische Hausmannkost zubereitet, eine der Spezialitäten ist der Ibérico del Valle de los Pedroches (iberischer Schinken aus dem Pedroches-Tal).

CALLEJA ARCOS 2, T 957 484572, GEÖFFNET: MO-SA 12.00-16.00 & 20.00-23.30, SO 12.00-16.00, PREIS: 18 €

RESTAURANTE ALMUDAINA Dieses Restaurant der eher gehobenen Kategorie ist bereits ein Klassiker in Córdoba. Nehmen Sie, bevor Sie sich an den Tisch setzen, erst ein Gläschen Sherry an der Bar, am besten den lokalen Montilla oder Moriles. Man kann in einem der sieben *comedores* (Esszimmer) dinieren oder im zauberhaften Patio. Die Bezeichnung Esszimmer wird der Sache nicht wirklich gerecht, denn die Räume sind mit viel Liebe und traditionell eingerichtet. Die Qualität des Essens ist ausgezeichnet.

PLAZA CAMPO SANTO DE LOS MÁRTIRES 1, WWW.RESTAURANTEALMUDAINA.COM, T 957 474342, GEÖFFNET: TÄG-LICH 12.30-16.00 & 20.30-0.00, SO-ABEND GESCHLOSSEN, PREIS: 15 €

BODEGAS CAMPOS ist eine weitere bekannte Adresse. Hier warten Gäste oft einige Zeit auf einen freien Tisch. Zum Glück wird einem das Warten leicht gemacht, denn wer eine *caña* (Bier) oder einen Sherry bestellt, bekommt die Tapas des Hauses dazu. An den Wänden liegen Eichenfässer mit Autogrammen von Berühmtheiten. Das Publikum ist gemischt: Einheimische, Touristen, Jugendliche, aber auch Ältere, für die zuvorkommend ein Stuhl herangezogen wird, wenn sie warten müssen. Eines ist sicher: Alle fühlen sich hier wohl, auch das Personal. Auf der Speisekarte stehen natürlich die *comidas tipicas cordobesas*, die typischen regionalen Gerichte, die mit Sorgfalt und Liebe zubereitet werden. Zur *cuenta* (Rechnung) bekommt man noch einen "PX" auf Kosten des Hauses.

CALLE LINEROS 32, WWW.BODEGASCAMPOS.COM, T 957 497500, GEÖFFNET: TÄGLICH 12.30-16.30 & 18.00-0.00, SO-ABENDS GESCHLOSSEN, PREIS: 14 €

EL PUERTO (CASA EL PIPO) Dieses Restaurant ist winzig und nicht gerade schön, aber die Terrasse liegt fast an der Plaza de las Tendillas. Außerdem geht es hier weniger um die Ausstrahlung des Lokals als um das, was auf den Teller kommt. Täglich wird aus Cádiz und der Provinz Huelva frischer Fisch geliefert. An der Fassade hängt ein Schild mit dem Angebot an frischem Fisch und dem Preis.

CALLE VICTORIANO RIVERA S/N, T 957 486133, GEÖFFNET: TÄGLICH 12.00-16.00 & 20.30-1.00, PREIS: AB 3 €

ZYRIAB TABERNA GASTRONÓMICA Das gibt es in Spanien immer häufiger: traditionelle Gerichte in ultramodernem Gewand. Das Ergebnis ist zwar nicht immer gelungen, aber in diesem Fall durchaus. Dieses Restaurant ist ein Ableger von Bodegas Mezquita, einem bekannten Namen in Córdoba. Das Restaurant selbst ist sehr schön, die Gerichte sind wunderbar angerichtet, und die Qualität des Essens wird inzwischen in ganz Spanien gerühmt. Auch ein heißer Tipp für Vegetarier, denn es gibt zahlreiche vegetarische Leckerbissen, auch direkt aus dem Gemüsegarten.

CALLE SAN FELIPE 15, WWW.BODEGASMEZQUITA.COM, T 957 484138, GEÖFFNET: SO-DO 12.30-17.00 & 20.00-0.00, FR-SA 12.20-17.00 & 20.00-1.00, PREIS: 14 €

REGADERA *Regadera* bedeutet Gießkanne und diese hängen dann auch an der Fassade des kleinen Restaurants neben Töpfen mit frischen Kräutern, die der Koch für seine Gerichte braucht. Fazit: sehr gutes Essen und köstlicher Bio-Wein.

CRUZ DEL RASTRO 2 (CALLE DE LA FERIA ECKE RIBERA), WWW.REGADERA.ES, T 957 101400/647 993565, GEÖFFNET: SO-MO & MI-DO 13.30-17.30 & 20.30-1.00, FR 13.30-17.30 & 20.30-1.30, SA 13.30-17.30 & 20.30-0.00, PREIS: 14 €

TABERNA BAR SANTOS Für eine gute spanische Tortilla braucht man feinstes Olivenöl, die richtigen Kartoffeln und frische Eier. In dieser *taberna* weiß man das, denn es werden die besten Tortillas von Córdoba serviert. Das Lokal steht sogar im *Guinness-Buch der Rekorde* wegen der bisher schwersten Tortilla, die immerhin 25 Kilogramm wog. Andere Tapas gibt es hier auch, aber die Tortillas sollten Sie unbedingt probieren.

MAGISTRAL GONZÁLES FRANCES 3, WWW.TABERNABARSANTOS.COM, T 957 488975, GEÖFFNET: TÄGLICH 10.00-0.00, PREIS: 4 €

PIZZERÍA EL PATRÓN Möchten Sie zwischendurch vielleicht mal italienisch essen? Dann können Sie in diesem netten Lokal mit seinem gemütlichen Patio die besten Pizzen der Stadt probieren.

CALLE ENRIQUE REDEL 3, WWW.PIZZERIAELPATRON.COM, T 957 484970, GEÖFFNET: MO, DI, DO & FR 20.30-0.30, SA-SO 13.30-16.30 & 20.30-0.30, PREIS: 8 €

PASTELERÍA ROLDAN In dieser modernen Konditorei bekommt man natürlich Kaffee und dazu leckere Torten oder andere Süßwaren. Sie liegt an der Ecke zwischen Calle Concepción und Paseo de la Victoria und hat eine Terrasse am Paseo de la Victoria.

CALLE CONCEPCION 18, WWW.PASTELERIASROLDAN.COM, T 957 473365, GEÖFFNET: TÄGLICH 8.00-21.00, PREIS: AB 2 €

SHOPPEN

Córdoba ist nicht gerade ein Shoppingmekka, was das Angebot an Läden betrifft. Aber es gibt hier alle bekannten Labels und Ketten.

PLAZA DE LAS TENDILLAS gilt als Zentrum der Stadt und bildet die Verbindung zwischen dem kulturellen und dem kommerziellen Teil Córdobas. Auf dem Platz steht ein großes Standbild: *el gran capitán*, Gonzalo Fernández de Córdoba, einst die rechte Hand der katholischen Könige. Alle bekannten Geschäfte liegen an diesem Platz und in den umliegenden Straßen. Das Kaufhaus El Corte Inglés befindet sich in der Avenida del Gran Capitán.

SILBERSCHMIEDE Córdoba ist bekannt wegen seiner Silberarbeiten, und es gibt im jüdischen Viertel, La Judería, viele Geschäfte mit Silberwaren. Da es hier ziemlich touristisch ist, sind die Preise etwas höher. Man kann aber immer handeln.

TONWAREN An der Plaza del Potro in Richtung Plaza de la Corredera befindet sich ein namenloser Laden, der kunstvolle Tonwaren aus eigener Herstellung verkauft. Hier gibt es unter anderem Schüssel, Kannen, Öllampen und Vasen – allerlei wunderbare Dinge zu fairen Preisen. Das Geschäft wirkt eher wie ein Atelier denn wie ein Laden. Wenn die Tür auf ist, kann man einfach hineingehen. Es gibt keine festen Öffnungszeiten, aber vormittags ist es meistens offen.

CALLE DE LA TOQUERÍA 2, GEÖFFNET: MO-SA 10.00-14.00

100% THERE

In Córdoba macht es einfach Spaß, längere Zeit an einem der hübschen Plätze zu verweilen. Eine Flamencoshow besuchen Sie am besten in einem stimmungsvollen *tablao*, das auch von Einheimischen gern besucht wird.

SOJO CAFÉ

LA PATAITA DE ANTONIO ist die geeignete Adresse, wenn Sie in Córdoba eine Flamencoshow verfolgen wollen. Auch die Einheimischen kommen gern in dieses nette, etwas verschrobene Lokal. Manchmal macht das Publikum spontan mit, und dann hat man das Gefühl, an einem Fest teilzunehmen. Früher waren die Veranstaltungen kostenlos, aber mittlerweile werden zur Deckung der Kosten 15 Euro verlangt, 30 Euro inklusive Abendessen. Wenn Sie auch etwas essen möchten, sollten Sie rechtzeitig vor Ort sein, sodass Sie fertig sind, wenn die Show beginnt.

CALLE BARROSO 3, T 957 480944/491544, SHOW TÄGLICH 22.00, FR-SA AUCH 14.00, PREIS: 15 €.

CALLEJA UND PLAZA DE LAS FLORES Wie die Namen bereits vermuten lassen, sind die schmale Gasse Calleja de las Flores und die Plaza de las Flores von bunten Blumen geprägt. Wer durch die Gasse zum Platz schlendert, kann sich an den herrlichen Balkonen mit zahlreichen Blumenkästen erfreuen. Von der Gasse aus hat man einen schönen Blick auf den Turm der Mezquita, der zwischen den Häusern in die Höhe ragt.

PLAZA DEL POTRO An diesem Platz wurde früher der Pferdemarkt abgehalten; *potro* bedeutet "Fohlen". Zur Erinnerung steht mitten auf dem Platz ein Brunnen mit einem sich aufbäumenden Fohlen. Auf dem Pferdemarkt und in den Kneipen und Bordellen ringsum war einst natürlich sehr viel los. Eine der Herbergen war die Posada del Potro, in der es ziemlich derb zuging. Darüber schreibt Cervantes in seinem Roman *Don Quijote*. Der Schriftsteller wohnte einige Jahre in Córdoba und soll in dieser Herberge ausgeraubt worden sein. Das Gebäude, in dem sich die Herberge befand, steht noch da, aber es hat schon lange eine andere Bestimmung: Mittlerweile ist darin ein Flamencozentrum untergebracht.

PLAZA DE LA CORREDERA Wenn man von der Plaza del Potro bergauf geht, kommt man zur Plaza de La Corredera. Dieser riesige rechteckige Platz stammt aus dem 17. Jahrhundert. Früher wurden hier Stierkämpfe und Pferderennen veranstaltet sowie Ketzer auf dem Scheiterhaufen verbrannt. Aufgrund der Arkadengänge und der darüberliegenden Wohnungen mit Balkonen erinnert er an die Plaça Reial in Barcelona, allerdings fehlen die Palmen, und es ist nicht ganz so gemütlich. Mittags und abends (je nach Jahreszeit) ist der Platz ein einziges großes Straßencafé. Unter den Arkaden befinden sich einige Secondhandläden mit allerlei Schnickschnack wie Kerzenhaltern, Bildern, Vasen, Töpfen und Pfannen.

AUSGEHEN

Wie überall in Andalusien wird auch hier kein wirklicher Unterschied gemacht zwischen essen oder etwas trinken gehen und ausgehen. Meistens sitzt man bis in den späten Abend oder die frühe Nacht hinein in einer Tapasbar. Wer danach einen Club oder eine Diskothek besuchen möchte, sollte berücksichtigen, dass das Nachtleben am Wochenende erst nach ein Uhr langsam in Gang kommt.

In Córdoba stößt man in der ganzen Stadt auf Bars, in denen man einen vergnüglichen Abend verbringen kann. Das eigentliche Nachtleben hat sich in den letzten Jahren etwas mehr in den modernen Teil der Stadt verlagert.

AVENIDA DE LA LIBERTAD Das echte Nachtleben konzentriert sich in Córdoba auf die Avenida del Gran Capitán und diese Straße. Sie ist nicht weit vom Bahnhof entfernt, ein beliebter Club liegt neben dem anderen, und es gibt eine Reihe von Straßencafés.

CAFÉ SOJO Der allerbeste Ort, um im Zentrum einen Drink zu genießen. Wenn Sie im Parkhaus den Aufzug oder die Treppe zur obersten Etage nehmen und die Bar betreten, erwartet Sie eine Überraschung. Es wirkt, als wäre man in einem modernen Club in einem arabischen Land gelandet. Die Bar ist riesig und hat verschiedene Loungeecken und eine lang gezogene Terrasse mit wunderschöner Aussicht auf den Fluss. Am Wochenende sorgen Livemusik und DJs für Unterhaltung. Ein ganz besonderer Fleck!
PASEO DE LA RIBERA 1, WWW.CAFESOJO.ES, T 957 492192, GEÖFFNET: MO-FR 20.00-4.00, SA-SO 0.00-4.30

ÜBERNACHTEN

Córdoba lockt viele Tagestouristen an, die vor allem wegen der Mezquita kommen. Eine Besichtigung der wichtigsten Highlights ist an einem Tag auch gut zu schaffen: vormittags die Mezquita und nachmittags den Rest der Stadt. Es lohnt sich aber durchaus, ein paar Tage in Córdoba zu bleiben. Hotels dafür gibt es jede Menge.

HOTEL VIENTO 10 ist ein kleines Familienhotel mit nur sieben Zimmern, das mit viel Herz geführt wird. Das Hotel wurde liebevoll renoviert und 2011 neu eröffnet. Es verfügt über eine Spa, eine Sauna und eine Dachterrasse mit Aussicht. Das Haus ist gut mit dem Auto zu erreichen: Sie brauchen nicht in die Altstadt hineinzufahren, denn es liegt in der Nähe des Flusses und hat einen eigenen Parkplatz. Die Straße, in der sich das Hotel befindet, hieß früher Calle Viento, daher der Name.
CALLE RONQUILLO BRICENO 10, WWW.HOTELVIENTO10.ES, T 957 764960/677 588790, PREIS: 86 €

HESPERIA CÓRDOBA ist nicht gerade klein oder gemütlich, hat jedoch anständige Zimmer zu einem guten Preis. Es liegt auf dem anderen Flussufer, nur ein paar Minuten vom Zentrum entfernt. Die Aussicht auf die Stadt ist von hier aus umwerfend. Wer mehrere Tage in Córdoba verbringt, genießt es sicher, am Pool auf dem Dach etwas zu entspannen.
AVENIDA FRAY ALBINO 1, WWW.HESPERIA.COM, T 957 421042, PREIS: 84 €

HOSTAL EL ANTIGUO CONVENTO Wenn Sie eine preiswertere Unterkunft suchen, bietet sich dieses Kloster an. Es liegt im Zentrum, zur Mezquita sind es nur ein paar Minuten zu Fuß. Die Zimmer sind einfach mit alten Fliesenböden und holzverkleideten Decken. Es gibt eine gemeinschaftliche Dachterrasse und einen gemütlichen Patio mit vielen Pflanzen.
CALLE REY HEREDIA 26, WWW.HOSTALELANTIGUOCONVENTO.COM, T 957 474182, PREIS: 43 €

HOTEL VIENTO 10

HOSPEDERIA BAÑOS

HOSPEDERIA BAÑOS ÁRABES DE CÓRDOBA Wer gern einen Hamam besuchen möchte, sollte hier übernachten. Im ersten Stock dieses arabischen Badehauses werden sieben Zimmer vermietet, und Gäste haben unbegrenzten Zugang zu den Bädern. Da fühlt man sich gleich wie ein arabischer Prinz oder eine Prinzessin.

CALLE ALMANZOR 18, WWW.BAÑOSARABESDECORDOBA.COM, T 957 295855, PREIS: 110 €

HOTEL MAESTRE bietet einfache Zimmer, die größtenteils an einem der Patios liegen. In den offenen Gängen und Patios stehen überall Blumen und Pflanzen. Ein Teil des Hotels dient als etwas einfacher ausgestattete Herberge, es gibt zum Beispiel keinen Fernseher und keine Klimaanlage. Wenn Sie etwas mehr Platz brauchen, können Sie im Hotel auch ein Appartement für bis zu vier Personen mieten. Der große Vorteil dieses Hauses ist, dass es über einen eigenen Parkplatz verfügt, ideal in einer Stadt, in der man nur schwer einen Parkplatz bekommt. Das Hotel liegt in der Nähe der Plaza del Potro.

CALLE ROMERO BARROS 4 & 6, WWW.HOTELMAESTRE.COM, T 957 472410, PREIS: 60 €

HOTEL MEZQUITA Bei diesem Hotel ist zunächst einmal die Lage erwähnenswert – direkt gegenüber dem Haupteingang der Moschee-Kathedrale. Das schöne Hotel hat 21 traditionell eingerichtete, geräumige Zimmer, davon einige mit Blick auf die Moschee. Der Flur, an dem die Zimmer liegen, ist mit alten Gemälden und Marmorboden stilvoll gestaltet. Morgens kann man in aller Ruhe im Patio frühstücken.

PLAZA SANTA CATALINA 1, WWW.HOTELMEZQUITA.COM, T 957 475585, PREIS: AB 89 €

HOSTAL OSIO Bei einem *hostal* denkt man an eine etwas schlichtere Ausführung eines Hotels, das Hostal Osio gibt einem jedoch das Gefühl, in einem besseren Hotel zu übernachten. Es gibt zwölf Zimmer mit Bad und Klimaanlage sowie einen der für Cordóba so typischen Patios mit bunten Fliesen und Blumenkästen. Der hauseigene Parkplatz kostet zehn Euro pro Tag. Fahren Sie hier vorsichtig, denn die Gassen sind sehr schmal.

CALLE OSIO 6, WWW.HOSTALOSIO.COM, T 957 485165, PREIS: 45 €

HOSTAL SANTA ANA hat eine günstige Lage, um Córdoba zu entdecken, und Sie bekommen auch etwas für Ihr Geld: gepflegte, hübsche Zimmer, alle blitzsauber, freundliches Personal und eine Dachterrasse. So manch ein Hotel könnte davon noch etwas lernen.

CALLE CARDENLA GONZALEZ 25, WWW.HOSTALSANTAANA.COM, T 957 485837, PREIS: 57 €

HOTEL LA BOUTIQUE PUERTA OSARIO Dieses moderne Hotel liegt etwas weiter vom Zentrum entfernt, dennoch ist alles zu Fuß zu erreichen. Das eher einfache Designhotel hat 27 Zimmer, ist gepflegt, gemütlich und das Personal ist freundlich. Die Preise können hier je nach Saison variieren. Manchmal kostet eine Übernachtung um die 70 Euro, ein fairer Preis, aber zu anderen Zeiten zahlt man das Doppelte, dann ist es zu teuer.

CALLE OSARIO 7, WWW.HOTELLABOUTIQUE.COM, T 957 498039, PREIS: AB 100 €

RUND UM CÓRDOBA

Die meisten Touristen konzentrieren sich bei einem Besuch Córdobas auf die Mezquita-Catedral und den Rest der Stadt. In die Umgebung verschlägt es nur wenige. Doch wer einige Tage in der Stadt verbringt, sollte sich ruhig auch einmal auf den Weg machen und die Schönheiten außerhalb Córdobas erkunden.

Die wichtigste Sehenswürdigkeit außerhalb der Stadt ist die Medina Azahara, die einstige Palaststadt des arabischen Kalifen von Córdoba. Die Stadt muss früher von Reichtum und Luxus geprägt gewesen sein, leider ist der größte Teil zerstört worden, aber dennoch lohnt sich ein Besuch. Etwas außerhalb von Córdoba liegt auch die Einsiedelei Las Ermitas mit Unterkünften, in denen früher Eremiten lebten und heute Nonnen wohnen. In Almodóvar del Río gibt es eine schöne Burg und die Straße nach Sevilla führt nach Écija, die Stadt mit den Türmen. Sie wird auch *la sartén de españa*, "die Bratpfanne Spaniens", genannt.

MEDINA AZAHARA liegt etwa 14 Kilometer westlich von Córdoba. Auf den Schildern wird der arabische Name Madinat al-Zahra verwendet, denn es handelt sich dabei um die alte Palaststadt, die Abd ar-Rahman III. ab 936 errichten ließ. Ziel der Erbauer war es, dass sich die Stadt mit anderen Palaststädten des großen arabischen Reiches, wie Bagdad, messen konnte. Abd ar-Rahman wollte demonstrieren, wie wohlhabend und erfolgreich er war. Daher wurden beim Bau weder Kosten noch Mühen gescheut, und aus allen Winkeln des arabischen Reiches karrte man die kostbarsten Materialien heran. Die Lage der Stadt am Fuß der Gebirgskette Sierra Morena ermöglichte es, sie auf drei Terrassen anzulegen. Auf der höchsten Terrasse lag der Alcázar (Palast), auf der mittleren befand sich der Salón Abd ar-Rahman III., in dem Empfänge und Feste stattfanden, und auf der dritten Terrasse die Moschee. Um die Gebäude herum wurden prächtige Garten- und Teichanlagen erstellt. Um den Palast mit Wasser zu versorgen, wurde ein ausgeklügeltes System aus Aquädukten und unterirdischen Wasserleitungen angelegt – darin waren die Araber ja Meister.

Kurz nach der Fertigstellung im Jahr 947 erlebte die Stadt ihren Höhepunkt. Damals wohnten hier über 450.000 Menschen. Nach dem Tod von Abd ar-Rahman (961) und dessen Sohn gab es kriegerische Auseinandersetzungen um die Machtverteilung im Kalifat, was letztlich um 1011 zur Zerstörung und Plünderung der Stadt durch die Berber führte. Baumaterialien wurden gestohlen und für andere Gebäude in ganz Spanien verwendet. Auch das Bewässerungssystem wurde größtenteils zerstört, sodass die Stadt heute in einem Trockengebiet liegt.

Erst im Jahr 1911 wurde die Palaststadt wiederentdeckt, und man begann mit der Restaurierung, teils mit Elementen, die einst aus der Stadt entwendet wurden. Heute ist nur noch ein Teil der einst so prächtigen Palaststadt erhalten, aber es braucht wenig Fan-

MOLINO LA NAVA

tasie, um sich vorzustellen, wie schön es hier gewesen sein muss. Sehen Sie sich zum Beispiel die kunstvollen Säulenverzierungen im Salón Abd ar-Rahman III. an. Das Empfangsgebäude ist das Prunkstück, aber besichtigen Sie auch den Rest des Alcázar und die Moschee.

Um zur Medina Azahara zu gelangen, müssen Sie Ihr Auto auf dem großen Parkplatz beim Besucherzentrum und Museum abstellen. Von dort fahren regelmäßig Shuttlebusse zur Medina, die Fahrkarte können Sie im Bus lösen. Das Museum ist übrigens auch einen Besuch wert.

CARRETERA PALMA DEL RÍO (A431), ABFAHRT KM 5,5 AB CÓRDOBA, T 957 355506, GEÖFFNET: MAI-15. SEPT. DI-SA 10.00-20.30, SO 10.00-14.00, 16. SEPT.-APR. DI-SA 10.00-18.30, SO 10.00-14.00, EINTRITT: FREI

LAS ERMITAS Östlich von Córdoba sind Las Ermitas zu besichtigen, eine Einsiedelei, in die sich ab 1703 einige Mönche und Eremiten zurückzogen, um zu meditieren und in Enthaltsamkeit zu leben. Dieses einfache Leben führten sie immerhin an einem zauberhaften Ort, zwischen Obst-, Olivenbäumen und Zypressen. Jeden Morgen erwachten sie mit der fantastischen Aussicht auf Córdoba und die umliegende Landschaft. Als im Jahr 1852 die Kirche enteignet wurde, mussten die Eremiten ihr idyllisches Zuhause verlassen.

MOLINO LA NAVA

Neun Jahre später konnten Mönche des Karmeliterordens diesen Ort wieder von den neuen Eigentümern zurückkaufen. Im Jahr 1957 starb der letzte Bewohner der Einsiedelei, daraufhin beschloss der Bischof von Córdoba, die Verwaltung des Landguts an das weibliche Pendant der Mönche zu übergeben, den Orden der Unbeschuhten Karmelitinnen. Seitdem wohnen die Nonnen in dem dazugehörigen Kloster und pflegen die 13 Unterkünfte, die Kapelle und die Gärten. Der Weg nach Las Ermitas ist nicht sehr gut ausgeschildert. Verlassen Sie Córdoba am besten über die Avenida del Brillante in östliche Richtung. Folgen Sie der Avenida, bis Sie links ein Schild nach Las Ermitas sehen.

AN EINER QUERSTRASSE DER CV-79, T 957 266607, GEÖFFNET: APR.-JUNI & SEPT.-OKT. DI-SO 10.00-13.30 & 16.00-19.00, JULI-AUG. 10.00-13.30 & 17.00-19.45, NOV.-MÄRZ 10.00-13.30 & 16.00-18.00, EINTRITT: 1,50 €

CASTILLO DE ALMODÓVAR DEL RIO liegt 25 Kilometer westlich von Córdoba. Schon von Weitem sieht man die eindrucksvolle Burg über der Stadt aufragen. Sie wurde 760 erbaut und hat acht Türme. Im Lauf der Jahre wurde die Burg ständig erweitert und verstärkt. Dank ihrer Lage und Bauweise wurde sie noch nie von Feinden eingenommen. Daher hat Peter der Grausame hier alle seine Schätze verborgen. Von den Türmen der Burg hat man einen tollen Blick auf die umgebende Landschaft. Wenn Sie aus Córdoba kommen, lassen Sie die ersten zwei Ausfahrten nach Almodóvar del Río links liegen und nehmen die dritte, so kommen Sie am schnellsten zur Burg.

CALLE DEL CASTILLO S/N, WWW.CASTILLODEALMODOVAR.COM, T 957 634055, GEÖFFNET: MO-FR 11.00-14.30 & 16.00-19.00, SA-SO 11.00-19.00 (IM SOMMER BIS 20.00), EINTRITT: 5 €

MOLINO LA NAVA Nordöstlich von Córdoba können Sie im Ort Montoro in einem Hotel übernachten, das wir Ihnen nicht vorenthalten möchten. Hotel Molino la Nava ist in einer alten, aber renovierten Olivenmühle untergebracht. Wer Ruhe sucht und sich entspannen möchte, wird sich hier bestimmt wohlfühlen. Die Mühle steht sehr abgelegen zwischen den Olivenbäumen, und auch in den umliegenden Ortschaften ist kaum etwas los.

CAMINO NAVA 6, MONTORO, WWW.MOLINONAVA.COM, T 957 336041, PREIS: 80 €

ÉCIJA

Etwas weiter von Córdoba entfernt, an der Schnellstraße A4 nach Sevilla, liegt das Städtchen Écija, das einen Zwischenstopp wirklich lohnt. Die Stadt hat zwei Beinamen, einmal die "Stadt der Türme", es gibt immerhin elf, und zum anderen den bekannteren Beinamen *el sartén de españa*, "die Bratpfanne Spaniens". Écija erstreckt sich – von Hügeln umgeben – in einer Senke, daher werden hier oft die höchsten Temperaturen des Landes gemessen. Im Sommer wird das Städtchen deshalb öfter im Fernsehen im Wetterbericht genannt.

Der Ort hat eine lange Geschichte, aber durch das Erdbeben im Jahr 1755 wurde viel zerstört. In der Barockzeit wurde die Stadt wiederaufgebaut, sodass es in Écija vor allem barocke Sehenswürdigkeiten gibt. Das Zentrum ist die längliche Plaza de España, die von den Einwohnern "das Wohnzimmer" genannt wird. Um den Platz herum liegen Palais und Herrenhäuser mit Balkonen, die Aussicht auf den Platz bieten und von denen aus man die Feste, Stierkämpfe und Veranstaltungen beobachten kann. In der Nähe des Platzes steht der wichtigste Barockpalast: Palacio de Peñaflor.

Es lohnt sich auf jeden Fall, einen Spaziergang durch die Stadt zu machen, entweder wenn Sie nur einen kurzen Zwischenstopp einlegen oder natürlich auch als Tagesausflug aus der Umgebung.

SIERRA SUBBÉTICA REGION

WILDE NATUR

Südlich von Córdoba liegt die wilde Sierra Subbética. Städte und Dörfer bieten einiges Sehenswerte, und die Natur sorgt für die sportliche Herausforderung. Man kann hier wunderbar wandern oder Rad fahren. Der *parque natural* hat eine Fläche von 32.000 Hektar. Es ist eine beeindruckende, bergige Landschaft mit einer reichen Vegetation und einigen hübschen Orten und Sehenswürdigkeiten.

Mitten in der weitläufigen Natur liegt Zuheros, ein schönes und ruhiges weißes Dorf. In der Nähe des Ortes Cabra steht auf großer Höhe eine Kapelle mit spektakulärer Aussicht, die Ermita de la Virgen de la Sierra. Ein weiteres lohnendes Städtchen ist Priego de Córdoba, vor allem bekannt für seine Barockbauten, die dank des blühenden Seidenhandels im 18. Jahrhundert errichtet wurden. Der Ort Iznájar liegt etwa an der Grenze von Granada und Málaga. Dieses idyllische Städtchen mit steilen Straßen und zahlreichen Aussichtspunkten befindet sich oberhalb eines großen Stausees.

ZUHEROS

Zuheros ist ein reizvolles Dorf, das an den Berg gebaut wurde. Ein ursprüngliches *pueblo blanco* mit Blumenkästen an den Balkonen und schmalen Gassen. Es verschlägt nicht viele Touristen hierher, wahrscheinlich liegt der Ort zu weit entfernt von den vier großen Städten und den Küsten. Oben im Dorf steht eine alte Burg, von der aus man kilometerweit über Olivenhaine blicken kann. Die Gegend eignet sich ideal zum Wandern und Mountainbiken.

HACIENDA MINERVA ist eine wunderbar restaurierte Finca in der Nähe von Zuheros inmitten von Olivenhainen. Dieses Viersternehotel hat immerhin 21 Zimmer, ist also nicht gerade klein. Eine tolle Radtour auf der Via Verde startet ganz in der Nähe. Man kann im Hotel Fahrräder leihen.
CARRETERA ZUHEROS - DOÑA MENCIA (CO 6203) KM 9,8, VIA VERDE DE LA SUBBÉTICA, WWW.HACIENDAMINERVA.COM, T 957 090951, PREIS: 70 €

ERMITA DE LA VIRGEN DE LA SIERRA In dem abgelegenen Gebiet zwischen Cabra und Priego liegt die Kapelle, die der Schutzheiligen der Sierra gewidmet ist. Die Ermita de la Virgen de la Sierra steht am höchsten Punkt der Sierra de Cabra, auf 1223 Metern Höhe. Von hier aus hat man einen unglaublichen Blick. In der Kapelle aus dem 16. Jahrhundert steht eine schöne Figur der Jungfrau. An ihrem Ehrentag Anfang September wird die Figur für eine Prozession aus der Kapelle geholt. Bei dieser *romería* wird sie nach altem Brauch durch das Dorf getragen. Rings um die Kapelle stehen aus Naturstein gehauene Picknicktische im Schatten der Kiefern. Hier kann man in aller Ruhe die Aussicht genießen. Wenn allerdings erst vor Kurzem eine spanische Familie da war, dann liegen womöglich noch Dosen, Plastikbecher und Essensreste herum, denn der Müll wird gern liegen gelassen. Glücklicherweise gibt es Helfer, die sich bemühen, alles so schell wie möglich wieder aufzuräumen. Um zur Ermita zu kommen, folgen Sie hinter Zuheros der Straße nach Cabra und dann nach Priego de Córdoba. Etwa fünf Kilometer hinter Cabra biegen Sie links ab zur Ermita und nehmen danach die CP-115, die sich sieben Kilometer zur Ermita hinaufschlängelt.

KAPELLE GEÖFFNET: TÄGLICH JUNI-AUG. 9.30-22.00, NOV.-MÄRZ 9.30-19.00, APR.-MAI & SEPT.-OKT. 9.30-21.00, DIE STRASSE HINAUF IST VON 0.00-7.00 GESPERRT, IM WINTER VON 21.00-9.00, EINTRITT: FREI

PRIEGO DE CÓRDOBA

Das Städtchen Priego de Córdoba erlebte im 18. Jahrhundert dank der Seiden-raupenzucht eine Blütezeit. Obwohl Priego auch ein schönes maurisches Viertel hat, das Barrio de la Villa mit schmalen Gassen und unzählig vielen Blumentöpfen mit Geranien, ist es vor allem wegen der barocken Bauten bekannt. Bemerkenswer-testes Beispiel ist die Capilla del Sagrario in der Iglesia de la Asunción. Um Gefallen an dieser Kirche zu finden, muss man überfrachteten Prunk lieben. Das Innere ist ganz in Weiß gehalten und erstrahlt durch das von der Kuppel einfallende Licht noch ganz besonders. Die Kirche ist voll mit kunstvollem Dekor und Verzierungen.

FUENTE DEL REY Der "Königsbrunnen" ist ein weiteres Barock-Beispiel aus dem beginnenden 19. Jahrhundert. Er besteht aus einem großen Becken mit 139 wasser-speienden Köpfen. In der Mitte steht eine Figur des Meeresgottes Neptun, der seine Pferde mit seinem Dreizack antreibt. Durch die Trockenheit und das illegale Abzapfen von Wasser führt der Brunnen viel weniger Wasser als vor einigen Jahren. Hinter dem Fuente del Rey liegt der etwas bescheidenere Fuente de la Virgen de la Salud, ein Renaissancebrunnen aus dem 16. Jahrhundert. Die zwei Brunnen verleihen dem letzten Stück der Calle del Río eine ganz besondere Ausstrahlung.

IZNÁJAR

Iznájar ist ein kleiner Ort mit schmalen Gassen und Durchgängen. Von oben im Dorf hat man eine wirklich fantastische Aussicht auf die umliegenden Olivenhaine und den Stausee von Iznájar. Dieser Embalse de Iznájar wird auch das "Andalusische Meer" genannt. Mit einem Volumen von 980.000 m³ Wasser ist er der größte Stausee Andalusiens und der zweitgrößte Spaniens. Er wird vom Fluss Genil durchflossen und erstreckt sich über die Provinzen Córdoba, Málaga und Granada. Etwas außer-halb des Dorfes, in der Nähe der Brücke Puente Fernandez, liegt der Strand des Stausees, die Playa de la Valdearenas. Hier kann man ein Segelboot mieten, para-gliden oder am See entlangwandern. Es gibt auch *chiringuitos*, Strandlokale, in denen man etwas verzehren kann.

IZNÁJAR

FINCA LAS ENCINAS Auf dem Weg von Iznájar nach Priego de Córdoba liegt inmitten von Olivenhainen der Ort, in dem sich dieses B&B befindet. Es hat vier schöne Zimmer, und der englische Wirt und seine japanische Frau kochen gern für Sie. Die Türen und Flure in dem renovierten Haus sind von der Höhe her nicht gerade für Nordeuropäer gemacht, aber daran gewöhnt man sich schnell.
CALLE PARTIDO DE LOS JUNCARES, IZNÁJAR, WWW.FINCA-LAS-ENCINAS.COM, T 957 724452/629 610783, PREIS: 65 €

ZWILLINGSSTÄDTE IM RENAISSANCESTIL

Die Architektur in Andalusien ist sehr häufig maurisch geprägt. Baeza und Úbeda bilden da mit ihren zahlreichen Renaissancegebäuden eine Ausnahme. Sie werden die Zwillingsstädte genannt, da sie direkt nebeneinander liegen und der gleiche Architekturstil vorherrscht.

Die Städte liegen knapp 50 Kilometer nordöstlich von Jaén. Baeza war eine der ersten andalusischen Städte, die von der maurischen Herrschaft befreit wurden, das war im Jahr 1227. Um den Mauren einen nächsten und entscheidenden Hieb beizubringen, sammelte sich der christliche Adel mit seinen Rittern in Baeza. Bis zum endgültigen Abschluss der Reconquista sollte es jedoch noch 250 Jahre dauern. Mit dem Adel kam auch das Geld in die Stadt. Nach der Rückeroberung blieben viele Adelige hier wohnen und bauten Paläste und Kirchen.

BAEZA

Schlendern Sie durch die historische Altstadt (*casco histórico monumental*) mit zahlreichen Renaissancegebäuden aus dem 16. Jahrhundert. Aufgrund der Bauweise und des verwendeten Materials erinnert Baeza an Städtchen in der Toskana.

PASEO DE LA CONSTITUCIÓN Der beste Ausgangspunkt für einen Rundgang durch Baeza ist der zentral gelegene Paseo de la Constitución, ein großer, von stattlichen Häusern umgebener Platz. In der Mitte befindet sich eine Parkanlage und unter den Arkaden an den Seiten warten zahlreiche Restaurants und Straßencafés. Einst wurden hier Stierkämpfe ausgetragen.
PASEO DE LA CONSTITUCIÓN

PLAZA DEL PÓPULO An der Plaza del Pópulo liegt die Casa del Pópulo, das frühere Gerichtsgebäude, heute das Fremdenverkehrsamt. Hier befindet sich auch das alte Stadttor, die Puerta de Jaén und der prachtvolle Brunnen Fuente de los Leones. Wegen dieses Brunnens wird die Plaza del Pópulo oft auch Plaza de los Leones genannt. Die Löwen (*leones*) müssen schon seit Jahrhunderten Wasser spucken, ihre Mäuler sind daher ganz ausgewaschen. Ein anderes prächtiges Gebäude am Platz ist der alte Schlachthof, Antigua Carnicería. Im Zuge der Restaurierung wurde er Stein für Stein abgebaut und an der heutigen Stelle, 100 Meter vom ursprünglichen Standort innerhalb der Stadtmauern entfernt, wieder aufgebaut.
PLAZA DEL PÓPULO, TOURISTENINFORMATION, T 953 740444, GEÖFFNET: MO-FR 9.00-14.30 & 17.00-19.00, IM SOMMER BIS 20.00, SA-SO 10.00-14.00

ANTIGUA UNIVERSIDAD Wenn Sie hinter der Casa del Pópulo den Weg hinauf zur Calle Conde Romanones nehmen, kommen Sie zur alten Universität, der Antigua Universidad.

BAEZA STADT

- SEHENSWÜRDIGKEITEN
  > S. 295–298
  1. ANTIGUA UNIVERSIDAD
  2. CATEDRAL
  3. IGLESIA DE SANTA CRUZ
  4. PALACIO DEL JABALQUINTO
  5. PASEO DE LA CONSTITUCIÓN
  6. PLAZA DEL PÓPULO

- ESSEN & TRINKEN
  > S. 298
  7. RESTAURANTE LA GÓNDOLA

- ÜBERNACHTEN
  > S. 298
  8. HOSTAL AZNAIFIN
  9. HOTEL PUERTA DE LA LUNA

Auch Baeza hatte in seiner Blütezeit nämlich eine Universität mit einem großen Patio. Sie befand sich vom 16. Jahrhundert bis 1824 in diesem Gebäude, ab 1875 war hier eine Oberschule untergebracht. Der berühmte spanische Dichter Antonio Machado hat in dieser Schule einige Jahre Französischunterricht gegeben. Man kann sein ehemaliges Klassenzimmer und den Patio besichtigen.

PLAZA SANTA CRUZ S/N, T 953 740154, GEÖFFNET: DO-DI 10.00-13.00 & 14.00-18.00, EINTRITT: FREI

PALACIO DEL JABALQUINTO hat eine wunderschöne Fassade aus dem 16. Jahrhundert, die gemäß dem Geschmack der damaligen Zeit überschwänglich verziert ist. Der Palast war lange Zeit im Besitz der Benavides, einer der einflussreichsten Familien von Baeza.

PLAZA SANTA CRUZ, T 953 742775, GEÖFFNET: DO-DI 10.00-14.00 & 14.00-16.00, EINTRITT: FREI

IGLESIA DE SANTA CRUZ Die Iglesia de Santa Cruz wurde nach der Reconquista im 13. Jahrhundert gebaut. Es ist eine der wenigen erhaltenen romanischen Kirchen in Andalusien. In der Kirche findet man noch einige Überreste der Moschee, die vorher an dieser Stelle stand.

PLAZA SANTA CRUZ, T 953 744157, GEÖFFNET: MO-SA 11.00-13.30 & 14.00-16.00, SO 12.00-14.00, EINTRITT: FREI

CATEDRAL Nach der Reconquista wurde wie so oft auch hier eine Moschee zu einer Kirche umgebaut. Im 16. Jahrhundert hat der berühmte Baumeister Andrés de Vandelvira weiter daran gearbeitet, sodass die Kathedrale von verschiedenen Baustilen geprägt ist: gotische Elemente aus dem 13. Jahrhundert und Renaissance-Elemente aus dem 16. Jahrhundert.

PLAZA DE SANTA MARÍA, T 953 744157, GEÖFFNET: OKT.-MÄRZ 10.30-13.00 & 14.00-16.00, APR.-SEPT. 10.30-13.00 & 17.00-19.00, WINTRITT: FREI

RESTAURANTE LA GÓNDOLA empfiehlt sich, um vor oder nach einem Stadtrundgang etwas Kraft zu tanken. Die Küche ist traditionell und die Spezialität des Hauses sind Fleischgerichte aus dem Ofen. Das Restaurant liegt am Paseo de la Constitución.

CALLE PORTALES CARBONERÍA 13, PASEO DE LA CONSTITUCIÓN, WWW.ASADORLAGONDOLA.COM, T 953 742984, GEÖFFNET: 12.00-16.30 & 19.30-0.00, PREIS: 11 €

HOSTAL AZNAIFIN Wenn Sie eine nette Unterkunft für wenig Geld suchen, ist dieses *hostal* ein guter Tipp. Es liegt im historischen Zentrum von Baeza und das Frühstück ist im Preis inbegriffen. Es gibt einen Pool, die Zimmer sind toll und der Preis ist mehr als fair.

CALLE CABREROS 2, WWW.HOSTALAZNAITIN.COM, T 953 740788, PREIS: AB 35 €

HOTEL PUERTA DE LA LUNA ist vielleicht das schönste Hotel in Baeza. Dieser ehemalige Palast aus dem 17. Jahrhundert steht im historischen Zentrum von Baeza. Das Hotel ist romantisch eingerichtet, hat einen Pool im Freien und ein gutes Restaurant.

CALLE CANÓNIGO MELGARES RAYA S/N, WWW.HOTELPUERTADELALUNA.COM, T 953 747019, PREIS: 80 €

ÚBEDA

1234, ein paar Jahre nach Baeza, wurde Úbeda aus der Gewalt der Mauren befreit. Es wirkt etwas städtischer als Baeza. Auch hier ist hauptsächlich die Altstadt sehenswert, die zwar nicht sehr groß ist, aber einige hübsche Plätze umfasst. Das schönste Hotel von Úbeda befindet sich neben der Sacra Capilla del Salvador und wird meistens einfach Parador de Úbeda genannt. Es ist in der Casa del Dean Ortega angesiedelt, dem ehemaligen Pfarrhaus. Der authentische Charakter des Gebäudes blieb weitgehend erhalten, vor allem der Patio ist großartig. Wie alle *paradores* kann auch dieser jederzeit besichtigt werden, Sie können hier auch etwas trinken, wenn Sie kein Hotelgast sind. Weitere Informationen über *paradores* finden Sie auf Seite 30.

PLAZA VÁZQUEZ DE MOLINA stammt aus der Hochrenaissance und ist einer der schönsten Plätze in Spanien. Wären die Autos nicht, könnte man meinen, die Zeit sei stehen geblieben. Die meisten Gebäude am Platz wurden von dem Architekten Andrés de Vandelvira entworfen, der auch die Kathedrale in Jaén geplant hat und für den Umbau der Kathedrale in Baeza verantwortlich war. Auf der Plaza Vázquez de Molina ist sein Einfluss so spürbar, dass man ihm sogar ein Standbild errichtet hat.

ÚBEDA STADT

SACRA CAPILLA DEL SALVADOR ist das Prunkstück der Stadt und das Wahrzeichen von Úbeda. Die Kapelle wurde von Diego de Siloé entworfen, dem Lehrmeister Vandelviras, der den Entwurf ausgeführt hat. Die Fassade ist überreich verziert und das prächtige Interieur wurde für die Auftraggeber entworfen, die Familie de los Cobos. Im runden Bereich unterhalb der Kuppel saßen die Adligen, das Schiff war für das Volk. Die große Sakristei gilt als eine der wichtigsten Arbeiten der spanischen Renaissance.
PLAZA VÁZQUEZ DE MOLINA, T 953 758150, GEÖFFNET: 10.00-14.00 & 16.30-19.00, EINTRITT: 3 €

PLAZA DE LA ANDALUCIÁ ist nicht unbedingt ein sehr hübscher Platz, aber hier steht die mächtige Statue von Francos General Saro. Wenn man genau hinschaut, sieht man zahlreiche Einschusslöcher, wahrscheinlich aus der Zeit nach Francos Tod.

TABERNA LA IMPRENTA ist in einer ehemaligen Druckerei untergebracht, und das merkt man auch an der Einrichtung: Die alten Druckerpressen stehen noch herum. Ein guter Ort, um zu *tapear*, wie die Spanier sagen, also einen Bummel durch mehrere Bars zu machen und Tapas zu essen. Man kann aber auch zu Mittag oder Abend essen. Zu jedem Getränk bekommt man, wie es ein guter alter Brauch will, eine kostenlose Tapa.
PLAZA DEL DOCTOR QUESADA 1, T 953 755500, GEÖFFNET: MI-MO 13.00-16.00 & 19.00-0.00, PREIS: 10 €

LA TABERNA ist eine der beliebtesten Tapasbars von Úbeda und ist immer voll. Das ist nicht nur auf die zentrale Lage an der Hauptstraße im Zentrum zurückzuführen, sondern vor allem auf die hervorragenden Tapas und die nette Atmosphäre. Die Tapasportionen sind ziemlich groß, man kann also gut mehrere bestellen und teilen.
CALLE REAL 7, T 953 752157, GEÖFFNET: TÄGLICH 13.00-16.00 & 20.00-0.00, PREIS: RACIONES AB 9 €

MESÓN RESTAURANTE NAVARRO Auch hier kommen Gäste gern her, um auf der großen Terrasse einen Drink und Tapas zu konsumieren; man kann aber auch gut essen. Spezialitäten sind Lamm, Huhn, Seehecht oder Schwertfisch vom Grill.
PLAZA DEL AYUNTAMIENTO 2, T 953 790638, GEÖFFNET: MI-MO 13.00-16.00 & 20.00-0.00, 1.-15. JUNI GESCHLOSSEN, PREIS: 10 €

EL MIRADOR Sehr empfehlenswert für ein gutes Frühstück. Folgen Sie der Calle Baja del Salvador von der Plaza Vázquez de Molina bis zum Ende, dann stoßen Sie links auf dieses Straßencafé. Neben Croissants, frischen Brötchen und *churros* gibt es hier auch Tapas und am Sonntagnachmittag Paella.
CALLE BAJA DEL SALVADOR 11, T 953 791235, GEÖFFNET: MO-FR 7.50-0.00, SA-SO 8.00-0.00, PREIS: AB 6 €

HOTEL AFÁN DE RIVERA In einer kleinen Seitenstraße unweit der zentralen Plaza Vázquez de Molina liegt dieses schöne Hotel. Angesiedelt ist es in einer ehemaligen Stadtvilla aus dem 14. Jahrhundert. Der Eingang zeigt, dass die Menschen früher wohl etwas kleiner waren. In dem gemütlichen Familienhotel bekommt man einiges für sein Geld – wofür man in einer anderen Stadt wahrscheinlich das Doppelte zahlen würde.
CALLE AFÁN DE RIVERA 4, WWW.HOTELAFANDERIVERA.COM, T 953 791987, PREIS: 70 €

EL MIRADOR

RUND UM BAEZA UND ÚBEDA

Die Städte Baeza und Úbeda liegen in der Provinz Jaén, haben jedoch mehr zu bieten als die Provinzhauptstadt Jaén selbst, in der nur die Kathedrale wirklich sehenswert ist. Das Hinterland der Provinz ist geprägt von Olivenhainen, so weit das Auge reicht. Daher ist die Region auch das bedeutendste Olivenölzentrum der Welt. Ein schönes Städtchen ist Cazorla. Der Ort scheint an die Bergwand angebaut worden zu sein und liegt am Rand eines großen und schönen Naturparks mit einem ebenso großen Namen: Parque Natural de Sierras de Cazorla, Segura y Las Villas. Naturliebhaber sind hier richtig.

JAÉN

Die Stadt Jaén hat außer einer riesigen Kathedrale in puncto Architektur nicht besonders viel zu bieten. Das liegt wohl daran, dass sie immer ziemlich arm war. Der Adel ließ sich lieber in Baeza und Úbeda nieder.

SANTA IGLESIA CATEDRAL DE JAÉN Die Kathedrale von Jaén ist allerdings ein wahres Meisterwerk. Sie wurde von Andrés de Vandelvira gebaut, der auch in Baeza und Úbeda deutliche Spuren hinterlassen hat. Sehr häufig wurden Moscheen gleich nach der Reconquista zu Kirchen umgebaut, doch in Jaén geschah das erst einige Hundert Jahre später. Die Kathedrale wurde im 16. Jahrhundert im Renaissancestil errichtet und bis ins 18. Jahrhundert ständig erweitert. Die Einwohner nennen das Gebäude "ein Geschenk des Himmels". Schon von außen ist die Kirche mit den zwei Türmen und der Kuppel sehr imposant, und auch das Innere ist beeindruckend.
PLAZA SANTA MARÍA, WWW.CATEDRALDEJAEN.ORG, T 953 234233, GEÖFFNET: MO-SA 8.30-13.00 & 16.00-19.00, SO 9.00-13.30 & 17.00-19.00, PREIS: 5 €

PARADOR CASTILLO DE SANTA CATALINA Jaén hat einen der schönsten *paradores* des Landes. Das Hotel ist in einer maurischen Burg aus dem 13. Jahrhundert untergebracht und liegt auf einem Hügel. Auch wenn Sie hier nicht übernachten, sollten Sie den *parador* unbedingt besichtigen, der größte Teil ist frei zugänglich. Sie können hier auch etwas verzehren. Informationen über *paradores* finden Sie auf Seite 30.
CASTILLO DE SANTA CATALINA S/N, WWW.PARADOR.ES, T953 230000, PREIS: 166 €

CAZORLA

CAZORLA

Cazorla ist ein erstaunlich nettes, ursprüngliches Städtchen, das an den Berg gebaut wurde. Seine Plätze liegen auf verschiedenen Ebenen und je tiefer man kommt, desto schmaler werden die Gassen. Den schönsten Platz, Plaza de Santa María, findet man ganz unten im Ort, von dort hat man eine fantastische Aussicht. Es gibt hier auch noch die Ruine einer alten Kirche sowie einige Bars und Restaurants.

Cazorla ist ein guter Ausgangspunkt für einen Besuch des Naturparks Parque Natural de las Sierras de Cazorla, Segura y Las Villas. Es ist einer der größten Naturparks Spaniens und herrlich unberührt mit einer reichen Vegetation in verschiedenen Höhenlagen. Allein schon durch den Park zu fahren und die Landschaft zu genießen, ist herrlich, aber natürlich kann man auch wunderbar wandern und Kanu fahren.

TIPP: Parken Sie Ihren Wagen am besten oben im Dorf an der Plaza del Mercado oder der Plaza de la Constitución und gehen Sie zu Fuß nach unten. Mit dem Auto ist das weniger empfehlenswert, denn je tiefer man kommt, desto enger werden die Gassen.

PLAZA DE LA CORREDERA Auf einem Spaziergang von oben nach unten ist der erste schöne Platz, an dem man vorbeikommt, die lebhafte Plaza de la Corredera mit dem historischen Rathaus (*ayuntamiento*) und der Iglesia Parroquial de San José aus dem 17. Jahrhundert. Durch eine enge Gasse geht es weiter bergab zum Balcón de Pintor Zabaleta. Von hier aus hat man eine schöne Aussicht auf das Castillo de la Yedra auf dem Hügel gegenüber.

IGLESIA PARROQUIAL DE SAN JOSÉ, PLAZA DE LA CORREDERA S/N, T 953 720084, GEÖFFNET: 10.00-13.00 & 17.00-21.00, EINTRITT: FREI

PLAZA DE SANTA MARÍA Der am tiefsten gelegene und schönste Platz ist die von Bäumen umgebene Plaza de Santa María, auf der ein hübscher Brunnen steht und sich zahlreiche Bars und Terrassen befinden, darunter das Restaurant La Cueva de Juan Pedro. Es ist vielleicht nicht das beste Lokal, aber dafür ausgesprochen urig. Von der Decke hängen getrocknete Schinken, Knoblauchzöpfe und Paprikas. Ganz in der Nähe: die Ruine der Iglesia de Santa María.

CASTILLO DE LA YEDRA Die "Efeuburg" ist von der Plaza de Santa María zu Fuß oder mit dem Auto zu erreichen. Die Burg war ursprünglich romanisch, wurde aber von den Mauren erweitert. Vor einigen Jahren wurde sie gründlich renoviert und heute beherbergt sie das Museo del Alto Guadalquivir (Museum des oberen Guadalquivir). Hier sind vor allem Landmaschinen ausgestellt.

CASTILLO DE LA YEDRA/MUSEO DEL ALTO GUIDALQUIVIR, T 953 710039, GEÖFFNET: DI 15.00-20.00, MI-SA 9.00-20.00, SO 9.00-15.00, EINTRITT: FREI

PARQUE NATURAL DE LAS SIERRAS DE CAZORLA, SEGURA Y LAS VILLAS

In diesem Teil Andalusiens finden Sie unberührte Natur und Ruhe. Der Naturpark nordöstlich von Jaén ist der größte in Andalusien. Er beginnt hinter Cazorla, wenn man Richtung Hornos fährt. Auf 1290 Metern Höhe kommt man über dem Puerto de las Palomas in den Naturpark, und hinter jeder Kurve öffnet sich wieder ein neuer, wunderbarer Blick. Das Gebiet ist so groß, dass man darin leicht mehrere Tage verbringen kann. Man kann hier wandern, Mountainbike oder Kanu fahren, Jeeptouren unternehmen, reiten oder einfach faulenzen und ein Buch lesen. Im Frühling und Herbst ist die Natur am schönsten, dann erstrahlt alles in prächtigen Farben. Im Juli und August kommen gern junge Leute zum Zelten hierher. Im Winter liegt häufig Schnee.

Beim Besucherzentrum, aber auch an anderen Stellen, weisen Schilder auf die *areas recreativas* hin, Picknickplätze mitten im Wald, an denen Sie Ihre Lunchpakete verzehren können. Die Plätze liegen an einem kleinen Bächlein, so könnte man jedenfalls meinen. In Wirklichkeit ist das die Quelle des größten Flusses von Andalusien, des Guadalquivir, der unter anderem durch Córdoba und Sevilla fließt und schließlich im Parque Nacional de Doñana in den Atlantischen Ozean mündet. Im Naturpark gibt es auch einen großen Stausee, den Embalse de Tranco de Beas. In den letzten Jahren ist er aufgrund von Trockenheit zwar kleiner geworden, aber er ist immer noch ziemlich groß.

Man darf im Park maximal 40,8 bis 50 Stundenkilometer schnell fahren. Einerseits, weil es ein Naturpark ist und die Besucher die Ruhe genießen möchten, und andererseits, weil der Weg sehr kurvig und holperig ist. Um den Park zu verlassen, kann man zurückfahren nach Cazorla oder nach El Tranco fahren und von da über die A1305 Richtung Villanueva de Arobispo zur N322 und in Richtung der großen Städte. Eine andere Möglichkeit ist es, die schöne Aussicht bei Hornos zu genießen und von da aus Richtung Cortijos Nuevos über die A314 zur N322 zu fahren.

CENTRO DE VISITANTES DE LA TORRE DEL VINAGRE Beginnen Sie den Tag (oder die Tage) im Park im Besucherzentrum, das etwa eine Fahrstunde von Cazorla entfernt ist. Hier erhalten Sie Informationen über den Park sowie über das breite Angebot an Aktivitäten: Wanderungen, Ausritte, Rad- und Kanuverleih, Jeeptouren zur Quelle des Guadalquivir oder zu abgelegenen Gebieten mit wilden Tieren. Dieses Gebäude wurde früher von General Franco und seiner Freundin als Jagdhütte genutzt. *CARRETERA DEL TRANCO OP KM 48,8 (NICHT WEIT VON ARROYO FRIO), WWW.TURISMOENCAZORLA.COM, T 953 713040, GEÖFFNET: NOV.-MÄRZ MO-FR 10.00-14.00 & 16.00-18.00, APR.-JUNI & OKT. TÄGLICH 10.00-14.00 & 16.00-19.00, JULI-SEPT. TÄGLICH 10.00-14.00 & 17.00-20.00, PREIS: FAHRRAD 12 €, KANU 12 € FÜR 2 STD., PFERD 16 €, JEEPTOUR 28 € P. P. FÜR EINEN HALBEN TAG*

CONVENTO RURAL SANTA MARIA SIERRA Dieser Komplex war früher ein Kloster. Heute kann man hier übernachten, sogar in der ehemaligen Kapelle oder in Baumhäusern. Die Zimmer sind ausgesprochen ursprünglich eingerichtet, und das macht den Reiz aus. Das Kloster liegt nahe am Fluss, man kann hier verschiedene Aktivitäten buchen.

CARRETERA DEL TRANCO KM 39,8, LA IRUELA, WWW.CRSANTAMARIA.COM, T 953 124070, PREIS: AB 60 €

HOTEL PARAISO DE BUJARAIZA ist ein schönes, traditionelles Hotel-Restaurant an der Straße durch den Park. Es liegt ruhig am See und hat einen wunderbaren Garten mit großem Pool. In dem dazugehörigen Restaurant kann man sehr gut essen, zum Beispiel frisch gefangene Forellen aus dem Fluss. Die Zimmer sind geräumig.

CARRETERA DEL TRANCO KM 59, WWW.PARAISODEBUJARAIZA.COM, T 953 124114, RESTAURANT GEÖFFNET: 13.00-16.30 & 20.30-23.00, PREIS: HOTEL 70 €, PREIS: HAUPTSPEISE 16 €

ORTSNAMEN REGISTER

THEMENREGISTER

100% CITYGUIDES

GUIDE+
APP

100% TRAVELGUIDES

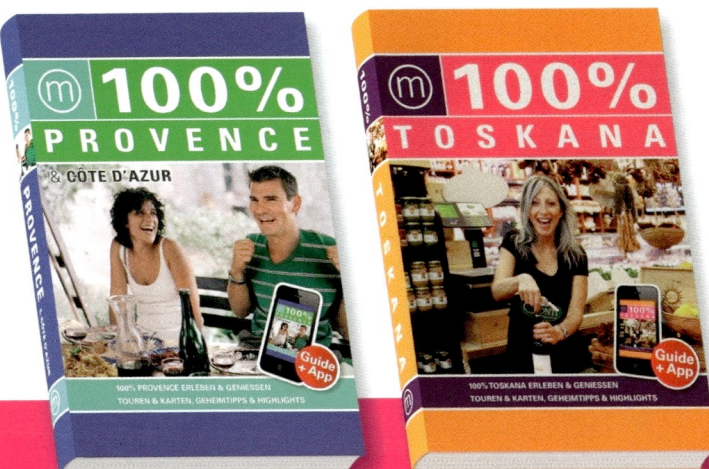

Ausführliche Informationen zum 100% Programm finden
Sie auch auf unserer Homepage unter **www.100travel.de**

IMPRESSUM

Dieser 100% Guide wurde mit größter Sorgfalt zusammen-gestellt. Mo Media GmbH ist nicht verantwortlich für eventuelle inhaltliche Fehler. Anmerkungen und/oder Kommentare können unter *www.100travel.de* mitgeteilt oder an die unten stehende Adresse gerichtet werden.

MO MEDIA GMBH, BETR. 100% ANDALUSIEN, STEINSTR. 15, 10119 BERLIN
E-MAIL: INFO@MOMEDIA.COM
WWW.100TRAVEL.DE

AUTOREN	frens witte (überarbeitung), frens witte, maarten rademaker, laura soer
FOTOGRAFIE	hans zeegers, lucas diaz s. 15
COVERFOTO	image source/corbis
LAYOUT	oranje vormgevers
ÜBERSETZUNG	sonja von kocemba (für bookwerk, köln/münchen)
LEKTORAT	caroline kazianka (für bookwerk)
ENDREDAKTION	anke höhne (für bookwerk)
SATZ	paul post (für bookwerk)
KARTOGRAFIE	anyway productions
LITHOGRAFIE	mastercolors mediafactory
100% ANDALUSIEN	isbn 978-3-943502-58-9
	© mo media gmbh, berlin, märz 2014